요즘, 일본

넓고 얕은, 때때로 아주 깊은
일본 이야기

요즘, 일본

공태희 지음

시프 ORIGINAL

글을 시작하며

수줍은 덕후의 고백

한국에 일본 전문가는 차고 넘칩니다. 저는 일본 전문가라고 말하기는 턱없이 부족한 '덕후'입니다. 만일 덕후에게도 통찰력이란 게 존재한다면, 한없이 가벼운 성질의 무엇일 것입니다. 한때 강대한 경제 대국이자 동시에 문화 대국이었던 일본의 몰락은, 지난 10년간 개인적 관심사 중 으뜸이었습니다. 일본 관련 전문 서적, 교양서적, 우리말과 일본어, 그리고 해석 가능한 외국어로 작성된 각종 보고서와 기사를 꼼꼼하게 읽었습니다. 일본에 대해 알면 알수록 우리 공동체의 약점과 강점, 선함과 악함이 더 뚜렷하게 보였습니다. 일본에 천착했던 이유입니다. 일본의 몰락을 보며 소위 '국뽕'에 취하는 마음은 아닙니다.

국내외 많은 일본 전문가 또는 한국 전문가, 더러 동아시아 전문가의 자료와 글을 읽으면 읽을수록 의문이 더 커졌습니다. 어떤 자료는 전문성이 너무 깊고 가팔라 이해하기 힘들었습니다. 또 어떤 자료는 덕후 레벨의 통찰력도 찾기 힘들었습니다. 의문이 들었습니다. 왜? 일본의 대중문화, 정치, 경제, 일상생활 등 다양한 분야에 대해, 한없이 가볍기만 한 덕후적 통찰과 해석을 지닌 책은 없는 거지?

이 글은 세상에 내놓기 위해 만들었다기보다 스스로의 질문에 답하기 위해 썼다고 보는 편이 정확할 겁니다. 이 글에는 다양한 장르의 다양한 이야기가 있습니다. 아베로 대표되는 일본의 주류 극우 정치 세력의 이야기, 군국주의 부활을 꿈꾸며 거리로 진출한 넷 우익의 이야기, 그것에 대항하는 일본 시민과 소수 정치인의 눈물겨운 이야기, 일본에서 새롭게 유행하고 있는 삼겹살과 달고나커피 이야기, 프로듀스48이 AKB48을 능가할 수 있었던 이야기. 이야기의 스펙트럼이 다양합니다. 수줍게 말씀드리건대, 덕후가 아니라면 이런 난잡한 글쓰기는 불가능할지도 모릅니다.

그럭저럭 200번

코로나19가 글로벌 팬데믹으로 발흥하기 시작한 2020년 봄, 그전까지 1년에 10회 정도는 일본에 방문했습니다. 지금까지 200회 이상 다녀온 건 틀림없어요. 몇 년 전 200회까지 세고 난 뒤, 횟수를 세는 게 의미 없는 듯해 그만뒀습니다. 그저 '자주 가는구나'라는 새삼스러운 깨달음만 남은 정도. 그런데 연간 총 체류 일수는 15~20일 이하입니다. 대개 1박 2일이거나 당일치기 일정으로도 일본을 자주 찾은 셈이죠.

2019년, 도쿄의 수많은 골목 중 친숙한 골목에 관한 이야기를 담은 《골목도쿄》라는 책을 출간했어요. 도쿄의 골목과 그곳에 사는 사람들이야기, 정확히는 골목 식당 그리고 음식과 술 이야기입니다. 일본 문화에 관한 이야기를 하려고만 책을 쓴 건 아닙니다. 오히려 우리 이야기를 더 하고 싶었어요. 일본을 알면 알수록 우리의 모습이 더 잘 보였기 때문입니다. 다른 나라의 모습은 종종 우리를 더 잘 보여주는 돋보기가 될 수 있습니다. 누군가에겐 그 돋보기가 미국이나 중국 또는 인도네시아나 베트남일 수도 있습니다. 저에게는 일본이었어요.

다시, 수줍게 고백하건대 저는 덕후입니다. '덕후'는 일본어 오타쿠(オタク)에서 온 말입니다. 일본어에서 오타쿠는, 멸칭입니다. '오타쿠'가 우리에게 건너와 '덕후'가 됐습니다. 발음을 이용한 말장난인 셈이죠. 저는 스스로를 '여행 덕후'라고 생각합니다. 그런데 수시 단기 여행자입니다. 단기 여행자 주제에 단기 여행을 수시로 즐기고 있으니까요.

친일파 아님 주의

일본에 관한 책을 쓴 저자가 흔히 듣는 악플은 무엇일까요? 네, 그렇습니다. 바로 그거죠.

"너 친일파지! 일빠로구먼!"

수줍게 말씀드리건대 친일파는 아닙니다. 일빠도 아닙니다. 그저 일본을 잘 이해하고 싶은, 그리고 매년 조금씩 이해력이 늘어가는 덕후 레벨의 아재일 뿐이죠. 이왕이면 우리 사회에 일본과 중국, 그리고 동아시아와 중앙아시아 등 우리 이웃에 대한 깊은 이해와 관심을 지닌 사람이 늘었으면 좋겠습니다. 이웃에 대한 정확한 이해는, 결국 우리를 이해하는 데 기초체력으로 작용할 테니까요.

일본을 심하게 많이 갔으니 잘 아는 게 당연합니다. 잘 알고 있으니 익숙하고, 또 매번 익숙함 속에서 미세한 차이를 발견합니다. 어제의 일본은 그랬는데 오늘의 일본은 왜 이렇게 돼버린 걸까. 이런 것을 일상의 사소함 속에서 깨달아가는 재미가 있죠.

사람들은 '수시 단기 여행자는 일본에 많이 다니니, 일본을 좋아해도 지나치게 좋아할 거야'라고 생각합니다. '일본을 잘 아는 것'과 '좋아하는 것'은 다른 카테고리입니다. 그리고 '일본을 좋아하는 것'과 '추종하는 것'은 더 다른 카테고리입니다. 친일파는 민족 반역자입니다. 실제로 민족 반역 범죄자입니다. 이런 무시무시한 카테고리를 일본 책을 쓴 저자에게 들이대는 것은 억울합니다.

친일파까지는 아닐지 모르지만, 적어도 일빠가 분명하다고 몰아가는 것도 억울합니다. 일빠는 일본을 맹목적으로 추종하는 사람입니다. 한국과 한국인을 무시하고 일본이 제일이라 생각하는 부류입니다. 일본을 우리의 이웃 중 하나로 생각하는 대신, 일본을 미국과 함께 우리 삶을 규정하는 존재로 착각하고 종교적 신념에 가까운 지지를 보내는 그룹입니다. 약이 필요한 사람들이죠.

덕후는 다릅니다. 대상에 대해 비교적 잘 이해하고 있으니, 즐기는 법도 제법 능숙합니다. 그렇다고 스스로 판단과 철학 없는 추종을 허락하지 않습니다. 일빠가 맹목적 추종에 그친다면, 풍류를 아는 일본 덕후는 선택적 취향 또는 기호일 뿐입니다. 일본 덕후가 느끼는 요즘 일본은 어떤 모습일까요?

일본, 어디까지 알고 있나요

21세기의 일본은, 두 이웃 국가의 급부상을 넋 놓고 바라봐야 했습니다. 중국은 이미 일본을 제친 지 오래입니다. 이제 미국과 어깨를 나란히 하려는 G2 반열에 올랐을 정도니까요. 정확히는 미국과 중국 사이에서 균형추를 얼마나 정교하게 맞출 수 있는가가 국가라는 공동체의 생존 전략이 돼버렸습니다.

일본의 가장 가까운 이웃 나라는 우리입니다. 아시아 최고이자 최대의 민주주의 국가인 한국이죠. 우리 시민사회의 레벨과 민주주의 수준을 깎아내릴 수 있는 나라는 그 어디에도 없습니다. 우리가 보기에 한국은 여전히 갈 길이 멀어 보이지만, 한국은 이미 누군가의 꿈을 이룬 나라일지도 모릅니다. 일본의 고도 경제 성장기 끝물이었던 1980년대만 하더라도 한국과 일본의 경제력, 그리고 기술력을 비교하는 것은 아무 의미 없었습니다. 아니, 비교할 수조차 없는 수준이었죠. 많이 달라졌습니다. 경제력으로는 물론, 군사력으로도 한국은 더는 약소국이 아닙니다. 일본에 비해서도 그렇고 글로벌스탠더드로도 아니죠.

한국이 중국, 러시아, 일본처럼 강대국은 아닙니다. 그렇다고 과거의 약소국도 개발도상국도 아닙니다. 한국은 이미 어엿한 중견 국가가 됐습니다. 중국도 러시아도, 그리고 일본도 한국의 일거수일투족을 신경을 곤두세우고 지켜보고 있습니다. 1인당 국민소득도 이제는 일본과 크게 차이 나지 않습니다. 오히려 일본 여행을 다니면 다닐수록, 교통비를 제외하면 일본의 체감물가가 우리보다 저렴하게 느껴질 정도입니다. 그리고 이 정도는 많은 분이 체험하고 있는 사실이죠.

그럼에도 이웃 나라

여전히 일본은, 우리 한국에 중요한 이웃입니다. 현대의 한국을 이해하기 위해서는, 근현대 동아시아에 대한 이해 없이는 불가능합니다. 통신사를 보내 문화를 수출하던 조선이 왜 일본에 참혹한 일을 당했는지 알아야 합니다. 근대 이후 한국과 일본의 운명이 정확히 반비례했던 까닭에 대해 깊은 성찰이 필요합니다.

일본이 한국에 대한 정보를 선택적으로 받아들이는 것처럼, 우리도 일본에 대한 정보를 선택적으로 받아들입니다. 누군가 매우 제한적으로 선택해서 제공하고 있다고 하는 편이 옳겠죠. 이게 불편합니다. 깨뜨릴 힘은 없어도, 작은 균열이라도 내보고 싶습니다.

우리는, 일본을 포기하면 안 됩니다. 우리가 그들에게 소중한 이웃이듯, 그들도 우리의 소중한 이웃입니다. 양국에 갈등을 부추기는 바보들이 있지만, 바보들과 진지하게 싸울 필요는 없습니다. 일본인이 한국을 미워할수록, 한국인이 일본을 증오할수록 세력을 키워가는 무리들이니까요.

모두가 한일의 갈등과 대립에 집중하는데, 이를 극복하는 방법은 한국과 일본의 시민사회 연대. 나아가 중국 등 동아시아 시민사회와의 깊은 연대입니다. 왜 이렇게 귀찮고 성가신 일을 해야 할까요? 이 책이 작은 답이 되기를 바랍니다.

목차

새로운 한류,
새로운
한국

1장

한국인이 되고 싶어

간코쿠진니나리타이

일본 거리에서 기묘한 현상이 일어나고 있다. 정확히 일어난 지 몇 년 지났다. 일본 청년들이 BTS로 대표되는 K-POP에 열광하는 건 신기하지 않다. 블랙핑크, 트와이스의 퍼포먼스는 물론 패션까지 따라 하는 것도 신기하지 않다. 한국식 치킨이 유행하는 것도 마찬가지.

그렇다면, 그들이 한국식 핫도그에 열광하고 이미 수년째 핫도그 붐이 지속되고 있는 현상은 어떨까? 한국식 치즈핫도그에 열광하는 젊은 일본인이 늘고 있다. 치즈핫도그가 얼마나 유명해졌는지, 도쿄의 힙플레이스인 오모테산도와 롯폰기의 중심에 정작 한국에서는 듣지도 보지도 못한 한국계 치즈핫도그 전문점이 성업 중이다. 오모테산도는 도쿄 멋쟁이들이 찾는 고급 브랜드 거리다. 오모테산도 초입의 메이지진구마에역은 10대의 성지 하라주쿠와도 매우 가까운 핫플레이스다.

메이지진구마에역 7번 출구 앞에 핫도그 가게가 있다. 생긴 지도 꽤 지났는데도 여전히 인기다. 가게 앞에는 한글로 '종로'와 한자로 '원조(元祖)'라고 힘줘서 강조한다. 서울 종로에 이런 가게는 없지만 말이다. 어쩌다 치즈핫도그가 일본에서, 한국을 상징하는 음식이 됐는지는 모를 일이다. 불과 10년 전만 해도 김치, 삼겹살, 삼계탕, 감자탕 정도만이 일본인이 알고 있는 한국 음식의 전부였다. 어느새 이 카테고리에 치즈닭갈비, 회오리감자, 불닭볶음면, 그리고 치즈핫도그가 추가됐다. 모두 특별할 것 없는, 한국의 대표 길거리 음식이다.

도쿄의 핫플레이스, 오모테산도의 한국식 핫도그 가게

한국 음식 중에 유독 치즈핫도그를 좋아하는 젊은이들이 자주 하는 표현 중 '무엇무엇이 되고 싶어'라는 관용구가 있다. 일본의 10대와 20대 초반의 젊은이들이 이 표현을 정말 자주 쓴다. "OOO니나리타이(OOOになりたい)." 이들이 되고 싶다는 건 바로 한국인이다.

한국인이 되고 싶어

인스타그램에 #韓国人になりたい(한국인이 되고 싶어) 해시태그를 검색하면 게시물이 제법 된다. 2022년 3월 기준, #韓国人になりたい 게시물은 6만1천 건이 넘는다. 이미 지난 2020년 4만 건을 넘었으니, 2022년이 되며 일본 청년층의 #한국인이_되고_싶어는 조금은 한풀 꺾인 모양이다. 다른 해시태그는 어떨까? 일본 청소년을 중심으로 가장 뜨거운 한국 관련 해시태그는 무엇일까? 정답은 #얼짱메이크업(オルチャンメイク)이다. 우리의 '얼짱'이란 단어를 그대로 일본어식으로 읽은 #얼짱메이크업이 뒤를 잇고 있다. 오히려 #한국인이_되고_싶어 게시물 수를 진작 추월했다.

최근 한국 화장품, 특히 10대 후반에서 20대 초반 여성의 한국 화장품 패키지를 봤다면 어느 정도 공감할지 모른다. 한국 화장품은 품질도 좋지만 패키지가 호평이다. 무척 귀엽다. 인스타그램에 올릴 감성 사진을 찍는 데 특화돼 있다. 한국 화장품을 판매하는 일본 가게는 10~20대 여성들로 가득하다. 화장품이 단순 화장품이 아니라 인스타 감성 아이템이 된 셈이다.

한국 화장품만이 아니다. 캐릭터 상품도 인기다. 우리의 카카오톡에 해당하는 네이버 라인이 일본 메신저 앱의 대세다. 라인 캐릭터 상품의 인기는 말할 것도 없다. 한국산 캐릭터 상품의 인기 대열에 카카오 캐릭터도 합류했다. 정작 일본인들은 카카오톡 서비스를 거의 사용하지 않는데도. 한일 관계가 싸늘하든 따뜻하든 영향을 미치지 못하는 영역이다.

놀랍게도, 일본 10~20대에게 한국이란 이미지는 '러블리 핑크'다. 격세지감이다. 과거 일본에서 유행한 아이템은 늦어도 2~3년 안에 한국에서 유행했다. 이제는 우리 유행이 시차 없이 일본에 퍼져간다. 완전하지는 않지만, 문화 역전 현상이다.

우리가 생각하는 것만큼, 양국 청년세대의 갈등의 골은 깊지 않은 것 같다. 일본 젊은이들이 #한국인이_되고_싶어 게시물을 SNS에 올린다고, 정말 한국인이 되고 싶다는 건 아니다. 일본어의 표현법 중 하나일 뿐이다. 한국의 패션과 뷰티, 그리고 문화가 '쿨'하다는 그들의 표현법일 뿐이다.

우리는 일본의 혐한 기사와 댓글을 보고 분노하지만, 정작 일본의 미래세대는 우리의 미래세대와 실시간으로 소통하고 있다. 어쩌면 청년세대는 이미 한국과 일본을 넘어선 초연결사회를 살고 있는지 모른다. 우리는 이런 시대에 살고 있다. 한국인에게도 일본인에게도 낯선.

새로운 한류, 가위

어떤 문화권에 낯선 문화가 전파될 때, 가장 쉽고 빠르고 거부감 없이 파고들 수 있는 건 역시 음식이다. 동시에 음식은 가장 저항이 극심한 문화 콘텐츠이기도 하다. 일본에 새로운 음식 한류가 불고 있다. 일본에 부는 K-푸드의 스펙트럼은 의외로 넓다. 치킨이나 삼겹살 같은 전통의 강호 외에도 핫도그, 떡볶이 같은 스트리트푸드와 뚱카롱이나 달고나커피 같은 유행도 거의 실시간으로 전파된다. 한국식 부대찌개와 감자탕 전문점도 증가하고 있다. 음식의 유행은 우리가 생각지도 못한, 작은 문화의 전파로도 이어진다.

그중 주목하고 싶은 것은 가위다. 한국인의 밥상에서 가위를 사용하는 건 꽤 일상적이다. 고기구이나 냉면만이 아니라, 가정에서도 가위를 일상적으로 사용한다. 대가족이 거주하는 대형 아파트나, 주방 공간이 작은 1인 가구, 어느 쪽이라도 가위는 반드시 갖추고 있다. 고기를 자를 때 가위 외의 조리 도구를 상상하기 어렵다. 가위는 발전을 거듭한 나머지 이제 반달 형태로 아랫부분을 둥글게 만든 가위까지 나온 지도 꽤 오래됐다.

외국인이 한국인의 외식 문화에서 가장 충격을 받는 것이 또 가위다. 고기뿐만 아니라, 면 요리까지 가위로 썩둑썩둑 자르는 모습은 외국인에게는 상상조차 못 한 문화충격이었다. 우리가 세계에 미치는 영향이 상대적으로 적었을 때는 가위를 사용하는 한국식 식습관이 비난의 대상이 되기도 했다. 문구나 공구에 가까운 도구로 음식을 건드리는 모습에 일부 외국인이 거부감을 느꼈다. 여기에 동조하는 한국인도 꽤 있었다. 이들의 주장은 "공구나 도구에 해당하는 가위를 식탁에서 몰아내자!"였다. 일본도 마찬가지였다. 오래전부터 한국식 고기구이집인 야키니쿠(焼肉) 문화가 성행했지만, 일본의 야키니쿠는 고기를 미리 잘라 서빙했다. 일본인이 식탁 위에서 가위를 사용해 고기를 자르는 건 상상조차 하기 어려웠다.

삼겹살과 가위

일본인이 가위를 사용하게 만든 마법의 음식, 삼겹살. 일본어로도 사

무교푸사루(サムギョプサル)라 읽는다. 2010년대 중반부터, 한국식 삼겹살이 일본에서 유행하기 시작했다. 우리 기준에는 맛있어서 먹는 음식인데, 어쩐지 일본에서는 건강한 이미지가 강하다. 그도 그럴 것이 우리 삼겹살은 갖은 쌈채소를 제공한다. 어떤 삼겹살 가게는 고기보다 쌈채소를 홍보 포인트로 삼기도 할 정도니까. 일본인의 식탁에서 다량의 채소를 곁들이는 식사는 의외로 적다. 일식이 건강식이라는 이미지가 있지만, 의외로 채소를 먹기는 쉽지 않다. 추가로 샐러드를 주문하거나 스스로 만들지 않는 이상은 말이다. 한국식 삼겹살은 이 점을 멋지게 파고들었다. 일본인의 미식동원(美食同源), "음식을 먹고 몸도 마음도 깨끗해지자(食べて心も体もキレイになろう)"를 자극한 것이다. 실제로 일본의 고급 삼겹살 가게는 이런 콘셉트로 홍보한다.

삼겹살은 일본인에게 다량의 쌈채소만 안겨준 것은 아니다. 덤으로 가위도 안겨줬다. 기존의 야키니쿠는 미리 주방에서 고기를 한입 크기로 손질해 서빙하는 편이 실용적이었다. 눈으로 보기에도 그쪽이 좋았다. 삼겹살의 핵심은 두툼하고 긴 고기. 이걸 통째로 불판에 올려야만 느껴지는 호쾌함과 설렘이 있다. 삼겹살을 미리 잘라 굽는다는 건 풍류도 없고, 맛있게 느껴지지도 않는다. 불판에서 구운 삼겹살을 눈앞에서 먹기 좋게 자르려면, 가위보다 효율적인 조리 도구는 없다.

삼겹살 대유행은 엉뚱하게도 일본인에게 조리 도구로서 가위의 효용성을 증명했다. 전 세계적으로 한식당에서 가위를 사용하는 비율이 높아진 것 이상으로, 일본 야키니쿠 가게에서 가위의 사용 비율이 높아지고 있다. 삼겹살 가게라면 말할 것도 없다. 이런 것이 진짜 문화전

구워서 한 입 크기로 먹기 좋게, 부위별로 미리 잘라 서빙하는 일본식 고기구이

파이며, 한류가 아닐까?

처음에 거부감을 가지던 문화가 어느새 자연스레 일상에 전파되는 모습. 여기에는 어떤 정치적 배경도 프로파간다도 없다. 그저 경험해 보니 좋았고 맛있었다는 체감 효용만 있을 뿐. 그런데 왜? 갑자기 삼겹살과 가위가 일본에 새롭게 퍼진 걸까?

치즈케이크 팩토리

문화가 전파되는 이유는 다양하다. 가장 중요한 요인은 역시 그 문화 고유의 '쿨함'이라 생각한다. 그리고 '쿨함'은 전부는 아니라도 상당 부분 경제력에서 나온다. 우리는 1980년대부터 본격적으로 삼겹살을 먹었다. 삼겹살은 40여 년간 '서민의 고기' 자리를 굳건히 지키고 있다. 한국인에게 삼겹살과 치킨은 서민을 대표하는 고기 요리다. 사실 일본에서 삼겹살의 인기도 예사롭지 않지만, 한국식 치킨의 위상에는 미치지 못했다. 한국에 호의적이든 관심이 없든 정말 싫어하든, 일본인에게 한국을 대표하는 외식 문화의 대표는 단연코 치킨이다. 정확히 일본에서 삼겹살은 단 한 번도 치킨의 위상에 근접한 적도 없다.

생각해 보면 참 이상하다. 우리에게는 결코 고급 음식이나 고급 식문화가 아닌 치킨과 삼겹살이 어떻게 일본인의 입맛을 사로잡았을까? 2010년대 이후 급격히 상승한 한국의 경제 수준과 대중문화의 영향이라 생각한다. 삼겹살과 치킨은 한국 영화와 드라마에 빠지지 않고 등장한다. 심지어 K-POP 뮤직비디오에 나오기도 한다. 일본 내에서 한국식 치킨의 성공은 여러 미디어를 통해 접했다. 하지만 삼겹살의 성공은 좀처럼 한국인에게 잘 알려지지 않았다.

삼겹살의 성공은 우리가 미국 드라마 〈빅뱅 이론(Bigbang Theory)〉의 여주인공 페니가 일했던 레스토랑 '치즈케이크 팩토리(Cheesecake Factory)'에 열광했던 것과 마찬가지 아닐까? 치즈케이크 팩토리는 미국 서부에서 시작한 프랜차이즈 레스토랑이다. 고급과는 거리가 먼, 매우 캐주얼한 레스토랑으로 주로 캘리포니아 등 서부에 집중돼 있고, 드라마의 인기에 힘입어 중부와 동부 일부까지 진출하기도 했다. 그렇지만 미국 전역에서 인기를 얻는다고 말하기엔 너무 부족하다.

현지인에게 치즈케이크 팩토리가 맛집이냐고 묻는다면, 열에 아홉은 "뭐 그냥 동네 식당이야"라고 답한다. 실제 현지에서 경험한 일이다. 하지만 〈빅뱅 이론〉에 심취했던 외국인들에게는 한 번쯤 찾고 싶은 가게일지 모른다. 그 식당에 페니는 고사하고 셸든이나 레너드가

캘리포니아 샌디에이고 마리나 지역에 위치한 치즈케이크 팩토리 프랜차이즈. 동네 사람들이 자주 찾는 캐주얼 다이닝이다.

없더라도 말이다. 이것이 진짜 문화 콘텐츠의 힘이다. 무엇이든 사실보다 쿨하게 느껴지게 만드는 것.

한국어능력시험

삼겹살도 마찬가지다. 한국이 먹고살 만할 무렵 서민의 고기로 떠오른 삼겹살은, 이제야 삼겹살을 바라보는 외국인에게 무언가 '쿨함'을 제공하고 있다. 한국이 쿨해 보이지 않을 때는 식탁 위에서 큰 고기를 가위로 써는 모습이 경박하게 보였을 수 있다. 이제는 그 반대의 시대가 됐다. 다수의 일본인(그리고 다른 외국인)이 삼겹살을 불판에 굽고, 가위로 자르고, 쌈채소에 싸서 먹는 것을 쿨하다고 생각하기 시작했다. 이왕 외래에서 전파된 음식 문화라면 철저히 현지의 방법을 따르는 편이 쿨하다 생각한 것. 이런 인식의 전환이 삼겹살과 가위만 있을까?

한국어능력시험(TOPIK)이야말로 가장 대표적인 인식의 전환 사례가 아닐까 싶다.

"한국어능력시험(TOPIK), 인터넷 전환… 22년 응시자 37만→70만"

2020년 한국어능력시험이 토익처럼 인터넷 시험으로 전환됐다. 한국어능력시험을 치르는 외국인이 그만큼 많아지기도 했고 코로나19 때문에 오프라인 시험이 어려워졌다는 뜻이기도 하다. 한국어능력시험에 응시한 외국인은 2017년 70개국 29만 명이었는데, 2019년에는 86개국 37만 명으로 늘었다. 단 2년 동안 30%나 성장했다. 코로나19 탓에 2020년은 22만여 명으로 줄었다. 코로나19가 전 세계적으로 진정될 것으로 기대하는 2023~2024년에는 70만 이상이 응시할 것으로 예상한다. 정말 놀라운 일이다.

한국 문화는 삼겹살 가위처럼, 전 세계에 자연스레 스며들고 있다. 자국의 고급스럽고 세련된 문화만을 엄선해 전파하려는 시도는 거의 실패한다. 중국은 전 세계에 공자 학원을 만들어 중국어와 중국 문화를 전파하려 했다. 물론 결과는 어떻게 평가하더라도 중국이 원하던 수준에는 미치지 못했다. 문화의 전파는 거창하고 대단한 게 아닐지 모른다. 삼겹살과 가위처럼 일상에 스며드는 편이 훨씬 단단해 보인다. 정작 이 사실을 가장 모르는 건, 한국인이다. 그리고 소수의 일본인도.

달고나커피

Z세대 연구소

일본은 앙케트 천국이다. 무슨 무슨 10선, 상반기 무슨 무슨 트렌드 조어 20선, 20대를 강타한 시부야 트렌드 10선 등. 일본인은 앙케트를 정말 사랑한다. 잡지, 방송, 신문 등 레거시 미디어만 아니라 뉴미디어에서도 앙케트를 마구마구 생산한다. 2017년을 기점으로 일본의 Z세대 트렌드에 한국 관련 콘텐츠가 떠오르기 시작했다. BTS나 블랙핑크 같은 글로벌 아티스트, 그리고 최근 무섭게 인기를 끌고 있는 한국 드라마 이야기가 아니다. 치즈핫도그, 한국식 치킨, 이니스프리, 에뛰드하우스, 카카오프렌즈 등 우리의 스트리트 푸드와 일상식, 그리고 중저가 화장품 브랜드, 디자인 용품이 일본 Z세대 트렌드 인기어로 떠올랐다. K-POP의 인기에 힘입은 잠시의 유행이라 분석하는 일본 전문가가 대부분이었지만 무려 6년 넘게 이어지고 있다. 2019년 하반기부터 한일 관계는 최악으로 치달았는데도 불구하고.

한일 간의 문화 역전, 적어도 문화의 수위가 동등해졌다는 강력한 증거다. 2010년대 이전만 하더라도 일본에서 유행하는 아이템이 빠르게는 수개월, 늦어도 2년이면 한국에서도 유행했다. 평소 일본의 트렌드를 주의해 살펴보다 한국에서도 통하겠다 싶은 아이템을 발 빠르게 수입해 선점하는 형식이었다. 실패한 아이템도 많았지만 성공한 아이템이 더 많았다. 일본 유행을 선도한 그룹은 한국의 미디어와 유행에 민감한 기업들이었다. 이제 그 반대가 일상이 됐다.

일본에는 트렌드를 조사하는 단체가 많다. 분명 민간기업인데도 기업명을 'OO연구소'라 붙이길 좋아한다. 그중 하나가 Z종합연구소(Z総合研究所, 제토소고켄큐쇼). 일본인도 줄여 부르기를 좋아하는데, 줄여서 Z종연(Z総研, 제토소켄)이라 부른다. Z종합연구소라 하니 뭔가 무시무시한 권위를 지닌 사회경제연구소 같지만, 어디까지나 민간기업이다. Z세대, 1995년 이후 출생한 청년층에 영업력을 집중해 트렌드를 조사하는 마케팅 회사로 작명 센스가 좋은 탓에 일본 언론 여기저기서 자주 인용한다.

일본 청소년 트렌드 1위

Z종합연구소, 일명 Z종연이 2020년에 발표했던 상반기 트렌드를 보면 유독 눈에 띄는 아이템이 있다. Z종연에서 유행하는 음식과 음료 부문을 조사해 발표한 결과다.

2020년 트렌드 랭킹

	유행하는 음식과 음료
1	달고나커피 ダルゴナコーヒー
2	타피오카 タピオカ
3	딸기사탕 いちご飴
4	치즈핫도그 チーズハットグ
5	바나나주스 バナナジュース
6	뚱카롱 トゥンカロン
7	오레오치즈케이크 オレオチーズケーキ
8	치즈볼 チーズボール
9	치즈티 チーズティー
10	과일사탕 フルーツ飴

치즈핫도그는 차트에 등장한 이래로, 여전히 강세다. 2020년에도 트렌드 4위 자리를 지키고 있다. 6위를 차지한 뚱카롱 역시 한국에서 유행한 아이템이 약간의 시차를 두고 그대로 일본에 전파된 셈이다. 그런데 1위가 뭔가 이상하다. 달고나커피? 한때 한국 인스타그램을 조회수로 폭파시켰던 그 달고나커피? 인스타그램 트렌드에 둔감한 기성세대는 정작 "그게 뭐지?"라고 고개를 갸웃할지 모른다. 달고나커피는 인스턴트커피에 설탕과 우유, 또는 연유를 추가해 거품이 몽글몽글 나올 때까지 팔이 빠져라 저어야 하는 노동집약형 가내 수공 음료. 한국 청년세대를 중심으로 일시적으로 유행했다. 그 달고나커피가 어떻게 2020년 일본 Z세대 식음료 트렌드 1위에 랭크될 수 있었을까?

정답은 SNS, 정확히는 인스타그램 덕분이다. 대부분의 SNS 시스템은 키워드만 잘 검색하면 외국의 인플루언서를 직접 팔로우할 수 있다. 일본에 한류 붐이 확장되고 있고, 한국 음식이나 화장품 등 아이템을 자주 업로드하는 일본인 인플루언서가 증가했다. 일본 청년들은 처음에는 그들을 팔로우하다가 한국인 인플루언서나 일반인의 게시물까지 팔로우했다. Z종연에서는 이렇게 전했다.

"코로나로 인한 자택 대기 동안 인스타그램에 달고나커피 게시물이 많았음."

"아오야마(도쿄 중심의 세련된 카페 거리 밀집지)에 달고나밀크티 가게가 생겨났을 정도."

달고나커피는 일본 인스타그램에 얼마나 노출되고 있을까?

인스타그램

2020년 Z종연의 트렌드 랭킹 1위는 달고나커피였다. 무려, 1년 후인 2021년까지 인기는 이어졌다. 인스타그램에 #ダルゴナコーヒー, #달고나커피 이렇게 두 언어로 검색했다. 일본어 #ダルゴナコーヒー의 게시물은 총 12만9천 건. 놀랍게도 한국어 #달고나커피의 게시물도 총 18만 건이었다. 유행 1년 후에도, 일본의 달고나커피 해시태그가 한국의 70%를 유지했다. 달고나커피가 한국에서 시작했지만, 일본으로 급속히 퍼졌다는 증거다.

한국의 사소한 음식 문화가 국경을 벗어나 이웃 나라의 젊은이를 매료시키는 일. 이런 현상은 일본만이 아니다. 달고나커피는 아시아의 커피 대국인 베트남으로도 퍼져 호찌민의 일부 카페에서 달고나커피를 한정판으로 출시했다. 달고나커피 인기에 힘입어, 우리 20대를 사로잡았던 홈 카페가 그대로 일본 20대의 트렌드 상위에 오르기도 했다.

묘한 기시감이 든다. 1980~1990년대는 물론 2000년대 초반까지 한국과 일본의 문화 흐름은 정반대였다. 일본에서 무언가 유행하면 한국 언론의 주목을 받았다. 한국의 미디어 편집자와 기자는 대놓고, 일본 미디어를 주기적으로 뒤적였다. 일본의 잡지, 신문, 방송에서 뭔가 반짝하고 바람이 불 때, 잽싸게 기사를 번역하고 자료를 찾아 우리 미디어에 노출했다. 일본 문화 전 분야가 한국에서 유행했다. 전자제품, 메이크업, 게임, 패션, 음식, 가구 등 라이프스타일 전반이 일본에서 수입됐다. 자연스러웠다.

물은 높은 곳에서 낮은 곳으로 흐른다. 문화도 마찬가지다. 높은 곳에서 낮은 곳으로 흐르는 자연의 법칙은 변하지 않는다. 어제의 낮은 곳이 높아지는 것도 자연의 법칙이다.

일본의 허브공항, 인천국제공항

일본의 허브공항, 인천국제공항

2002년은 한국인에게 한일월드컵 4강 신화로 기억된다. 그보다 1년 전인 2001년. 한국인에게 월드컵 4강 신화보다 오래 기억될, 또 하나의 신화가 탄생했다. 인천국제공항이다. 인천국제공항은 개항 후 얼마 지나지 않아 세계공항평가 1위라는 왕관을 몇 년이고 계속 썼다. 더 놀라운 점은 한국의 허브공항으로 탄생했지만, 신기하게도 일본의 허브공항이 됐다는 것이다.

사실이다. 일본의 허브공항은 도쿄의 나리타국제공항이나 하네다국제공항이 아닌, 인천국제공항이다. 2015년을 전후해서 한국인의 일본 여행이 폭발적으로 늘어난다. 일본이 그만큼 편하고 만만한 여행지였단 이야기. 일본은 가격, 거리, 문화적으로도 편하고 쉬운 여행지였다. 미국이나 유럽에 가는 것처럼 항공과 숙박에 큰돈이 필요하지 않았고, 가심비는 물론 가성비도 좋은 여행지였다. 대도시에 질린 한국인은 일본의 중소 도시를 적극적으로 찾아 나섰다.

대표적인 곳이 한국에서 가장 가까운 규슈의 작은 지자체 사가현(佐賀県)이었다. 사가현 지사가 "인천국제공항과 사가 직항 노선을 유치하겠다"라는 선거 공약으로 당선된 일화는 유명하다. 사가현 지사는 당선 후, 파격적인 조건을 내걸고 한국 티웨이항공을 찾았다. 티웨이항공이 사가에 취항할 경우, 사가공항 이용료 면제, 티웨이 이용객에게 사가공항에서 사가 시내까지 운행하는 버스 이용료 할인 등의 한국인 여행객 우대책을 약속했다.

티웨이는 사가에 취항했고, 매주 수백 이상의 한국인이 사가현을 찾았다. 한국인 관광객이 증가하니 덩달아 중국인도 사가를 찾았다. 한국이나 중국을 경유, 일본 여행을 계획한 유럽과 동남아시아의 관광객도 사가를 찾기 시작했다. 내국인도 좀처럼 찾지 않는 한적한 동네가 단숨에 외국 여행객이 꾸준히 찾는 관광지가 됐다.

사가현 사람들에게는 관광객이 급증한 것만 이익이었을까? 그들은 자신들이 생각지도 못했던 혜택을 받게 됐다는 걸 깨달았다. 사가현민과 인근 지역민이 동남아, 미주, 유럽을 갈 때 나리타공항이나 하네다공항 대신 인천공항을 찾기 시작했다. 이유는 간단하다. 사가-인천 직항 노선이 생겼으니까. 사가공항에서 편하게 짐을 부치고, 인천공항에서 최종 목적지로 환승하면 그만이었다. 사가현과 인근 사람에겐, 도쿄의 공항을 이용하는 것보다 인천공항이 더 빠르고 편하고 저렴하다.

규슈에서 도쿄의 하네다공항이나 나리타공항을 이용하는 건 인천공항을 찾는 것보다, 열차든 항공이든 장거리 버스든 돈과 시간이 더 든다. 사가현에서 도쿄까지 비행기로도 두 시간, 신칸센으로 여섯 시간, 버스는 열네 시간이 넘는다. 교통편에 따라 환승하는 구간마다 여행가방까지 끌고 가야 한다. 여행을 마치고 돌아오는 길도 고역이다. 이게 어디 사가현만의 이야기일까? 일본의 특색 있는 중소 도시 여행 붐이 일어나며 인천국제공항에서 일본 중소 도시 공항 직항편이 늘어났다. 중소 도시의 여행 관광업 부흥과 그곳에 거주하는 일본인의 해외 여행도 덩달아 편해지게 된 셈.

놀랍고 슬픈 이야기가 있다. 한국인의 일본 여행 폭발의 숨은 비밀이기도 하고 인천공항이 일본의 허브공항이 된 진짜 이유이기도 하다. 2011년 동일본 대지진 이후, 일본의 지역 경제는 극히 어려워졌다. 일본의 중소 도시는 도쿄나 나고야 등의 대도시보다 경제 기반이 취약하다. 고령화와 대도시로의 인구 유입으로, 마을이 통째로 사라지는 현상인 '유령마을'도 늘어났다. 국내외 관광객 유치도 쉽지 않았다. 그때 거짓말처럼 등장한 게 한국인 여행객이었다. 우리에게 일본은 적당히 친숙하며 낯설고, 적당히 설레며 익숙한 여행지였다. 한국인은 일본 중소 도시의 관광업을 창설하고 부흥시킨 여행객이자, 새로운 항공교통의 편리를 제공한 사람들이었다. 그렇게 민간 부문에서 한국과 일본의 다시 오기 힘든, 짧은 우호 기간이 시작됐다.

극우와 코로나19

한국과 일본, 민간 부문의 짧은 우호는 오래가지 못했다. 아베 전 총리로 대표되는 일본의 극우 정치 세력과 코로나19 때문이었다. 2019년 여름, 일본 정부는 이해하기 힘든 이유를 대며 첨단 부품과 소재의 한국 수출을 규제했다. 명백한 경제 도발이었다. 일본이 한국에 수출하는 첨단 부품과 소재 중 일부가 북한 등 적성국으로 흘러들어 대량살상무기를 만드는 데 사용될 수 있다는 핑계였다. 한국을 부도덕한 나라로 몰아가는 것과 동시에 주요 전략 물자 통제도 변변히 하지 못하는 한심한 나라로 낙인찍었다.

한국의 대처는 슬기롭고 정의로웠다. 한국과 일본 양국은 모두 WTO 가입국이다. 우리 정부는 국제 공론장으로 문제를 옮겼다. 일본의 경제 제재는 WTO의 '자유무역 정신'을 위배했다는 통렬한 반격이었다. 일본은 한국이 '한일위안부협약'이란 '국제 룰'을 어긴 나라이고, 그래서 일본의 최첨단 소재와 부품을 한국에 수출하면 그것이 어디로 흘러 들어갈 지 모른다고 주장했다. 한국 정부는 신경질적인 반응 대신, 일본이 주장하던 국제 룰 위반으로 WTO 자유무역 정신을 위배한 쪽은 일본이라는 사실을 차분하고 단호하게 알렸다.

우리 시민들은 자발적 불매운동으로 정부에 힘을 실었다. 섬세하고 우아한 대처였다. 일본인에게는 충격이었다. 일본 우익은 틈나는 대로 "한국의 일본 불매운동은 한국 정부의 공작"이라며 울분을 토했다. 한국 시민의 불매운동은 자발적이 아닌, 정부의 공작이라 주장한 것이다. 일본 우익은 오해할 수 있는 일이긴 하다. 일본은 시민의 자발적 참여로 세상을 바꿔본 역사적 기억과 경험이 없다. 정부나 유명 대학, 대기업 엘리트의 지침이나 명령 없이 시민들이 조직적 저항운동을 하는 모습, 게다가 자발적 저항운동은 일본 우익을 넘어 보통의 일본인도 상상하기 어려운 레벨이다. 강대국으로 발돋움한 중국인도 결코 이해할 수 없는 한국의 모습이다.

불매운동은 일본 제품을 넘어, 일본 여행으로까지 거세게 불었다. 한일 양국 여행은 한일 시민 모두에게 부담으로 다가왔다. 문제는, 한일 양국 시민이 서로의 나라를 찾는 것은 관광이 전부는 아니었다는 것. 가족 방문, 비즈니스, 공무, 유학, 취업 등 다양하다. 관광 방문 수요는 급격히 줄 수 있어도 나머지 부문은 예전처럼 교류가 활발했다.

2020년, 코로나19가 한일 하늘길과 바닷길에 치명타를 날렸다. 일본 극우 정부는 코로나19 감염 확산 방지를 핑계로 한국인의 일본 무비자 입국까지 정지시켰다. 국제간 상호호혜원칙에 따라 우리 정부도 일본인의 한국 무비자 입국을 정지했다. 여행길은 더욱 좁고 험해졌다. 일본에서는 한국을 비방하는 극단적 주장이 넘쳐났다. 일본 미디어는 한국 관련 뉴스 없이는 콘텐츠를 만들어내지 못할 지경이 돼버렸다. 한국에서도 무작정 일본을 반대하는 목소리가 높아졌다.

고마워, 아베

2019년 일본의 경제 제재가 시작되고, 2년이 훌쩍 지난 2022년. 일본의 경제 때리기는 실패로 끝난 것이 분명해 보인다. 우월한 경제력과 기술력으로 한국을 길들여보겠다는 일본 우익의 자신감은 증명되지 못했다. 오히려, 한국의 소재, 부품, 장치 산업의 자력화를 가능케 했다. 일본 우익은 과거처럼, 한국이 적당한 선에서 타협하고 무릎 꿇을 것이라 철석같이 믿었다. 신기한 건 한국 주류의 일부(언론, 정계, 학계, 기업)도 당장 한국이 망할 거라는 일본 우익의 주장에 동조했단 사실이다.

일본의 보수 우경화는 한국에도 영향을 미치고 있다. 한국을 혐오하고 무시하는 일본 극우의 주장에 한국 극우의 일부가 동조한다. 이상하다. 전 세계 극우 세력 중 자국을 무시하고 타국 극우의 주장에 동조하는 극우는 한국이 거의 유일하다. 그들은 이렇게 외쳤다.

"일본과 척지면 안 된다. 일본의 뜻을 거스르는 것은 곧 한미동맹에 금을 긋는 행위다."

"한국의 주력 산업인 반도체 수출 타격이 불 보듯 뻔하다."

그들 말대로 한국의 대일 수출액은 큰 폭으로 줄었다. 그런데 나라는 망하지 않았다. 오히려 국제사회는 한국을 경제적으로도 정치적으로도 완전한 선진국으로 인식하게 된 시기였다. 서민이 피부로 체감하기는 어렵지만, 일본의 경제 때리기와 글로벌 팬데믹이라는 더블 펀치 속에서도 한국 경제는 견실히 성장했다. 일본의 반도체 공급 제한에도 불구하고, 한때 한국에서 출발하는 항공 화물의 70%가 반도체일 정도로 한국 반도체 수출은 늘어났다. 코스피는 꿈의 숫자로 불리던 3000을 넘었다. 일본의 기술과 소재, 부품에 의존하던 분야에서 한국의 특허출원이 늘었다. 엉뚱하게도 일본의 수출규제는 한국이 취약하던 부문의 자체 경쟁력을 높여주는 백신으로 작동했다. 대일 무역

적자도 큰 폭으로 줄었다. 2018년 일본의 한국 수출액은 546억 달러. 경제 때리기를 시작한 2019년에는 475억 달러로 줄었다. 2020년에는 460억 달러, 2021년에도 비슷한 수준을 유지했다.

물론 한국의 대일 수출액도 줄었다. 2018년 305억 달러에서, 2019년 284억 달러로 감소했다. 2020년 250억 달러를 기록했다. 이 수치만 보면 한국이 엄청난 피해를 본 것처럼 보인다. 일부 언론은 대일 수출액 감소만을 집중 보도, 한국 경제가 망할 것처럼 호들갑을 떨었다. 대일 수출액의 감소분은 타국 수출의 폭발적 증가로 상쇄됐다. 특히, 방역과 문화 부문에서 인상 깊은 활약을 펼친 덕에 상승한 국가 이미지가 그전까지 큰 힘을 쓰지 못했던 가공식품과 생활소비재 수출을 이끌었다.

일본과의 무역에서 주목할 점은 대일 무역적자도 같이 줄었다는 것. 2018년 대일 무역적자는 마이너스 240억 달러였다. 이것이 2019년, 마이너스 191억 달러로 줄었다. 2021년도 비슷한 수준이었다. 여전히 일본이 우리의 무역적자 1위 국가라는 것도 사실이지만. 좀처럼 따라잡을 수 없을 것만 같던 대일 무역적자를 줄이는 데 결정적 역할을 해준 건, 아베 정부였다.

신흥후퇴국이자 정치후진국

2장

임계점이 무너진 날

일본 여행의 이유

우리는 왜 일본 여행에 열광했던 걸까? 아베의 한국 경제 때리기가 본격화된 2019년 여름 전까지 일본은 한국인에게 가장 친숙하고 설레는 해외 여행지였다. 2018년 한 해에만 무려 750만여 명이 일본을 방문했다. 이 숫자는 천만 관객 영화처럼 충성도 높은 관객(Royal Customer, 헤비리피터(ヘビーリピーター))이 있어야 도달할 수 있다. 같은 영화를 두 번, 세 번 보는 관객처럼, 1년에도 일본을 서너 번 찾는 여행자가 있다는 얘기다. 무엇이 한국인을 일본으로 이끈 걸까? 대답은 의외로 간단하다.

"가깝고 저렴해서 그리고 한국처럼 안전해서!"

몇 가지 더 있다. 한국과 별 차이 없는, 표면적으로는 우리보다 더한 친절함. 일본인이 한국인보다 유독 더 친절하다는 이야기는 아니다.

우리 지하철과 공항 등 공공부문의 안내 시스템을 떠올려보자. 편리하고 효율적이다. 단연코 세계 최강 수준이다. 우리의 공공교통 안내 시스템을 G7 선진국인 영국, 프랑스와 비교해 보자. 뭐가 다를까? 영국이나 프랑스 등 유럽 여행을 해봤다면 바로 떠오른다. 우리는 있는데, 유럽에는 없는 것. 역마다 설치된 엘리베이터나 에스컬레이터, 그리고 스크린도어, 다음 열차가 어디쯤 오고 있다는 정보를 담은 전광판, 수도권에서는 출도착 시간 확인이 필요 없을 만큼 촘촘한 배차 시간 등이 떠오른다. 역마다 빠짐없이 있는 깨끗한 무료 화장실은 덤이다. 외국인에게, 공공교통 시스템이 한국 수준으로 보편적 편의와 충실한 정보를 제공한다는 건 충격이다.

한국인에게도 유럽 선진국의 공공교통 시스템은 충격이다. 걸핏하면 환승 통로를 놓치고, 무거운 짐을 들고 있는데 엘리베이터는 고사하고 에스컬레이터도 찾기 어렵다. 정말 화나는 건, 화장실을 찾기 어렵다는 것. 어찌어찌 찾아내도 유료인 경우가 잦다.

우리 공공교통 시스템은 정말 친절하다. 수없이 많은 정보를 보기 좋게 정리한 픽토그램, 벽과 바닥, 계단에 보이는 안내 문구 또는 화살표, 환승 방향을 찾기도 쉽고 처음 가는 역이라도 목적한 출구 번호를 놓치기 어렵다. 그리고 사람들이 있다. 길을 물으면 너무도 친절히 몇 번이고 안내해 주는 게 당연한 문화가 있고 이건 일본도 마찬가지다. 일본인의 친절도 세계 최고 수준이다. 한국인에게 일본은 우리와 크게 다를 것 없는 수준의 편리하고 안전한 여행지였다.

미국이나 유럽 여행을 떠올려보자. 특히, 현지 저가 항공을 이용했을 때를. 꼭 필요한 정보를 주긴 하는데, 친절하진 않다. 탑승에 필요한 필수 정보가 변경돼도, 이를테면 연착과 게이트 변경 같은 것을 항공사가 적극적으로 알려주지 않는다. 여행객이 먼저 챙겨야 한다. '뭐 그럴 수도 있지…. 일단, 저렴하니까….' 유럽 저가 항공에 탑승할 때는 탑승교 연결 없이, 도보로 활주로를 향해 걸어가야 하는 상황이 자주 일어난다. 이건 불만 없지만, 적어도 탑승 게이트가 바뀌었다면, 게이트 넘버는 어딘가 보기 좋게 걸려 있어야 하는 게 아닐까? 어찌어찌 비행기를 찾아 떠난다. 저 멀리 내가 타야 할 저가 항공의 비행기가 보인다. '어, 두 대가 보이는데….' 어느 비행기가 타야 할 비행기인지 안내하는 사람이 없다. 게다가 탑승객도 안 보인다. 내가 잘 골라 타야 하는 상황. 잘못 타면 티켓을 다시 사야 하는 무시무시한 상황이다. 한국이나 일본이라면 저가 항공에서도 있을 수 없는 일이다.

한국이나 일본을 제외하면, 위험이나 주의를 나타내는 안내판도 부족하다. 거대한 풍경을 무섭게도 뽐내는 미국의 그랜드캐니언은 1~2km 깊이의 낭떠러지가 수백 km나 이어진 무시무시한 곳이다. 무시무시한 자연경관을 뽐내는 그랜드캐니언의 뷰 포인트는 하나같이 추락 주의 구간이기도 하다. 한국이나 일본이라면 철제 가이드를 쳐놓고 '추락 주의!'라는 안내판이 곳곳에 있겠지만 미국은 그런 나라가 아니다. 아무것도 없다. 관광객이 다치면 "그게 개인 책임이지 국가가 뭔 책임이냐"라는 것이다.

그러니까 우리가 일본 여행을 그렇게 많이 갔던 이유는 가슴이 두근두근하지만, 아예 낯선 곳은 아니라서, 우리처럼 친절한 사람들과 시스템이 있던 여행지이기 때문이다.

과거형이 된 일본

아재들에게는 쉽고 급식과 학식에게는 어려운 문제를 하나. 현재의 일본이 아니라, 최소 15년 전의 일본의 이미지를 떠올린 후 답해보자.

문제 1980~1990년대 일본의 이미지를 떠올리고 답하시오.

답 부자 나라, 깨끗하다, 인사를 잘함, 전자제품 왕국, 특히 전기밥솥, 약속을 잘 지킨다, 철도 왕국, TV프로그램이 재미있다, 애니메이션을 잘 만든다.

문제 2000년대 초반, 일본의 이미지를 떠올리고 상술하시오.

답 기초과학 부문 노벨상 단골 수상국, 한국보다 높은 언론 자유도의 나라, 국민의 언론 신뢰도 역시 매우 높다, 철도와 버스 등 공공교통의 출도착 시간을 잘 지킨다, 공공의료 부문이 영국과 함께 가장 선진적이다, 자연재해는 잦지만 세계에서 가장 안전한 나라, 재난재해 대처 매뉴얼을 잘 갖춘 나라.

모두 정답이다. 어느 날, 이 모든 정답을 단번에 과거형으로 만든 비극이 벌어졌다. 2011년 3월 11일, 동일본 대지진. 해상에서 발생한 대지진은 일본 북동부 해안을 덮쳤고 쓰나미만으로도 괴멸적이었다. 진짜 비극은 쓰나미가 초래한 후쿠시마 원전사고였다. 쓰나미는 자연재해다. 인간이 어찌할 수 없다. 후쿠시마 원전사고도 불가항력이었다. 문제는 미증유의 재난과 사고에 대처하는 일본의 우왕좌왕이었다. 일본이라는 경제대국, 강대한 선진국의 엘리트들은 피해 복구 대신 사고의 책임이 자신에게 돌아오지 않는 일에만 몰두했다. 2011년 3월 11일 동일본 대지진으로 일본의 안전 신화가 무너졌다.

정말 그럴까? 일본의 안전 신화는 2011년의 잔인한 3월에 무너진 것일까? 2011년까지 일본은 아무 문제가 없었을까? 후쿠시마 원전사고 대처는 10년 전에 벌어졌던 어느 사고의 하찮은 대처와 놀랍도록 유사하다. 단지, 후쿠시마 사고의 규모가 비할 수 없이 컸던 것뿐.

임계점이 무너진 날

1999년 도쿄 인근 이바라키현 도카이촌에서 방사능 누출 사고가 일어났다. 2011년 동일본 대지진으로 인한 후쿠시마 원전사고 전까지, 일본에서 절대 있을 수 없다고 믿었던 사고였다. 도카이촌 방사능 유출 사고, 일본어로 '도카이촌 JCO 핵시설 임계사고(東海村JCO核施設臨界事故)'라고 한다. 임계사고는 방사성물질이 일정 질량 이상 모여 스스로 붕괴한 사고를 말한다. 흔히, "임계점을 넘었다"라고 말할 때의 임계다.

원자력발전의 원리는 단순하게 말하면, 순도 높은 방사성물질을 모아 임계점이 넘도록 인위적으로 만드는 것이다. 이 과정에서 고준위, 저준위 가릴 것 없이 여기저기서 방사능이 누출된다. 그래서 원전에서 일하는 사람들이 다치지 않도록 다중의 방호 장치로 보호한다. 도카이촌 임계사고는 원전에서 사용한 핵연료를 재처리하는 회사인 JCO의 시설에서 일어난 사고다. 언제든지 일어날 수 있는 사고지만

東海村核施設で臨界事故

"도카이촌 핵시설에서 임계사고"

실상을 알고 보면 허망하다.

1940~1950년대 미국, 원자력발전 연구가 활발하던 시절에는 임계사고가 흔했다. 핵분열 최적 타이밍을 연구하기 위해서는 임계점을 넘나드는 실험이 필요했으니까. 문제는 실험실에 변변한 방호 장치가 없었다는 것이다. 방사성물질은 사람의 DNA를 해체한다. 인체를 구성하는 모든 세포의 재생과 복제를 막는다. 허용기준치 이상의 방사선 피폭의 끝은 사망이다. 그게 다음 주일지, 다음 달일지, 십수 년 뒤일지 알 수 없을 뿐.

도카이촌 임계사고는 1999년에 일어났다. 장소는 세계 유수의 원자력발전 대국 일본. 20세기 말의 일본은 1950년대 미국의 실험실 레벨은 아니었다. 그런데도 1950년대 미국 실험실에서 일어났던 수준의 임계사고가 일어났다. 촘촘한 안전장치를 몇이고 겹쳐놓았던 매뉴얼 대신, 생산성을 높여 이윤을 더 내겠다고 간소화 매뉴얼을 도입한 대가였다. 임계사고를 낸 기업은 JCO. 이윤에 눈먼 회사의 한심한 대처 방식은, 10년 뒤 후쿠시마 원전사고 대처와 놀랍게도 비슷했다. 임계사고로 방사능이 누출되면 가장 먼저 할 일은, 사고 시설의 작업자와 인근 주민의 대피다. 사고를 보고받은 JCO 본사 간부의 반응은 의외였다. "우리 시설에서 임계사고가 날 리 없다."

가장 시급한 건, 사고 시설 반경 0.5km 내 거주하고 있던 무려 백 세대 이상의 주민 대피였다. JCO의 이실직고와 주민 대피 시작은 사고 발생 후 네 시간이 지나서였다. 인근 주민과 사고 수습을 위해 달려온 구급대원 모두 방사성물질에 피폭됐다. 사고를 축소·은폐한 JCO는 엄정한 법 집행을 받았을까? 어이없게도 벌금 천만 엔, 원화로 겨우 1억 원 정도의 벌금형에 그쳤다. 기소된 작업자와 관리자 여섯 명 모두 집행유예.

일본 사상 미증유의 사고인 후쿠시마 원전사고. 후쿠시마 원전 책임사 도쿄전력은 사고 실체를 지방정부와 중앙정부에 이실직고하지 않았다. 원전사고 최악의 사태인 노심 융용(Melt Down)을 막기 위해 살포한 소방수가 떨어졌을 때도 바닷물로 소방수를 대체할 결정을 미루고 또 미뤘다. 해수가 원자로에 닿으면 원자로는 폐로해야 하기 때문이었다. 건설 비용만 수조 원에 달하는 원자로를 살리기 위해, 사람을 살리지 않는 결정을 내린 셈이다. 후쿠시마라는 지자체를 넘어 일본 전체, 그리고 동아시아 전체가 위기에 빠질 수 있는 상황에도 도쿄전력은 이윤만을 먼저 생각했다.

후쿠시마 원전사고 이후, 처벌받은 사람이 있을까? 일본 검찰은 도쿄전력 사장을 비롯한 사고 관계자 40여 명을, 2년여 동안 질질 끌며 수사했다. 2013년 전원 불기소 처분. 2015년 여론이 들끓자 도쿄전력의 전 회장, 전 부사장 등 세 명의 형사재판이 시작됐다. 이 재판도 질질 끌었다. 그리고 2019년 모두 무죄선고.

일본은 종료됐습니다

일본은 종료됐습니다

과거 일본은 철도 왕국이었다. 1960년대에 세계 최초이자 최고의 고속철 신칸센을 전국에 보급했다. 일본 철도의 정확한 배차 시간 엄수는 수많은 철도 운영국의 모범이었다. 그런 일본에서 철도 불패의 신화가 무너지고 있다.

일본 철도의 정시 도착률은 대단했다. 1990년대에서 2000년대 초반까지 일본을 여행했던 한국인에게 가장 강렬한 인상을 남긴 것은 철도와 버스의 시간 엄수였다. 공개된 스케줄에서 오차 없이 그대로 운행했던 나라. 2000년대 초중반까지 일본 여행에서 도쿄 등 메가시티를 제외하면 철도 시간표 지참은 당연했다. 특히, 교통량이 한적한 중소 도시에서 약속된 시간에 플랫폼에 들어오고 약속된 시간에 플랫폼을 출발하는 일본 철도는 한국인에게 경이로울 지경이었다. 여전히 그럴까?

한국을 찾는 외국인에게 '가장 인상 깊은 한국의 모습'은 의외로 한국의 대중교통이다. 수도권의 지하철과 전철은 저렴하고 편리하고 깨끗함과 더불어, 시간표를 확인할 필요 없을 정도로 촘촘한 배차 시간을 자랑한다. 이건 과거의 일본도 도달하지 못했던 지점이다. 현재까지 도쿄의 야마노테센(山手線) 등 주요 노선을 제외하면 배차 간격이 10분 넘는 노선이 허다하다. 자칫 열차를 놓치면 다음 열차까지 20분을 기다려야 하는 일도 있다. 1990년대에서 2000년대 초반, 도쿄 야마노테센의 깔끔함과 차내 안내 시스템의 다양함, 배차 시간 엄수 등을 보고 감탄했던 한국인들은 의외로 세계 최강의 자국 지하철에는 무덤덤한 편이다. 이것도 신기하다.

몇 년 전 일본에서 유명한 인터넷 밈이 있다.

日本は終了しました

철도역 전광판에 '일본은 종료됐습니다(日本は終了しました)'라는 안내 문구가 보인다. 일본어로 '오늘은 종료됐습니다(本日は終了しました)'라고 표출돼야 했다. 일본어로 '本日'은 다중을 상대한 높임말로 '혼지츠'라 읽는다. 누군가의 실수로 '本日'의 순서가 바뀌어 '日本(일본)'이 된 해프닝이다. 덩달아 문장은 엉뚱한 뜻이 됐다. '오늘은 (운행이) 종료됐습니다'가 '일본은 종료됐습니다'라고 돼버린 셈.

사실 이 일은 패러디. 정확히는 합성이다. 올라왔던 사진의 노선은 사이토혼센(斉藤本線)인데, 일본에 이런 노선은 없다. 오사카에 사이토센(斉藤線)은 있지만 사이토혼센이란 노선은 존재하지 않는다. 게다가 방면이 시부야였다. 응? 오사카의 지선이 도쿄까지 연결된다고? 그럴 리 없다. 그냥 농담이다. 일본에도 풍류를 즐길 줄 아는 인터넷 대문호는 얼마든지 있을 테니까.

그런데 '일본은 종료됐습니다'가 진짜 일어났다. 2017년 간사이 지역의 JR고베센의 효고역 전광판에서 누군가의 실수로 '일본은 종료됐습니다'라는 글자가 표출됐다. 일본인도 말장난을 좋아한다. 우리가 이제는 아재 개그, 부장님 개그라며 치를 떨었던 말장난을 좋아한다. JR고베센의 해프닝은 그들의 웃음 포인트를 자극했던 유쾌한 사건이었다.

JR

일본인의 철도 사랑은 지독하다. 정확히 말하면, 일본에서 철도를 능가하는 효율적 교통수단이 없기 때문이다. 일본에서 정해진 시간에 정해진 장소에 도착하기 위해선 철도가 제일이다. 자동차는 말할 것도 없고, 항공도 철도만큼의 효율성은 없다. 일본의 고속도로망도 우리처럼 촘촘하긴 하다. 문제는 우리의 두 배에서 다섯 배 정도 비싼 고속도로 통행료. 일본의 고속버스는 고속도로에서도 시속 80km 정속 운행을 엄수한다. 지방 국도에서는 최고속이 시속 60km 이하로 떨어진다. 가격은 고속철도의 절반 수준이지만, 시간은 두 배에서 다섯 배까지 걸린다.

항공은 신칸센 등의 고속철도와 가격이 비슷하다. 하지만 각 지역의 공항이 시내에서 멀리 떨어져 있다는 게 문제다. 도쿄라면 시내 한복판의 하네다공항 국내선 터미널을 이용하기 쉽다. 안타깝게도 도쿄를 제외한 다른 중소 도시(대도시도 마찬가지)의 공항은 시내 중심에서 최소 40분 정도는 떨어져 있다. 이에 비해, 철도역은 어느 도시나 시내 중심에 있다. 최초 출발지에서 최종 목적지까지 도착하는 시간을 생각하면, 철도가 항공편에 비해 큰 차이가 나지 않는다. 일본 교통의 중심은 이래저래 철도가 될 수밖에.

일본 철도의 시간 지키기는 그야말로 대단했다. 그렇다, 과거형이다. 민영화되기 이전 JR(Japan Railroad, 일본 철도)의 시간 엄수는 굉장히 굉장하고 대단히 대단했다. 민영화 이전 이야기다. 일본을 찾는 한국 여행객에게 가장 친숙한 철도는 JR이다. 전국 어디를 가나 촘촘한 노선을 자랑한다. 하지만 일본의 민영철도인 사철(私鉄)도 만만찮다. 도쿄 등 수도권을 벗어나면 공공철도 JR보다 민영기업의 사철 노선이 그 지역을 주름잡고 있는 걸 쉽게 볼 수 있다.

규슈 최대의 철도망은 JR서일본이 아니라, 니시테츠(西鉄)라는 철도, 교통, 부동산 복합 기업이다. 오사카 간사이국제공항에서 오사카 중심인 난바로 향하는 급행열차 라피트는 한국인 여행객에게 매우 친숙하다. 라피트 노선인 난카이혼센(南海本線)은 사철이다. 난카이는 한큐와 함께 오사카를 주름잡는 민영기업이다. 영리를 목적으로 하는 사철보다는 국철인 JR의 신용도가 높았다. 가격도 상대적으로 저렴하고, 놀라운 정시 도착률을 자랑했다. 그렇다, 역시 과거형이다.

또 JR이야?

최근 JR 철도역에서 유행하는 말이 있다. 말이라기보다 짧은 탄식이다.

"また, JRか?"

"또 JR이냐?"는 뜻이다. 여러 가지 이유로 출도착 시간을 지키지 못하는 현재의 JR 운영을 비꼬는 시민들의 탄식이다. JR은 일본 전국을 촘촘하게 이어주던 국영철도 기업이었다. 현재, JR은 여섯 개로 분할 민영화됐다. JR동일본, JR서일본, JR규슈, JR홋카이도 등. 민영화가 무조건 나쁜 건 아니다. 효율성이 필요할 때는 공공부문도 과감한 민영화가 필요하다. 분명한 건, JR의 민영화가 서비스 하락을 불러왔다는 점이다. 이 사실은 대다수 일본인이 깊이 공감하고 있다. 현재 JR은 시간 못 지키는 철도 노선의 대명사처럼 격하됐다.

2005년 4월 일본 역사상 최악의 열차 사고가 일어났다. JR후쿠치야마센(福知山線) 탈선사고다. JR서일본의 후쿠치야마센을 운행하던 열차가 곡선 주로에서 속도를 줄이지 않고 운행하다 선두 차량 2량이 탈선해 선로변에 위치한 아파트에 충돌한 사건이다. 끔찍한 대형 사고였다. 기관사를 포함한 승객 107명이 사망했다. 부상자도 무려 562명이었다. 천만다행으로 아파트 주민의 피해는 없었다. 아파트 지하에 대형 유류 저장고가 있었단 사실을 돌이켜 보면, 그나마 다행이었다. 이 사고의 원인은 복잡해 보이지만, 명확히 의심 가는 부분이 있다. 민영화된 JR서일본의 '정시 도착률 강박증'.

도쿄 등 수도권 일대에서 JR동일본의 위력은 여전히 어마어마하다. 도쿄와 수도권 일대의 간토 지역에는 사철 대기업이 즐비하지만, JR의 촘촘한 노선과 배차 간격에는 비할 바가 아니다. 수도권 어디에서 출발하든 최종 목적지까지 가기 위해서는, JR 노선을 반드시 한번은 거칠 수밖에 없을 정도니까.

사고가 난 후쿠치야마센이 있는 간사이 지역은 사정이 다르다. 예전부터 지역 밀착 사철 대기업이 위세를 떨친 곳이다. 도쿄가 중심인 간토와 달리, 오사카와 교토가 중심인 간사이는 원래부터 JR이 사철에 비해 힘을 못 쓰던 지역이었다. 게다가 전국 단일 체제를 유지하던 JR이 간사이 지역 운영을 JR서일본으로 축소 민영화하자, 경쟁력은 더 떨어졌다. 결국, JR서일본은 과밀한 운행 스케줄을 강행할 수밖에 없었다. 민영화 전환 후에 일어날 수 있는 비극이었다. 민영화된 JR서일본은 안전 설비와 교육에 투자할 여력이 부족한 상태에서, 국철 시절식 촘촘한 배차 간격과 정시 도착률을 고집했다.

결론은 최악의 참사였다. 타 지역 JR은 한때 자신들과 한솥밥을 먹었던 JR서일본이 일으킨, 일본 철도 최악의 참사를 목격했다. 끔찍한 사고에서 엉뚱하지만 당연할지도 모를 결론을 끌어낸다. 과거 JR 전성기의 '정시 도착률' 달성에 목매지 말 것.

정시 도착은 편리하고 효율적이다. 하지만 정시 도착은 어떤 경우에서도 '안전'보다 상위 개념은 아니다. 때로 안전을 위해 정시 도착을 포기하는 것이 옳다. JR의 '정시 도착률' 강박증 탈피는 참사 반복을 막기 위해선 당연했다. 문제는 안전 설비와 교육 투자에 집중하는 대신 '연착의 일상화'를 선택했단 것이다. 결과는 많은 시민의 탄식이었다. 여러 가지 이유로 정시 도착, 정시 출발이 어렵다고 판단될 때, JR은 그냥 연착을 택했다. 시민들의 불만이 참사보다는 낫다는 이야기. 안전은 언제 어디서나 최우선 과제다. 당연하다. 다만, 안전 설비의 첨단화와 교육에 투자할 여력을 잃은 일본 최대 국영철도의 현재 모습이 쓸쓸하고 초라하게 느껴진다.

2010년 이후의 한국은 과거 철도 왕국 시절 일본의 정시 도착률을 뛰어넘을 정도로 엄청난 운행을 하고 있다. 정시 도착률 고집이 뭐든 좋은 걸까? 정시 도착률 달성을 위해, 교통약자, 그러니까 노약자나 장애인의 승하차를 재촉해도 되는 것일까? 열차 내 긴급환자가 발생해 심폐소생술을 하는 등의 응급 상황이 발생해도, 정시 도착을 고집해야 할까? 선진국에 진입한 한국도 꼭 생각해 봐야 하는 문제다.

스크린도어

JR이 시간 엄수에 자주 실패하는 이유도 다양하다. 지진 등의 자연재해는 어쩔 수 없다. 집중호우로 인한 노선 침수도 어쩔 수 없다. 자연재해로 인한 피해는 신속한 복구로 해결하면 그만이다. 문제는 자연재해와 재난보다 더 자주 인적 요소가 개입한다는 것이다. 철도 건널목에서의 크고 작은 교통사고, 끔찍하게도 삶의 희망을 잃은 사람들의 극단적 선택이다.

2005~2014년까지 JR 지역 계열사를 비롯해 전국의 사철이 국토교

2005~2014년간 선로별 극단적 선택 건수_수도권

순위	노선명	인사사고 건수	극단적 선택 건수	극단적 선택률	비고
1	JR주오센 (JR中央線)	386	253	66%	도쿄~ 다카오 구간
2	JR조반센 (JR常磐線)	298	196	66%	우에노~ 이와누마 구간
3	도부도조센 (東武東上線)	276	185	67%	이케부쿠로~ 요리이 구간
4	JR게이힌도후쿠센 (JR京浜東北線)	293	180	61%	오미야~ 요코하마 구간
5	JR우쓰노미야센 (JR宇都宮線)	200	130	65%	우에노~ 구로이소 구간 ~
6	JR다카사키센 (JR高崎線)	169	127	75%	오미야~ 다카사키 구간
7	JR도카이도센 (JR東海道線)	178	122	69%	JR동일본 운행 구간
8	JR소부센 (JR総武線)	181	115	64%	치바까지 완행 및 쾌속 구간
9	JR야마노테센 (JR山手線)	242	113	47%	
10	오다큐오다와라센 (小田急小田原線)	202	108	53%	신주쿠~ 오다와라 구간
11	세이부신주쿠센 (西武新宿線)	152	98	64%	세이부신주쿠~ 혼카와고에 구간
12	세이부이케부쿠로센 (西武池袋線)	142	95	67%	이케부쿠로~ 아가노 구간
13	도부이세사키센 (東武伊勢崎線)	144	92	64%	스카이트리라인 합산
14	도큐덴엔도시센 (東急田園都市線)	143	90	63%	
15	게이오센 (京王線)	139	81	58%	
계		3145	1981	63%	

출처: https://toyokeizai.net/articles/-/120456

2005~2014년간 노선별 1km 구간당 극단적 선택 건수_수도권

순위	노선명	영업km	1km당 극단적 선택 건수
1	JR주오센 (JR中央線)	53.1	4.8
2	JR야마노테센 (JR山手線)	34.5	3.3
3	JR게이힌도후쿠센 (JR京浜東北線)	59.1	3.0
4	도큐덴엔도시센 (東急田園都市線)	31.5	2.9
5	JR소부센 (JR総武線)	43.5	2.6
6	도부도조센 (東武東上線)	75.0	2.5
7	게이오센 (京王線)	37.9	2.1
8	세이부신주쿠센 (西武新宿線)	47.5	2.1
9	JR다카사키센 (JR高崎線)	74.7	1.7
10	세이부이케부쿠로센 (西武池袋線)	57.8	1.6
11	오다큐오다와라센 (小田急小田原線)	82.5	1.3
12	JR도카이도센 (JR東海道線)	104.6	1.2
13	JR우쓰노미야센 (JR宇都宮線)	159.7	0.8
14	도부이세사키센 (東武伊勢崎線)	114.5	0.8
15	JR조반센 (JR常磐線)	345.3	0.6
계		1321.2	1.5

통성에 제출한 자료가 있다. 일본 전국 노선 중 10년간 철도에서의 극단적 선택(미수 포함)이 80건 이상인 곳이 22개나 있다.

도쿄, 지바, 요코하마 등 수도권 노선에서만 10년간 극단적 선택이 2,000여 건이었다. 그중 상당수는 도쿄 시내 한복판을 지나는 환승 복합 노선이다. 한번 사고가 나면 해당 노선 외에 연결 노선까지 지연된다. 더 끔찍한 자료도 있다. 철로 1km 구간당 극단적 선택 건수를 비교한 자료다. 한국인에게 친숙한 JR주오센과 JR야마노테센이 각각 1, 2위다. 역시 시내 한복판의 전철역에서 극단적 선택 시도가 가장 많았다는 걸 알 수 있다.

세계 제일의 철도 왕국이었던 일본 대다수 역에는 스크린도어가 없다. 일본은 여전히 세계 최대의 부국 중 하나다. 스크린도어 설치를 금지한 법령이 있을 리도 없다. 문제는 언제나 돈이다. 사철은 민영기업이다. 이들이 스크린도어 설치비를 직접 부담하고 싶을 리 없다. 그렇다고 중앙정부가 전국의 모든 사철 역에 스크린도어 설치를 지원해줄 정도로 여유롭지 못하다. 일본 정부가 실제 결심한다 해도, 일본 전국에 철도 역사의 개수가 무시무시하다. 일본 특유의 꼼꼼한 공사 진행과 검수를 생각하면, 시작한다 해도 십수 년이 넘게 걸릴 일이다. 설사, 일본 정치인 누군가 이 어려운 일을 결심한다 해도, 큰 난제가 있다. 하나의 역을 공유하는 여러 노선의 운행 열차 제원이 다르다. 객차의 크기와 모양이 다르다는 이야기다. 운행 열차마다 승하차 문 위치가 제각각이다. 이래서야 스크린도어를 설치할 방법이 없다.

2015~2016년을 기점으로 일본 전역에서 스크린도어 설치가 나름

의 붐을 이루고 있다. 우리처럼 천장까지 막는 형태는 아니지만, 나름 착실하게 늘어나고 있다. 생각해 보면 어려운 일도 아니다. 예산이 들어가면 될 일이다. 과거처럼 찬란하게 빛나는 일본은 아니더라도, 일본은 여전히 세계의 부국 중 하나이니까. 문제는 결심하고 실행할 주체, 정치력의 부재다.

작은 의문이 하나 든다. 우리는 스크린도어를 설치하고 나서 전철역에서 극단적 선택은 확실히 줄었다. 거의 사라진 것이나 마찬가지다. 그렇다고 우리 사회의 극단적 선택 자체가 줄었을까? 안타깝게도 아니다. 청소년과 노년층의 극단적 선택은 매해 늘어나고 있다. 스크린도어 설치는 반갑지만, 그게 근본적인 원인을 해결하는 것은 아니다.

삿포로의 숭례문

2009년 일이다. 그 무렵부터 해외 취재는 유독 일본 관련 업무가 늘었다. 일본 현지의 카운터 파트너는 NHK, TBS 등의 메이저 방송사와 오사카의 지역민방인 MBS, 규슈의 지역민방 rkb, 홋카이도의 지역민방 HBC, 일본관광청 JNTO, 일본 굴지의 종합홍보 대행사인 하쿠호도 등이었다. 일본인은 첫 만남에서 좀처럼 속내를 드러내지 않는다. 일본만이 아닌, 동아시아 문화권의 공통된 특징이다. 일본뿐 아니라 다른 문화권의 사람들과 가장 빠르고 쉽게 친해질 수 있는 건, 역시 공통의 프로젝트를 같이 진행하는 편이 좋다. 이왕이면 어려울수록 동지애가 생기기 쉽다.

2009년 특별한 경험을 했다. 그해 2월, 홋카이도 삿포로의 유명한

눈축제, 일본 3대 축제 중 하나인 유키마츠리(雪まつり)를 일본과 공동으로 생방송으로 진행했다. 일본에서 보내주는 영상을 한국의 생방송 프로그램에 실시간 중계했다는 시시한 이야기가 아니다. 한국 프로듀서가 일본 현지에서 일본 중계차에 탑승, 일본 기술 스태프와 생방송을 만들었다.

해외 생방송이라면 위성중계가 일반적이다. 당시 한일 양국의 공동 생방송은 이슈가 분명했다. 한일 간 해저 광케이블을 매설했고, 이를 통해 당시로는 초광대역 데이터에 해당하는 HD 영상의 IP 송출. 지금 기술 수준으로는 하품 나는 이야기이지만, 당시에는 양국 최초의 시도였다. 양국 정부의 연구기관이 몇 년간에 걸쳐 기획한 야심만만한 프로젝트의 테스트 베드인 셈이었다.

양국의 지역민방 세 개사가 연합했다. 일본 대표선수는 홋카이도의 지역민방인 HBC와 오사카의 대형 지역민방 MBS. HBC는 중계차와 기술 스태프를 제공, MBS는 IP 전송 기술과 양국 프로젝트의 전반적 사항을 프로듀싱했다. 한국 대표선수 OBS는 중계차 디렉터 역할의 PD와 현장 진행 리포터, 그리고 OBS 오후 생방송 시간을 할애했다.

삿포로 눈축제의 현장 연결이라는 소재도 신선했다. 삿포로 눈축제는 전 세계 역사적 조형물을 거의 실물 크기의 눈 조형물로 제작하는 것으로도 유명하다. 주관 방송사인 HBC는 2009년 눈축제에 대한민국 광장을 조성했다. 그들이 선택한 메인 전시물은 숭례문이었다. 2008년, 숭례문은 정신 나간 방화범에 의해 어이없게 전소됐다. 삿포로 눈축제의 숭례문 전시는 전소 1주년을 맞은 한국인에게 선사하는 이웃 나라의 따뜻한 선물이었다. 눈과 얼음으로 제작된 숭례문은 눈부시도록 반짝반짝 빛났다. 이 생방송을 계기로 일본인 친구가 많이 생겼다. 한국과 일본을 오가며 서로의 집을 방문하는 게 자연스러울 정도로 가까운 친구들을 만들었다.

윗사람 또는 우에노히토

일본 현지에서의 생방송 중계 모습

동종업계의 동년배 일본인 친구들과 같이 만드는 프로젝트는 즐거웠지만 쉽지 않았다. 외국인과의 협업이 힘든 게 아니라, 서로 다른 두 회사의 이해를 조정하는 게 어려웠다. 한 회사의 높으신 분이 "Ok" 사인을 내도, 다른 회사에서 "Not Ok"면 그걸로 "Not Ok"가 된다.

같은 일을 한다 해도 최종 목표는 다를 수 있다. 누구는 해외 협업 실적이 더 중요할 수 있고, 누구는 공적보다는 실익이 더 중요할 수 있다. 서로의 문화가 달라 충돌하는 부분 또한 어쩔 수 없다. 한국 기업은 한국식 일 처리 방식과 절차가 있고, 일본 회사는 또 그들만의 고유한 직장 문화가 있는 게 당연하다.

가장 힘든 일은 다른 회사의 사정과 문화를 이해하려 들지 않는 사람이 나올 때다. 놀랍게도 한국 회사에도, 일본 회사에도 꼭 그런 사람

이 등장했다. 그것도 '높으신 분'이다. 그때 알았다. 우리만 '높으신 분' 또는 '높은 사람'이란 표현을 쓰는 게 아니었구나. 일본에도 똑같은 표현이 있다. 우에노히토(上の人, 윗사람, 높은 사람)나 에라이이히토(偉い人, 윗사람, 잘난 사람)다.

한국이나 일본이나 좋은 뜻으로 쓰는 표현은 아니다. 언제나 이분들이 말썽이었다. 실무자끼리 서로의 '윗사람'과 '우에노히토'를 부끄러워했다. 한국인과 일본인 실무자들은 각자의 회사에 '공동의 적'을 두고 의기투합했다. 한국에서는 소주에 곱창전골을 먹으며 '윗사람'과 '우에노히토'를 욕했고, 일본에서는 꼬치구이에 일본소주를 먹으며 욕했다. 그렇게 가까워진 일본인 친구들은 지금도 여전히 좋은 사이다.

일본 기자의 걱정

당시 친구가 된 모 방송사 기자에게 2007년에 들었던 재밌는 이야기가 있다. 재미있다기보다 두고두고 곱씹을 만한 이야기였다. 당시 일본의 소수의 경제학자와 민간기업, 그리고 극소수의 경제관료 중 깨어 있는 사람들이 자주 하던 이야기라 했다. 당시 일본은 버블경제 붕괴가 상당히 진행된 시점이었다. '잃어버린 10년'이 전반전을 끝내고 후반전에 돌입한 때였으니까. 자칫하다 '잃어버린 10년'

남대문 눈 조형물 아래에서 생방송을 하고 있는 OBS 리포터의 모습

을 넘어 '잃어버린 20년'도 넘을지도 모른다는 진지한 공포감을 느끼던 때였다.

하지만 우리가 보기에 당시 일본은 기세는 꺾였다고 해도 도무지 따라잡을 엄두가 나지 않는 경제 선진국이었다. 국가 전체 GDP와 1인당 GDP에서 한국과 일본의 비교는 큰 의미가 없었다. 일본은 여전히 1인당 GDP 3만 달러 후반이었다. 한국은 2만 달러 진입이 목표였던 시대였다.

일본 친구는 경제를 전공한 미디어 종사자였다. 경제전문지 기자. 당시 그 친구의 관심사는 한미FTA였다. 한국에서 일반 대중에게는 아직 한미FTA 논의가 본격화되기도 전이었다. 친구는 틈만 나면 내게 "한미FTA를 어떻게 전망하느냐?" 물었다. 솔직히 놀랐다. 한미FTA는 고사하고 FTA 자체에 대한 이해도가 높지 않았으니까. 미국과 캐나다, 그리고 멕시코가 체결한 NAFTA 이후, 멕시코의 경제가 급속히 몰락했다는 정도. 한국 최초의 한칠레FTA 이후, 한국 농업계가 입은 타격 정도가 알고 있던 FTA 지식의 전부였다. 미디어 업계에서 일하는 주제에 생각보다 무지하다는 강렬한 자각에 부끄러웠다.

일본 친구는 한미FTA에 대해 부정적이었다. 한국 정도의 경제 규모를 가진 신흥국이 미국 같은 슈퍼파워와 FTA를 체결하는 것은 경제에 도움이 되지 않을 거라 했다.

"달러를 맘대로 펑펑 찍어내도 망하지 않는 경제구조의 미국과 한국의 완전한 자유무역이 무슨 의미가 있겠어?"

"일본 같은 경제 대국도 미국이나 EU와의 FTA 체결을 염두에 두고 있지 않은데, 한국이 과연 한미FTA를 감당할 수 있겠냔 말이지."

빈정거림이 아닌 진지한 걱정이었다. 일본 친구는 한미FTA 체결 후 한국의 미래를 걱정했고, 그보다 더욱 일본의 미래를 걱정했다. 이제 한미FTA의 결과에 대해서는 전 세계 모두가 알고 있다. 부작용도 있었지만, 한국이 경제 선진국으로 도약하는 큰 바탕이 됐다. 15년 전에는 알 수 없었다. 경제를 전공했고 경제 미디어에서 일하던 일본인 경제 전문 기자도 미래를 예측하지 못했다. 그가 자국 경제를 걱정하며 했던 말이 기억에 선명하다.

"일본은 더는 선진국이 아니야. 그렇다고 일본이 단숨에 개발도상국이나 후진국으로 후퇴하는 것도 아니겠지. 일본은 일종의 신흥후퇴국이야."

솔직히 조금 아니, 많이 아니꼬웠다. 몇 번이고 한국시리즈 우승컵을 든 팀이 있다. 그 팀 팬이 올 시즌 성적이 좋지 않다고 징징대는 모습과 뭐가 다른지 몰랐다. 우리 팀은 가을야구 단 한 게임만 해도 할렐루야를 외치겠는데 말이다. 당시 일본은 미국에 이어 세계 제2위의 경제대국이었다. 2009년의 한국은 일본을 따라잡는다는 상상보다 "우리는 언제 1인당 GDP 2만 달러 시대가 올 수 있을까"를 간절히 기원하던 때였다. 실제 한국이 1인당 GDP 2만 달러를 돌파한 시기는 2010년대가 시작되고서야 가능했다.

일본 경제지 기자가 말했던 '신흥후퇴국'은 통용되는 경제용어는 아니다. 잃어버린 20년이 가시화되던 당시, 일본의 몇몇 뜻있는 경제학자들이 버블붕괴로 후퇴하고 있는 일본의 경제를 빗댄 자조 섞인 농담이었다. 전 세계 선진국 중 유일하게 일본만이 경제가 후퇴하고 있다는 뜻. 친구는 설명을 덧붙였다.

"경제만이 아니야. 일본은 정치적으로도 쇠퇴하고 있는 것 같아. 아무도 사회정의에 별 관심이 없는 것처럼 보여. 이러다 사회문화 부문에서도 쇠퇴할지도 몰라."

더 아니꼬웠다. 부자 주제에 조금 돈을 잃었다고, 세상 무너지는 표정을 하다니. 게다가 당시까지 한국의 방송과 신문 잡지를 비롯한 문화계가 일본의 문화를 열심히 관찰하고, 때로 베끼는 것도 서슴지 않던 시절이었다. 일본에 소개되는 한국 콘텐츠라고는 〈겨울 연가〉밖에 없었으니까. 정말 대단한 인기를 얻긴 했지만, 딱 그것뿐이었다. 물론, 그 후로 일본이 K-POP 1세대 아티스트의 주 무대가 되긴 했지만 말이다.

2000년대 초반 예견했던 신흥후퇴국 일본, 그런데 그것이 정말로 일어났다. 그리고 많은 일본인이 애써 부정하고 있다.

신흥후퇴국

2009년으로부터 딱 11년이 지난 2020년, 친구의 말이 더는 허투루 들리지 않게 됐다. 놀랍게도 일본은 전부 후퇴 중이다. 근거는 비교적 명확하다. 일본은 지난 30년간 경제성장이 없었다고 봐도 무방하다. 국가의 GDP는 매년 조금씩 성장하기 마련이다. 2020년처럼 글로벌 팬데믹이 없는 한, 조금씩이라도 성장하는 게 정상이다. 최상위 선진국은 말할 것도 없고 OECD 30여 개국을 봐도 그렇다. 국가 GDP는 물론, 1인당 GDP가 계속 떨어지는 나라는 일본이 유일하다. 최근 몇 년간, 한국과 일본의 GDP 변동 추세를 보자.

일본의 경제 규모는 여전히 우리의 세 배 수준이다. 일본은 미국, 중국에 이어 부동의 3위. 중국이 일본을 추월한 것도 십여 년 남짓이다. 일본은 그전까지 미국에 이어 부동의 2위, 1980년대 한때는 일본이 미국을 추월할 것만 같은 시기도 잠시 있었다. 국가 GDP만 보면, 여전히 일본은 우리 한참 너머에 있는 것처럼 보인다. 세계 1위인 미국과 비교해 보면 생각이 조금 달라진다. 세계 1위 미국의 GDP는 20조 달러. 일본 GDP는 미국의 24%, 한국은 미국의 8% 수준이다. 미국의 경제 규모가 일본보다 네 배, 한국보다 열한 배 크다는 말이다.

고려해야 할 점은 전체 인구다. 미국의 인구는 약 3억3천만 명으로 약 5천만 명인 우리나라 인구 대비 여섯 배가 넘는다. 일본 인구는 약 1억2천만 명으로 우리의 2.3배 정도. 인구 보정치를 보면, 우리의 세 배가 넘는 일본 GDP가 그렇게 어마어마하게 보이지 않는다. 과거 '국민소득'이란 표현으로 자주 쓰였던 '1인당 GDP', 국가 전체의 GDP를 인구수로 나누면 과거의 국민소득 개념인 1인당 GDP가 된다. 1인당 GDP는 생산성과 직결된 말이기도 하다. 다시 말해 1인당 GDP가 떨어진다는 건, 그 나라 경제가 혁신성 없이 과거를 답습하고 있다는 말이기도 하다. 한일 양국의 1인당 GDP를 비교해 보자.

한일의 1인당 GDP는 국가 GDP 순위 3위와 10위의 차이만큼 벌어지지는 않는다. 코로나19가 극심했던 2020년부터 1인당 GDP도 가시권에 들어왔다. 2017년, 한국의 1인당 GDP는 사상 최초로 3만

GDP

	한국	일본
2017년	1.6조 (11위)	4.8조 (3위)
2018년	1.7조 (10위)	4.9조 (3위)
2019년	1.6조 (11위)	5.1조 (3위)
2020년	1.8조 (10위)	5.3조 (3위)

1인당 GDP

	한국	일본
2017년	31,360 (30위)	38,490 (25위)
2018년	33,770 (28위)	41,150 (24위)
2019년	34,460 (30위)	41,690 (25위)
2020년	31,366 (28위)	39,048 (25위)

단위 USD(세계 순위)/출처: KOSIS 국가통계포털/IMF(국제통화기금) World Economic Outlook, 2019년 10월

달러를 넘었다. 2018년 3만3천 달러를 넘었다가, 2020년 코로나19의 여파로 3만1천 달러로 소폭 하락했다. 이건 대단한 선방이다. G7 주요 선진국인 이탈리아, 영국의 감소폭과 비교하기 어려울 정도다. 2021~2022년의 예상치는 3만4천 달러에서 3만5천 달러. 연구에 따라 다르지만, 한국은 늦어도 2028년에 1인당 GDP 4만 달러를 돌파할 것으로 예상한다.

일본은 어떨까? 2021~2022년 일본의 1인당 GDP 예상치는 4만2천 달러 수준이다. 숫자로 보면 여전히 우리보다 앞서 있는 것처럼 보인다. 문제는 나라마다 다른 물가 수준이다. 세계 기준 통화인 미국 달러 1USD로 나라마다 구매할 수 있는 물건의 질과 양이 다르다. 이

1인당 PPP 기준 GDP

	한국	일본
2017년	39,387 (29위)	42,629 (27위)
2018년	41,351 (29위)	44,227 (28위)
2019년	**44,292 (24위)**	**41,637 (28위)**
2020년	**44,567 (16위)**	**43,103 (19위)**

단위 USD(세계 순위)/출처: KOSIS 국가통계포털/IMF(국제통화기금) World Economic Outlook, 2019년 10월

를 보정한 값이 구매력평가지수(PPP, Purchasing-Power Parity)다. PPP 지수로 보정한 1인당 GDP가 각국의 생활 경제력을 가장 잘 나타내는 지표인 셈이다.

GDP 통계는 미국 달러가 기준이다. 환율은 계속 변하니, 소득으로 실제 구매할 수 있는 물품과 서비스를 고려한 수치인 PPP지수는, 명목상 1인당 GDP가 반영하지 못하는 개인의 생활 수준을 나타낼 때 유용하다. A나라가 B나라보다 1인당 GDP가 높다고 반드시 A나라 시민이 B나라 시민보다 풍족한 삶을 영위하는 것은 아니라는 뜻이다.

PPP지수는 2019년에 일본을 추월했다. 발표 기관과 인용 통계 자료에 따라, 이미 2017년에 한국이 일본을 추월했다는 자료도 있다. 2000년대 초반까지만 해도 일본의 PPP지수는 미국보다 높았다. 한마디로 평균 미국인보다 일본인이 더 잘 살았다는 말이다. 일본의 GDP는 지난 30여 년간 제자리다. 1인당 국민소득은 자꾸 떨어지고 있다. 일본의 최저임금을 보면 명확하다. 일본의 최저임금은 유럽의 3분의 2에 불과하고, 심지어 2019년까지 우리와 비교해도 아래였다. 대체 일본에 무슨 일이 벌어진 걸까?

플라자합의

일본 몰락의 시작은 1985년 플라자합의에서 기원을 찾는 게 일반적입니다. 뉴욕의 플라자호텔에서 합의해서 플라자합의라고 해요. 1980년대 일본 경제는 대단했어요. 몇몇 경제학자는 일본이 미국 경제를 추월해 세계 1위 경제대국이 될 것으로 믿었어요. 당시 미 대통령은 레이건. 외교는 미군을 앞세운 람보 레이건, 경제는 이른바 레이거노믹스를 주창할 때였습니다. 미국 경제의 고질병, 재정적자와 경상수지적자에 따른 더블적자 완화책이 레이거노믹스의 핵심이었죠.

레이건은 기축 통화국답게 화끈한 해결책을 선택했어요. 일본 엔화와 독일 마르크화의 절상. 일본과 독일의 수출에 제한이 걸릴 수 있다는 기대였죠. 어떤 나라건 미국이 자국 통화가치 절상을 요구하면 반가울 리 없죠. 신기하게도 당시 일본의 관료와 기업은 엔화 절상을 순순히 수용했어요.

어느 정도 일리 있는 결정이긴 했어요. 엔화의 가치가 오른다면, 일본의 수입 물가는 내려갈 테고, 결국 일본의 자산가치가 전반적으로 오른다고 믿은 셈이죠. 한국 대기업이 호들갑 떠는 것처럼 자국 화폐의 절상이 곧장 수출 실패로 이어지는 것은 아니죠. 자국 화폐의 가치가 높아지면, 수입품은 저렴해지고, 제조 원재료 또는 수입 부품도 저렴해지니까요.

일본의 문제는, 당시 절정기였던 일본 경제에 대한 지나친 자신감이었어요. 너무 믿었던 나머지, 일본은 미국이 제시한 것보다 더 높게 엔화 절상을 했죠. 문제는 엔화 절상이 일본 경제의 버블을 불러왔고, 버블은 언젠가는 꺼지는 게 당연했습니다.

버블버블

버블경제의 절정기에 일본은 부어라 마셔라, 흥청망청이 일상이었죠. 최고급 샴페인 돔 페리뇽을 위스키에 섞어 마시고, 최고급 와인조차 탄산수에 섞어 마시는 게 일반적이었요. 일본의 버블기에 벌어졌던 믿을 수 없는 흥청망청 생활상 몇 개를 소개합니다. 놀랍게도 모두 실제로 있었던 일이죠.

1. 중산층 대학생이 새해를 맞이하며 뉴욕에서 헬기를 타고 샴페인을 마시며 즐김.
2. 기업은 졸업생을 유치하기 위해 접대까지 하며 취업 유도.
3. 은행계는 신입 초봉이 천만 엔(1억 원)에 달하기도.
4. 입사 시험 도중 귀찮아서 집에 돌아갔는데 합격 통지.
5. 회사 면접 마치고 교통비를 1,500엔 신청하면 1만5천 엔(15만 원)을 주던 시절.
6. 면접만 백 개 회사를 보고 받은 교통비를 모아 중고차를 샀다는 전설적 이야기도.
7. 1989년 패션잡지 〈논노〉에서의 여성 인터뷰. "남친 연봉은 2천만 엔(2억 원) 정도면 충분해요".
8. 고졸 도장공이나 목수도 월 40만 엔(400만 원)을 손쉽게 벌 수 있던 시대, 그런데도 사람을 구하기가 힘들었으니.
9. 회사가 흑자가 나는데도, 일할 사람이 없어 도산 폐업하는 회사도.
10. 전철 연장선이 도쿄 곳곳에 만들어지면서 40평 집을 팔면 보상액이 20억 엔(200억 원).
11. 물건 구매의 기준은 최고가. "왜 샀어요?" "제일 비싸니까."
12. 집 구매의 기준은 최고가. "왜 샀어요?" "이 동네에서 제일 비싸니까."

13. 집을 사려고 은행에 대출 문의를 하면 심사도 안 하고 그냥 융자를.
14. 주가 총액 세계 TOP10 회사 중 여덟 개사가 일본 회사. 미국 회사는 엑슨 모빌, IBM 단 두 개사만 있던 시절. 세계 50대 기업 중, 절반 정도가 일본 기업, 실제 세계 은행 자산 기준 TOP10 모두 일본 은행.
15. 1987년 주가 총액, 미국을 제치고 29,970억 달러(미국 25,810억 달러, 영국 6,250억 달러).
16. 도쿄도 내 23구 부동산값이 뉴욕시와 뉴욕주 전체보다 비쌌던 시절.

일본은 아시아 최초로, 국민소득 4만 달러에 도달했어요. 버블은 언젠가 터집니다. 그러니까 거품이죠. 일본의 버블 시대는, 한마디로 일본을 망쳐버린 '자존심만 높은 쓰레기를 대량 양산한 시대'라고 정의할 수 있을지도 몰라요. 부디 우리의 오래된 미래가 아니기를 바랄 뿐입니다.

경제산업방해성

경제산업방해성

경제산업성(經済産業省)은 일본의 중앙 부처 중 하나다. 우리식의 중앙 부처는 일본어 표현으로는 중앙 성청이다. 내각부, 부흥청, 총무성, 법무성, 외무성, 재무성, 후생노동성 등 중앙 부처(성청)의 하나가 경제산업성이다. 줄여서 경산성(經産省), 일본어 발음으로 게산쇼. '게산쇼'는 내각부와 함께 일본을 망친 주역 중 하나다. 한마디로 일본 경제 망치기의 금메달리스트. 경제산업성은 과거 통상산업성이었다. 2001년, 통상산업성에 경제기획청을 더해 경제산업성으로 개편했다. 잃어버린 10년을 되찾을 나름의 슈퍼파워를 만들려는 것이 최초의 목적이었지만 막상 하는 짓은 슈퍼히어로가 아니라 빌런이었다. 완성 가전 부문 세계 1위를 한국 기업이 차지한 데는 게산쇼의 역할이 적지 않다. 게샨쇼에게 경제산업훈장을 수여해도 모자랄 지경이다.

게산쇼의 한국 어시스트 대표 사례를 살펴보자. JDI(Japan Display Inc.)는 말 그대로 재팬 디스플레이로 경산성이 만들어낸 부실한 괴물 기업이다. 과거 일본 산업은 세계 1위 부문이 많았다. 전기, 전자, 조선, 광학 등 눈이 부실 정도였다. 일본의 완성 가전 업체는 1970~1980년대 미국을 비롯해 전 세계를 휩쓸었다. 변화의 조짐이 드러났던 건 21세기가 본격적으로 시작된 무렵. 일본 가전은 삼성과 LG의 활약에 속수무책으로 당하고 말았다.

일본의 가장 뼈아팠던 분야는 LCD로 대표되던 디스플레이 부문이다. 샤프가 세계 최초로 개발한 LCD는 그야말로 혁명이었다. LCD 이전 세대의 기술인 브라운관 디스플레이도 소니의 CRT가 압도적 세계 1위였다. 거기에 꿈의 기술이던 LCD로 일본은 다시 한번 세계를 주름잡을 수도 있었다. LCD 원천 기술 후발주자인 한국은 OLED에 모든 걸 걸었다. LCD에서 일본에 밀리니, 차라리 다음 세대 기술 개발에 모든 걸 쏟아부었다. 용감하다면 용감했고 무모하다면 무모했다. 결론은 OLED의 승리로 끝났다. OLED 기술 대신 LCD 고도화에 목숨 걸었던 일본 기업들, 샤프, 파나소닉, 도시바 등 일본을 대표하는 LCD 기업의 사업 전망이 암울해졌다.

JDI는 이때 태어났다. 한국의 OLED 기술을 따라잡기 힘들어지자, 일본은 OLED 대규모 투자 대신 엉뚱한 선택을 했다. LCD 원천 기술은 한국보다 일본이 월등하니 일본의 LCD 기술을 한계까지 밀어붙이면 한국의 OLED를 넘을 수 있다 생각했다. OLED의 일본 독자 개발을 위해 규모를 늘리겠다는 야무진 꿈을 꾸었다.

한국 가전 기업 전체가 아니라, 삼성 단일 기업 하나의 투자 규모만으로, 과거 일본의 대표 가전 업체인 도시바, 샤프, 소니, 히타치의 총합을 뛰어넘은 지 십여 년이 지났다. 일본은 삼성과 LG에 대항하기 위해, 과거의 국가대표 기업을 모았다. 게샤쇼의 주도로 소니, 도시바, 히타치의 20세기 가전 공룡들이 한국을 잡기 위해 뭉쳤다. 국가 주도의 거대 기업, JDI가 탄생했다. 세계의 첨단 디스플레이 사업은 LCD에서 OLED로 확실히 넘어온 시점에, 일본은 반대 방향을 택했다. LCD 업계의 마지막 희망이던 애플마저 OLED를 채택했는데, 일본은 LCD를 고도화하겠다며 덤벼들었다.

2012년, 아베의 게샤쇼 주도로 탄생한 JDI는 시작부터 지금까지 단 한순간도 위기가 아닌 적이 없었다. 매년 자산 매각과 파산의 경계를 넘나들었다. 2019년 1분기 적자 1조를 넘겼다. 연간 적자가 아닌, 단 1분기 적자가 1조가 넘는 수준까지 눈덩이처럼 불어났다. 이건 그냥 망했다고 봐도 무방하다. 2021년까지 어떻게든 버틴 이유는, 아베의 정치적 유산과 일본 국민의 혈세 덕분이었다. 이 와중에도 일부 임원은 수억 엔의 착복사고를 일으켰고, 결국 2022년 2월 JDI는 2,152억 엔의 자본금을 단 1억 엔으로 감자했다. 사실상 망한 셈이다.

글로벌 분업 파괴

전 세계의 신자유주의 경제 질서의 글로벌 분업 체계를 극명하게 상징하는 지역은 단연 동아시아. 동아시아의 글로벌 분업 체계 3대 축을 이루는 국가는 한국, 중국 그리고 일본이다. 한국과 일본은 각자의 산업구조에 확실한 비교우위를 가지고 있다. 일본이 우위를 지닌 분야는 첨단소재와 부품, 장비 부문이다. 한국은 일본의 첨단소재와 부품, 장비를 수입해 완성품을 조립하는 형태. 한국과 일본, 모두에게 좋은 일종의 글로벌 분업 체계였다.

일본의 불화수소, EUV 레지스트리 같은 반도체 기초 소재 산업, 기초화학 소재는 세계 최강이다. 관련 분야 노벨상 수상도 여러 번, 심지어 전문 연구자나 학자가 아닌 민간기업의 연구자가 노벨상을 받기도 했다. 아직 우린 과학 부문 노벨상이 없으니, 우리가 기술과학이 많이 밀린다는 주장이 있다. 과거의 이야기다. 노벨상은 20년 전에 이룬 업적으로, 20년 후에 받는 상이다. 미래 일본이 노벨상을 받는 빈도는 급격히 줄어들 것이다. 우리는 첫 과학 분야 노벨상 수상이 시작되면, 다양한 부문에서 수상 업적을 달성할 수 있다.

게샤쇼의 망작, JDI 전에는 반도체가 있었다. 한국과 중국이 1980~1990년대 반도체를 개발할 때, 일본은 그냥 웃었다. 반도체 후발주자인 한국과 중국은 아무리 노력해야 일본의 원천 기술을 따라오지 못한다고 생각했다. 일본은 꿋꿋하게 자신만의 페이스를 지켰다. 허풍만은 아니었다. 최근까지 기초과학을 기반으로 한 소재와 부품 기술은 일본이 최고였으니까.

현재 반도체 1위 국가는 어디일까? 당연히 일본은 아니다. 한국 또는 대만, 어쩌면 미국 또는 중국이다. 한국의 삼성과 대만의 TSMC. 이 양대 거대 반도체 제조사에 전통의 강호인 미국의 인텔과 AMD 그리고 새롭게 등장한 애플. 중저가형에서 압도적 강세를 보이는 중국. 일본의 반도체 사업은 이 네 나라에 명함도 못 내미는 수준이다.

JDI에 이어, 경제산업성이 '경제산업방해성(経済産業妨害省, 게자이산교보가이쇼)'이란 별명을 가지게 된 결정적 사건이 일어났다. 게산쇼는 여전히 일본이, 그리고 자신이 일본은 물론 세계 경제를 이끌고 있다는 강한 자부심을 버리지 못했다. 2019년, 일본은 황금알을 낳는 거위를 스스로 발로 차버렸다. 일본은 한국이 담당하는 첨단 제품의 완성품에 꼭 필요한 소재, 부품, 장치의 한국 수출을 막기로 했다. 덤으로 한국 내 일본 자산의 철수도 언급했다. 경제보복을 넘어선 일종의 경제 전쟁의 주무부서는 경제산업성, 게산쇼였다.

불화수소로 뭘 만들어?

일본의 한국 수출규제 근거 중 하나. "한국이 일본에서 수입한 전략 물자가 적성국으로 흘러가 테러 무기를 만들지도 모른다." 일본의 첨단 소재와 부품이 한국으로 건너가면, 투명하지 못한 한국 정부가 불량 국가 북한에 일본산 첨단소재와 부품을 제공해 북한이 테러 무기를 만들 수 있다는 논리였다. 일본산 불화수소를 사용해 사린을 만들 수도 있다는 것인데, 사린은 일본인의 깊은 트라우마를 자극한다.

1995년, 일본은 최악의 도심 테러를 경험했다. 옴진리교라는 준테러 종교 조직이 도쿄 시내 지하철에서 독극물인 사린가스를 살포한 대규모 테러를 감행했다. 무려 5,000여 명이 부상하고 열세 명이 사망한 일본 최악의 도심 테러였다. 이 사건 이후, 일본인에게 사린은 곧 공포와 테러 그 자체였다.

2019년 아베 정부의 게샨쇼가 한국 수출규제의 근거로 언급한 '일본 불화수소가 사린 제조의 원료 악용 가능'은 일본인의 트라우마를 자극하는 저열한 정치적 꼼수였다. 처음에는 극우 계열 미디어인 〈산케이〉와 후지TV가 선봉에 섰지만, 나중에는 NHK까지 일본 정부의 거짓 선동에 넘어갔다. 불화수소를 사용해 사린을 만든다. 물론, 가능하긴 하다. 당연히 불화수소의 순도가 높을수록 만들기도 쉽고, 치명적인 사린가스를 제조할 수 있다. 그런데 불화수소의 순도가 높을수록 가격이 비싸다. 당연히 일본산 고순도 불화수소는 가격이 더 비싸다. 그 비싼 불화수소로 왜 사린가스를 만든다는 걸까? 사린은 저순도 불화수소로도 충분히 만들 수 있는데 말이다. 일본산 초고순도 불화수소 대신 저가의 중국산 저순도 불화수소로도 충분히 만들 수 있다. 왜 한국 정부가 일본에서 비싸게 수입한 고순도 불화수소를 북한에 넘긴다는 것일까? 북한은 저가의 중국산 불화수소 대신 왜 한국 정부가 수입한 일본산 불화수소를 이용해 사린가스를 제조해야 하는 걸까?

절대 그럴 일 없지만, 만에 하나 한국이 일본산 고순도 불화수소를 북에 넘겼다고 치자. 그런데 북한은 왜 활용도가 높은 고순도 불화수소를 겨우 사린가스 제조에 쓴다는 걸까? 가뜩이나 가난한 북한이 비싸디비싼 고순도 불화수소로 사린을 만든다? 놀랍게도 이런 저급한 프로파간다가 일본인들에게는 통했다. 현대 일본인의 두 가지 본능적 공포 중 하나를 건드린 것이다.

첫째, 일본의 안전 신화를 무너뜨린 2011년 동일본 대지진. 둘째, 일본인이 일본인을 향해 무차별 테러를 감행했던 1995년 옴진리교

사린가스 테러. 아베의 계산쇼와 우익은 일본인의 두 가지 근원적 공포를 자극해, 한국 경제 테러를 감행했다. 이건 후쿠시마 원전 오염수의 해양 방출과도 맥을 같이 한다. 일본의 주장대로라면, 후쿠시마 원전 오염수는 해양에 방출해도 될 만큼 안전하다. 그런데 전 세계에서 유일하게 반대하는 나라 한국 때문에 실행되지 않는다고 말한다. 후쿠시마 원전 오염수, 여기서도 한국이 등장했다. 이상하지 않은가? 일본에서 한국에 대한 부정적 프로파간다가 등장할 때마다,어김없이 일본인의 본능적 공포를 자극하는 사건 사고가 등장하는 것 말이다.

고마워, 경제산업방해성

아베의 한국 수출규제는 일본 경제에 어떤 영향을 미쳤을까? 잘 알려진 대로 한국을 타격하기 위한 수출규제는 고스란히 일본 경제에 악영향을 미쳤다. 일본이 그렇게 노래를 불렀던 불화수소의 한국 수출은 90%까지 떨어졌다. 우리는 러시아, 인도, 유럽 등으로 불화수소 수입선 다변화에 성공했고, 상당 부분 자체 개발에 성공했다. 일본의 수출규제가 오히려, 한국의 자력 고도화를 끌어낸 셈이다.

정말 재밌는 일은, 아베와 친한 기업은 그나마 한국 수출을 했고, 아베와 연결 고리가 없는 기업은 일본 내에서도 찬밥 취급을 받았다는 것이다. 한국으로의 불화수소 수출규제는 모든 기업에 해당되는 게 아니었다. 일본 내에서도 말이 많았다. 후지필름과 스미토모는 한국에 폴리이미드 등 반도체 주요 소재와 부품을 계속 수출했다. 이에 반해 미쓰비시화학의 한국 수출은 제로까지 떨어졌다. 이유는 간단했다. 후지필름은 아베의 친구가 잔뜩 포진한 회사고, 스미토모는 일본 굴지의 방산 기업인 동시 우리의 전경련에 해당하는 경단련(게단렌)의 중추 세력이다. 아베를 비롯한 우익 친화 핵심 기업. 이에 비해 미쓰비시화학은 아베 정부를 '경제 아마추어'라 비난했던 전력이 있다. 한마디로 아베에 우호적이거나 게단렌을 이용해 게산쇼에 아부 떨면 어떻게든 한국 수출을 할 수 있는 구조였다.

2021년 코로나19로 전 세계가 신음하기 시작할 즈음, 평범한 일본인이 깨닫기 시작했다. 국제질서는 물론 한국과 일본의 관계가 바뀌고 있는 걸, 체감을 넘어 절감하기 시작했다. 일본의 한국 경제 제재가 생각보다 아프지 않다는 것, 일본의 첨단소재가 없어도 한국 경제가 잘 돌아간다는 것, 일본의 첨단기술이 생각보다 따라잡기 어렵지 않다는 것, 몇십 년 동안 한국인에게 '일본의 심기를 거스르는 것'은 '미국의 심기를 거스르는 것'이었는데, 오히려 미국의 동아시아 전략은 한국과 일본의 효용성과 한계를 명확히 나누는 듯 보이기 시작했다는 것.

2022년의 한국은 게산쇼에 감사해야 할지 모른다. 글로벌 분업 체계에서 일본이 매년 한국에 수출하던 2조 엔이 넘는 이익을 게샨쇼가 발로 차버린 덕에 우리는 부품 소재 산업에서 자립할 계기를 얻었다. 이건 부차적 이익일 뿐이다. 게샨쇼에 진짜 감사한 점은 이것이다. 거인처럼 보이던 일본의 등이 실제로 다가서니 그리 넓지 않았다는 것, 일본을 얼마든지 뛰어넘을 수 있으며, 몇몇 분야에선 이미 뛰어넘었다는 것, 무엇보다 우리를 미국과 일본의 시각만으로 바라보고 해석하지 않을 수 있게 됐다는 것. 경제산업방해성에 진심으로 감사한다.

노답 정치인들

아베, 아소, 고노. 노답 삼형제

2022년 현재, 일본의 총리는 기시다 후미오(岸田文雄)다. 일본의 유력 정치인이 대개 그러하듯 기시다 총리 역시 유력 정치인 가문 출신이다. 일본의 주요 정치인은 가업이 정치로 생각될 만큼 대를 이어 정치인이 된다. 기시다 총리의 아버지 역시 중의원 다선 의원이었고, 중기청 장관 등을 역임한 주요 정치인이었다. 현 총리인 기시다는 전 총리인 아베나 스가에 비해 적어도 한일 관계 등 동아시아 외교 부문에서는 합리적이고 실리적인 스탠스를 취할 것으로 기대했다. 기시다 취임 초기에는 냉각될 대로 냉각된 한일 관계를 전향적으로 고려할 것으로 기대했지만, 변한 건 별로 없다. 왜 일본 총리는 누가 취임하든 본질적으로 바뀌는 게 없는 것일까?

이 문제를 더욱 깊이 생각하기 위해서 일본의 주요 정치인에 대한 이해가 필요하다. 기시다가 총리로 선임된 시기는 2021년 가을이다. 자민당 총재 선거에 최후까지 경합한 인물 중 우리가 꼭 기억해야 할 인물이 고노 다로(河野太郎)다. 고노 다로는 일본의 대표적 주요 극우 정치인이다. 아베와 비교해도 손색이 없을 정도로 극우 성향이다. 이 문제적 두 인물, 고노와 아베에 버금가는 인물이자, 아베 내각과 그 이후 일본 정부의 실력자로 군림하는 극우 정치인이 아소 다로(麻生太郎)다. 아베, 아소, 고노 세 인물을 상세하게 알아보자. 먼저 아베 퇴임 후 잠시 총리직을 수행했던 스가 요시히데(菅義偉)부터 보자.

아베의 비서실장, 스가

기시다가 총리로 선출되기 직전의 총리는, 스가 요시히데였다. 역대 최장수 총리였던 아베가 2020년 자진 사퇴한 이후, 스가 요시히데가 소방수 총리로 등장했다. 스가는 한마디로 대표적인 순한 맛 아베다. 스가는 전 아베 총리 내각의 최장수 관방장관이었다. 관방장관의 공식 명칭은 내각관방장관이라 하며, 줄여서 관방장관이라 부른다. 우리식으로 해석하면 청와대 비서실장과 수석대변인을 합친 정도의 요직이다. 총리의 복심 또는 최측근에 해당하는 직책이다.

스가는 아베의 대표적 친구다. 두 사람 사이에는 갈등도 있었다. 2019년 새 일왕이 즉위하고, 기존 연호 헤이세이(平成)가 레이와(令和)로 바뀌었다. 일본에서는 새 연호를 주요 정치인이 국민에게 소개하는 이벤트가 매우 중요하다. 새로운 시대의 개막을 알리는 역할인 만큼 주요 정치인에게는 지지율을 올리는 동시에, 새로운 시대에 필요

오키나와 통합 계획을 공동 발표하기 위한 아베 신조와 스가 요시히데

한 리더상을 어필할 수 있는 절호의 기회다. 그런데 새 연호인 '레이와'를 당시 관방장관이었던 스가가 직접 공표했다. 아베가 빈정이 상했다는 제법 진지한 뒷말이 일본 정가에 퍼졌다.

스가는 자민당 내에서는 강경파로 분류되는데, 아베나 아소 다로에 비하면 엄청나게 순한 맛이다. 스가 전 총리가 평화주의자란 말이 아니다. 아베나 아소 다로 또는 고노 다로 등의 극악한 레벨의 극우 정치인과 비교하면 순한 맛이란 뜻이다. 스가는 대표적인 친한파, 친중파로 꼽힌다. 주의할 점은 일본 정치인의 친한(親韓)이란 '한국에 우호적인'이란 뜻이 아니다. '한국의 장단점을 잘 파악해 일본 국익을 극대화'하는 정도로 해석하는 편이 좋다. 스가는 아베 퇴출 시기, 차기 총리에 가장 가까운 입지에 있는 것으로 평가받았다. 아베가 사임을 발표한 직후, 차기 총리 후보군에서 가장 먼저 총재 선거에 입후보하겠다고 발표하기도 했다.

재미있는 부분이, 당시 각종 여론의 차기 총리 선호도 여론조사에서 스가는 한참 밀려 있었다. 몇몇 한국 언론에서는 일본 내 여론조사 결과를 빌려 명망 높은 중진인 이시바 시게루(石破茂)의 총리 선임을 점쳤다. 당시 아베류의 극우에 워낙 질렸으니 상대적으로 상식적인 보수로 보이는 이시바 시게루에게 희망을 걸었던 셈. 이시바 시게루는 아베 전 총리와 정치적 대립각을 가장 선명하게 내세웠던 인물이다. 자민당 내에서 비교적 한국은 물론 한반도의 사정에 대해 잘 알고 있다는 평가를 듣는 인물이다. 실제로 남북의 평화와 화해 분위기에 대해서도 아베처럼 무작정 반대만 일삼지는 않았다. 일본 국내 지지도에서도 항상 상위권이었다. 문제는 일본 총리 선출에서 국민지지도는 크게 반영되지 않는다는 점이다. 자민당 내 계파끼리 합종연횡을 통해 적당한 인물을 선출하면 그걸로 끝이다.

스가는 당시 여론조사 결과, 심지어 고노 다로와 고이즈미 신지로(小泉進次郎)에게도 뒤처졌지만, 자민당 내 여러 계파가 부담 없이 지지할 수 있던 인물이었다. 실각한 아베 이후로, 도쿄올림픽이라는 행사를 치르면 바로 물러나게 만들기 쉬운 정도의 인물. 자민당은 극우 정당이다. 하지만 아베 집권 이후, 막가파식 극우 정치인에 일본 국민은 물론 주류 정치인 일부가 질린 것도 사실이다. 극우에도 다양한 스펙트럼과 결이 있으니까. 당내 최대 계파인 헤이세이 연구회는 스스로 점잖고 격식 있는 정통 보수 세력으로 자부한다. 아베나 아소 다로보다 한층 강경해 보이는 고노 다로보다는 정통성 있는 강경보수로 분류되는 스가를 지지하는 편이 쉬웠다. 스가 요시히데가 집권하면, 꽁꽁 얼었던 한일 관계가 다소 나아지리란 전망이 지배적이었지만 변한 건 없었다. 어쨌든 스가 요시히데 역시 아베류였다. 다만 보다 순한 맛이라는 점만 빼면.

2021년 말도 탈도 많았던 도쿄올림픽. 아베의 주요 업적이자, 후쿠시마 부흥의 기점으로 기대했지만, 도쿄올림픽은 생각보다 효과가 보잘것없었다. 도쿄올림픽이 끝났다. 태생부터 짧은 임기를 예상했던 스가가 물러나고 그 자리를 기시다 후미오가 이었다. 스가 전 총리와 기시다 현 총리. 총리 선거 때마다 강력한 후보로 거론되는 단골 정치인들이 있다.

매운맛 아베, 아소

아소 다로는 한국 수출규제에 큰 지분을 가진, 악명 높은 극우 정치인이다. 아소는 아베 정부의 부총리이자 재무성 대신이었다. 스가 내각이 출범한 후에도 직책과 직위에 변함없었다. 그만큼 지위가 탄탄했다. 2021년 가을 기시다 총리 취임 이후, 내각에서 제외됐지만, 자민당 부총재에 임명되는 등 정치적 영향력은 여전하다.

아소 다로와 전 미국 재무부 장관 스티븐 므누신

아소는 아베마저도 순한 맛으로 보이게 할 정도로 극우 성향의 인물이다. 독실한 가톨릭 신자 이미지로 활동하면서도 당당히 야스쿠니 신사에 참배한다. 이 정도가 가장 온순한 활동에 속하는 편이다. 아베

전 총리도 야스쿠니 신사 참배를 자주 했지만, 역시 총리는 한국과 중국의 눈치를 볼 수밖에 없다. 아소는 그런 눈치를 보지 않는 통 큰 배포를 지닌 인물이다.

현대 일본 정치의 가장 큰 의문은 자민당 내 '회전문 총리'가 아닐까 싶다. 이전 정부에서 총리를 지낸 인물이 다음 정부에서 장관을 지낸다. 그리고 차기 정부에서 다시 총리에 버젓이 선임된다. 이른바 '회전문 총리' 넘어선 '무한 재생 총리'라고 할까. 아소도 지난 정부의 총리였다. 아베는 2006년 생애 첫 번째 총리에 취임했다. 정치적 난관에 몰리자 건강상 이유로 스스로 총리직에서 물러났다. 아소 다로가 다음 내각을 이었다. 아소는 2008년 다시 총리에 선임됐다.

당시 리먼브라더스로 대표되는 미국발 글로벌 금융위기에 무려 마이너스 12%라는 최악의 성장률을 남기고, 아소는 쓸쓸하게 실각했다. 아소의 유일한 업적이라면, 야당인 민주당에 정권을 내준 정도라고 할까. 일본 내 야당 중 대표적 친아시아 성향의 정치인인 민주당의 하토야마 유키오(鳩山由紀夫)에게 정권을 내준 것이 유일하게 쓸모 있는 업적이다. 아소의 정치적 폐해는 연이은 실언과 경제 파탄으로 대변된다. 그 결과 자민당 역사 최초의 참패를 부른 총리였다. 아소가 총리 재임 당시, 자민당 중의원 의석수는 460여 석이었다. 당시 총선 결과 야당인 민주당이 무려 308석이나 차지하며 자민당 정권을 몰아냈다. 자민당이 창당한 1955년 이후 최초의 참패이자 대패였다.

아베 전 총리의 외할아버지는 기시 노부스케(岸信介)다. A급 전범으로, 도쿄전범재판에 소환된 인물이다. 기시 노부스케는 격화되는 미소 대립 구도 아래에서 재빠르게 열혈 반공주의자로 변신해 풀려났다. 아베의 정치적 배경과 성향은 외할아버지인 기시 노부스케만 봐도 짐작할 수 있다.

아소 다로 역시 만만찮은 가계도를 자랑한다. 아소는 조선인 강제 노역으로 악명 높은 아소 탄광 집안의 인간이다. 아소 그룹은 여러 탄광을 운영했다. 대부분 조선인 광부를 악랄하게 착취한 것으로 악명 높다. 조선인은 하루 열일곱 시간 노동했고 임금은 동일 직종의 다른 탄광 노동자에 비해서도 60% 정도였다. 일본인 관리자들이 폭행도 서슴지 않았고 도망친 조선인 노동자는 집단 린치로 사망하기도 했다.

일본인 연구자 다케우치 야스토(竹内康人)가 밝힌 내용(《조사 조선인 강제노동 탄광편(調査·朝鮮人強制労働炭鉱編)》 2013년)에 따르면, 아소 계열 탄광에서 여러 이유로 사망한 조선인이 무려 200여 명이라고 한다. 아소의 외조부는 그 유명한 요시다 시게루(吉田茂), 일본에서는 2차대전 패망 후 일본 경제를 재건한 총리로 추앙받지만, 우리에게는 악몽 같은 망언을 남긴 인물이다. 요시다 시게루의 총리 재임 시절은 1949~1952년으로, 한국전쟁 시기와 겹친다. 한국전쟁이 발발하자, 그는 이렇게 외쳤다고 한다.

"이건 천우신조야! 한국전쟁을 발판 삼아 일본 경제를 다시 일으키자(これぞ天佑!コレを足掛かりにして日本経済を立て直せる)."

2010년대 초반까지, 한국인에게 망언으로 가장 유명했던 일본 극우 정치인은 누구일까? 전 도쿄도지사 이시하라 신타로(石原慎太郎)가 떠오른다. 물론 아베도 만만치 않다. 단언컨대 이 둘을 합친 것보다 더

한 망언을 쏟아낸 인간이 있다. 아소 다로다. 망언 자판기라 불러도 무방할 정도. 아소의 대표적 망언이다.

"대만의 높은 교육 수준은 일본의 식민지배의 유산이다."

"히틀러의 유대인 학살은 동기가 옳았다고 해도, 해서는 안 됐다."

잠깐, 나치의 인종 말살책이 동기가 옳았다고?

"어느 날 정신을 차려보니 바이마르헌법이 나치헌법으로 바뀌었다. 아무도 모르게 헌법을 바꾼 나치의 방법을 배우자."

현재의 일본 평화헌법은 침략 전쟁을 할 수 없다. 평화헌법을 폐기하고, 선전포고와 전쟁을 할 수 있는 (그들의 주장에 따르면) 정상 국가를 위한 헌법을 만들자는 게, 일본 우익의 숙원이다. 이를 위해 가져온 게, 나치헌법이라니. 1930년대 세계 최고 수준의 민주주의 헌법인 바이마르헌법 체제에서 나치가 탄생했으니, 일본도 그렇게 하자는 얘기로밖에 해석되지 않는 망언이다. 역사의식이 떨어지는 정도가 아니다. 이런 망언을 하는 정치인이 여당 중진인 나라를, 과연 민주주의 국가라 부를 수 있는지 의심이 들 정도다. 아소의 한국 관련 망언도 무시무시하다.

"일본의 경제 재건은 운 좋게 한국전쟁이 발발해서였다."

할아버지 요시다 시게루가 했던 망언, 그대로를 반복했다.

"위안부 피해자라는 말은 옳지 않다. 그들은 매춘부였다."

"한반도 유사 시, 한국인이 일본에 난민으로 오면 그들을 사살하면 된다."

믿어지지 않는 수준의 망언이다. 이런 인간은 자국민에게는 어떤 망언을 했을까?

"노인은 어서 죽을 수 있게 해야 한다. 대체 언제까지 살아 있을 셈이냐?"

일본의 저소득 노년 세대의 복지 비용 증가는 일본의 미래를 어둡게 만들고 있는 최대의 난제지만, 그렇다고 세습 부자이며 세습 정치인이 이런 말을 할 수 있다니. 이 망언을 했을 때, 아소는 이미 70대를 훌쩍 넘겼다.

2018년 재무성의 고위 관료, 후쿠다 준이치(福田淳一)가 아사히TV의 여성 기자에게 "가슴을 만져도 되냐"라는 성희롱 발언을 했다. 당시 재무성 대신이었던 아소 다로는 자신의 지휘, 감독 아래에 있는 부하직원의 성희롱 범죄에 대해 이렇게 말했다.

"후쿠다의 인권은 없는 것이냐? 후쿠다가 속았다는 의견도 있다."

"성희롱은 죄가 아니다. 살인이나 강제추행과는 다르다."

이 답변을 듣고 기가 막혔던 기자 몇몇이 집요하게 추궁하자, 아소는 또 하나의 길이 남을 망언을 남겼다.

"안 만졌잖아! 안 만졌으면 된 거지."

이런 인물이 아베 정부와 스가 정부에서 연이어 이인자 역할을 했다. 다행히도 기시다 정부 내각에서는 물러났지만, 여전히 자민당 부총재라는 당내 이인자 감투를 쓰고 있다. 만일 언젠가, 아소 다로가 차기 총리에 선임된다면 한국과 일본을 넘어 전 세계에 재앙을 가져올지 모른다.

선을 넘는 자, 선이 없는 자

아소 다로는 아베 내각의 망언 제조기 수준을 초월했다. 망언 살포기이자 망언 폭탄공장 레벨이다. 이런 아소와 망언으로 견줄 수 있는 인물이 있다면, 단연코 고노 다로다. 고노 다로는 2021년 가을 스가 전 총리에 이어 포스트 아베 시대를 이을 자민당 총재 선거에 출마했다. 당시 일본 정가와 언론은 고노 다로의 낙승을 예측했다. 결과는 기시다 후미오의 승리였지만, 고노 다로의 인기는 꽤 높은 편이다. 어떤 점이 일본인에게 고노를 차기 총리 후보까지 각인되게 만들었을까?

일본 관료 사회는 뿌리가 깊다. 관료는 기본적으로 개혁에 반대한다. 이들의 저항감을 누그러뜨리려면 정치적 묘수가 필요하다. 스가는 총리 취임 후 꿈을 꾸었다. 2020년 팬데믹 사태에 일본이 제대로 대응하지 못한, 주요 원인인 '디지털 실패'를 극복하고 싶었다. 특히, 아시아의 방역 모범국인 한국, 대만, 싱가포르와 가장 비교되는 지점이 '일본의 느려터진 행정 처리 속도'였다. 스가는 '디지털 일본'을 실현하기 위해 '행정개혁'을 전담하는 특임장관이 묘수라 생각했다.

고노 다로와 전 백악관 국가안보보좌관 존 볼튼

행정개혁 특임장관. 주요 선진국 중 유일무이한 아날로그 일본의 행정을 개혁하기 위해 만든 장관직. IT에 해박하고 정치적 카리스마도 있는 인물이 좋다. 그런데 일본에 그런 인물이 있을까? 정치적 카리스마는 넘치는 인물, 하지만 IT와는 너무도 거리가 먼 인물 고노 다로가 방위대신에서 행정개혁 장관으로 변신했다. 행정개혁 특임장관직을 수행하면서 지지를 얻은 고노. 스가 내각은 그에게 백신 접종 추진을 전담하는 특임장관직을 안겼다. 놀랍게도 고노는 특유의 카리스마를 발휘해, 이전까지 지지부진했던 접종률을 높이는 데 일조했다는 게, 일본 언론의 평이다.

신기하게도 고노는 일본 우익 지지자에게 인기가 높다. 고노의 망언은 일본 우익에게 아소의 망언과는 달리, 묘한 카타르시스를 느끼게 한다. 우리 예능으로 표현해 보자면 아소는 '선을 넘는 캐릭터'이고 고노는 '선이 없는 캐릭터'라고 할까. 금기도 성역도 선도 없는 인간에게 느끼는 묘한 카타르시스가 있으니까.

기시다 내각 출범 이후, 고노는 정치 2선으로 후퇴한 느낌이다. 기시다는 자신보다 총리직에 가깝다고 평가받던 강력한 경쟁자가 내각에 버티고 있는 걸 원하지 않았다. 하지만 고노는 아소처럼 언제고 다시 총리직에 도전할 것이다. 적어도 내각에 재입각은 가능해 보인다.

펀쿨섹좌

2020년 여름 아베가 건강상의 이유로 슬그머니 퇴임했다. 일본 총리는 순한 맛 아베인 스가 요시히데에게 넘어갔다. 도쿄올림픽을 치르고 사라질 단명 총리가 분명했던 스가. 스가 이후의 일본 총리는 기시다 후미오. 다음은 누가 될까? 여전히 아소 다로, 고노 다로가 상위권이었다. 그리고 자민당의 정치 아이돌, 펀쿨섹좌 고이즈미 신지로가

고이즈미 준이치로와 조지 부시

고이즈미 신지로와 미국 전 환경보호청 청장 앤드류 윌러

있었다.

고이즈미 신지로는 아소 다로, 고노 다로와는 결이 다른 듯 닮은 4차원 인물이다. 고이즈미 신지로는 그 유명한 고이즈미 총리의 아들이다. 고이즈미 가족은 모두 잘 생겼다. 고이즈미의 친형인 고타로도 꽤 인지도 높은 배우다. 이 집안의 귀여운 막내인 신지로도 잘생겼다.

2019년에 결혼했으며, 배우자도 미인 아나운서로 유명한 다키가와 크리스텔이다. 그는 2013년 아르헨티나에서 열린 2020 하계올림픽 개최 도쿄 유치를 위한 국제 프레젠테이션 피칭을 프랑스어로 멋지게 해낸 경력도 있다. 신은 고이즈미 집안에 훈훈한 외모를 허락했다. 다른 건 허락하지 않았다. 특히, 귀여운 막내 고이즈미 신지로의 지성.

펀쿨섹좌의 탄생

고이즈미 신지로는 우리나라 인터넷 대문호들에게 '펀쿨섹좌'로 불린다. 우리나라의 인터넷 대문호들은 취향이 까다로운 사람들이다. 결코, 아무에게나 '좌(座)'라는 존칭을 붙이지 않는다. 펀쿨섹좌는 어떻게 탄생했을까?

고이즈미 신지로의 아버지 고이즈미 준이치로(小泉純一郎)는 아베의 정치적 스승이다. 과거 고이즈미 내각 시절, 아베는 스승이 가꿔준 정치적 꽃길을 걸었다. 스승의 아들인 신지로에게 뭔가 보답해야 했다. 그렇다고 자민당의 대표 격인 간사장을 맡길 수는 없었다. 재무성이나 방위성 같은 핵심 부처의 장관직도 어렵다. 아베는 결심했다. 스승의 아들을, 적어도 내각에는 들여야 했다. 그래야 폼도 나고 보은도 되니까 나름 쿨해 보이는 자리인 환경성 대신을 맡겼다. 우리나라의 환경부 장관이 된 셈이다.

고이즈미 신지로는 1981년생이다. 환경성 대신에 임명된 2019년, 그의 나이는 38세로, 일본 역대 30대 남성 두 번째 입각이라는 기록을 세웠다. 고이즈미는 환경과 기후변화에 대한 전문 지식이나 직업 배경은 전혀 없다. 하지만 인기가 좋다. 잘 생겼으니까. 신지로는 중앙정계 진출과 함께 단숨에 일본 정치계의 아이돌로 떠올랐다. 어디를 가나 스포트라이트를 화려하게 받았다. 게다가 아버지는 고이즈미 준이치로 전 총리. 중앙정계에 장관이라는 화려한 타이틀로 데뷔한 환경성 장관 고이즈미에게 기자들이 물었다.

"화력발전소를 어떻게 줄여갈 계획인가요?"

대답이 걸작이었다.

"저는 지난주에 막 환경성 대신이 됐습니다."

농담이 아니었다. 고이즈미는 진지하게 답변했다. 공약 실현이 가능한가, 그리고 근거를 묻는 답변에는 또 이렇게 대답했다.

"하겠습니다. 그것이 약속이니까!"

이 대답은 단숨에 한일 네티즌에게 하나의 밈으로 자리 잡았다. 엉뚱한 대답을 하고는, 고이즈미의 사진을 짤방으로 붙이는 형태.

"그것이 약속이니까(끄덕)!"

UN국제환경회의 기자회견 때의 일이다. 기자들이 일본의 환경부 장관에게 질문했다.

"기후변화에 대해 어떻게 대처할 생각입니까?"

신지로는 무려 미국 컬럼비아 대학에서 대학원 과정을 마쳤다. 그런 엘리트답게 유창한 영어로 대답했다.

"기후변화 같은 큰 규모의 문제 말이로군요(On tracking such a big, big scale issue like climate change)."

여기까지는 문제없었다. 다음 답변이 문제였다.

"(기후변화 정책은) 펀하고 쿨해야 하죠(It gotta be fun. It gotta be cool)."

여기까지도 좋은 답변이었다고 생각한다. 기후변화 같은 글로벌 문제는 개인이나 한 국가가 대처할 수 없는 문제다. 점점 사람들의 관심이 희미해지고 있으니 보다 많은 사람이 피부로 체감할 수 있게 펀하고 쿨한 정책이 나와야 한다는 답변은 재치 만점이었다. 여기에 "일본 정부는 구체적으로 이런저런 정책을 시행하려 하고 있다" 이렇게 덧붙였다면 고이즈미는 단박에 국제적 인지도를 지닌 정치인으로 격상됐을 것이다. 대신 고이즈미는 옆에 앉아 있는 UN의 한 여성 인사를 쳐다보며 이렇게 덧붙였다.

"또한 섹시해야 하죠(You gotta be sexy, too)."

고이즈미가 UN에서 공개적 성희롱을 시전한 걸까? 아니다. 고이즈미가 쳐다보며 말을 건넨 사람은 UN기후변화협약(UNFCCC)의 전 사무국장인 크리스티아나 피게레스(Christiana Figures)다. 이 헛소리에는 배경이 있다. 피게레스가 UNFCCC의 사무국장 재임 시절에 환경문제 정책에 대해 툭하면 "환경문제 정책은 섹시(멋지고 세련되게)해야 한다"라는 말을 입버릇처럼 달고 살았다. 고이즈미는 옆에 앉은 피게레스 전 사무국장의 단골 멘트를 인용하는 재치를 보인 셈.

배경을 잘 알고 있는 기자들은 다음 답변을 기다렸다. 그런데 그게 끝이었다. "일본 정부는 이러이러한 쿨하고 펀하고 섹시한 정책이 있다"라는 말 따위는 나오지 않았다. 종합해 보면, 고이즈미는 결국 "기후변화 같은 큰 규모의 문제에 대한 대책은 펀하고 쿨하고 세련(섹시)돼야 하죠"라는 말장난으로 소중한 기자회견을 끝냈다. 실망한 기자들은 고이즈미에게 다시 물었다.

"펀하고 쿨하고 섹시한 정책이 대체 무엇이죠?"

고이즈미는 이렇게 대답했다.

"그걸 설명하는 것 자체가 섹시하지 않아요!"

펀쿨섹좌 탄생의 순간이었다.

진화, 반성 랩퍼

우리나라에도 유체이탈 화법으로 유명한 정치인이 있다. 그것도 한 사람이 아니다. 일본이라고 유체이탈 화법을 숨 쉬듯 구사하는 레벨의 정치인이 없을까만, 펀쿨섹좌의 레벨은 대단히 대단하고 굉장히 굉장하다. 2020년 코로나19로 비상사태를 밥 먹듯 선언했던 일본 정부는 매주 감염증 위기대응 회의란 것을 했다. 원칙적으로 총리와 내각 대신 즉, 장관들이 모두 참석해야 하는 회의다. 그런데 총리를 비롯해 장관들 참석률이 저조했다. 이런 회의에서 제대로 된 대책이 나올리 없다. 고이즈미도 이 회의에 몇 번이나 불참했다. 대단한 일정이 있던 건 아니었다. 지인들을 만난다든가 하는 개인 사정으로 불참했다. 국회에서 야당 의원이 고이즈미에게 날카롭게 물었다.

"중요 회의에 불참한 것을 반성하지 않느냐?"

펀쿨섹좌는 이렇게 대답했다. 길지만 가능한 원문 그대로 옮긴다.

"조금 전 혼다 의원님께 반성하고 있다고 말했지만, 반성의 기미가 보이지 않는다고 하셨는데 그것은 제 문제라 생각합니다. 반성하고 있지만 좀처럼 반성이 전달되지 않는 것. 그런 자기 자신에게도 반성하고자 합니다."

좀 중언부언했다고 생각했던 걸까? 고이즈미는 답변을 이어갔다.

"혼다 의원님 지적을 받아서 그전부터 저 나름대로 반성을 해서, 혼다 의원님의 질문에 대해 반성하고 있다고 답변하기로 마음을 먹고 저는 반성하고 있다고 말씀드린 것입니다. 그런데 자꾸 반복하게 되는데 그럼에도 불구하고 반성의 기미가 전해지지 않는 것은 제 자신에 대한 지적에 대해서도 확실하게 반성하여 앞으로 그런 지적이 나오지 않도록 정신 차리고 대책을 강구하겠습니다."

펀쿨섹좌가 반성 랩퍼로 레벨업하는 순간이었다.

펀쿨섹좌 번역기

일본에도 인터넷 대문호들이 많다. 이들도 우리처럼 댓글로 풍류를 즐길 줄 안다. 그들에게 고이즈미의 어록은 주옥같은 레퍼런스다.

"경기가 좋아지면 반드시 불경기에서 탈출할 수 있습니다. 저는 그렇게 믿습니다."

"여러분, 감염만 되지 않는다면 옮지 않습니다."

"지금 이대로는 안 된다고 생각합니다. 그렇기 때문에 일본은 지금 이대로는 안 된다고 생각합니다."

오리지널 레퍼런스가 이 정도로 주옥같다면, 고이즈미 번역기를 만드는 건 일도 아니다. 그렇게 탄생한 일본 인터넷 대문호들의 고이즈미 창작 번역 어록을 몇 개 소개한다.

"첫 키스는 퍼스트 키스였습니다."

"아침에 일어났을 때 잠에서 깼습니다."

"제가 좋아하는 건 취미입니다."

마지막으로 고이즈미 최고의 창작 어록이다.

"방이 어두울 때 저는 전기를 켭니다. 그리고 생각합니다. '아, 밝아졌구나'라고."

2021년, 고이즈미의 어록이 업데이트됐다.

"공무도 원격으로 할 수 있는 것이 가능했던 것은 원격근무의 덕분이니까요!"

그렇다. 그것이 약속이니까(끄덕).

소비세는 늘어나고

일본의 소비세

일본이 신흥후퇴국이 돼가고 있다는 명백한 증거는 일본 소비세의 증가다. 2021년 일본 소비세는 10%. 물건을 사든 서비스를 구매하든 가격의 10%가 세금이다. 우리도 모든 물건과 서비스에 10%의 부가가치세가 붙는다. 일본의 소비세와 우리 부가가치세는 같은 간접세다. 소비세는 부자도 서민도 똑같이 내는 세금이다. 간접세를 얼마나 낮추느냐가 그 나라 경제의 체력인 동시에 정부의 실력이다. 거의 모든 복지 선진국은 간접세가 높다. 그만큼 촘촘한 복지 혜택을 보장한다. 우리는 부가세 도입 이후 거의 반세기가 흘렀지만 인상되지 않았다. 그만큼 우리 복지 수준이 조금 더 촘촘해져야 한다는 방증이기도 하다.

과거 일본은 아예 소비세가 없었다. 일본의 소비세 신설과 증액은 일본의 경기 하락의 시계와 정확히 궤를 같이한다. 1989년 버블붕괴가 가시화되며 일본의 재정 건전성이 급격히 나빠진다. 태평양 전쟁 패망 이후, 3%의 소비세가 신설된다. 3%의 소비세는 큰 부담은 아니었다. 서민에게도 "젠장, 뭐든 조금 더 올랐구먼" 하는 정도의 체감. 하지만 일본의 경기는 계속 하락했다. 인플레보다 무섭다는 디플레의 연속이었다. 1997년에는 소비세가 5%로 인상된다. 보통 사람들에게는, 제법 부담이 되는 액수다. 2014년 아베 정권은 소비세를 8%까지 올렸다. 일본인도 일본을 찾는 관광객에게도 꽤 부담으로 작용했다. 그나마 외국인 관광객에게는 8%의 소비세를 면제해 주는 각종 정책이 속속 발표됐다. 그전까지 외국인 소비세 면제는 백화점 등의 대형 매장에서 1만 엔 이상의 지출을 하는 경우 정도로 제한적이었다.

아베 정권은 소비세를 면제 범위를 대거 확대했다. 중소 규모 매장에서도 단건 구매 기준 5천 엔 이상이면 단기 외국인 체류자에게 소비세를 환급해 주는 정책을 시행했다. 하지만 일본인과 장기 체류 외국인은 해당하지 않는다. 단기 외국 관광객의 부담은 줄었지만 일본인의 부담은 늘었다. 일본 국민의 불만도 같이 늘었다.

10%, 비극이자 희극

2019년 마침내 소비세가 10%까지 늘어났다. 1989년 신설된 소비세는 3%, 1997년에는 5%, 2014년에는 8%로 늘었다. 마침내 소비세 10%의 시대. 가뜩이나 디플레를 맞던 일본 내수시장이 휘청거렸다. 국민소득이 늘어나기는커녕 줄고 있는데, 간접세는 점점 늘어만 가는 셈이다. 아베 정권도 국민에게 미안했는지, 일부 식료품과 음료 등 생

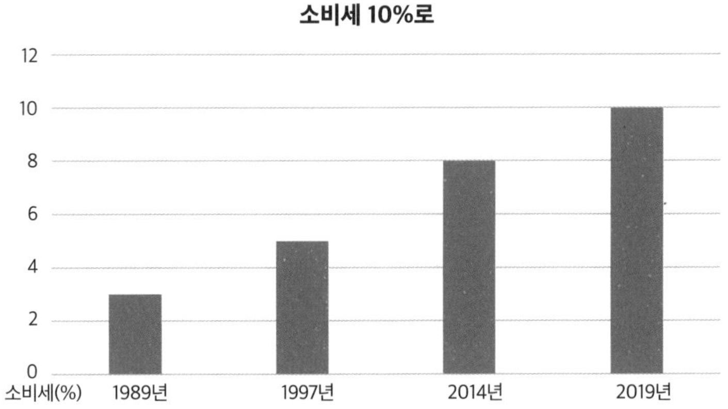

필품 역할을 담당하는 소비재의 세율은 8%로 조정했다. 여기서 일본 정부의 실책이 나왔다.

살아 있는 가축 거래 시는 10%의 세율이 적용되는데, 돼지고기, 닭고기를 구매할 때는 8%로 덜어줬다. 그러면서도 반려동물의 사료는 10%의 세율을 유지한다. 식당에서 식사하면 10%, 포장 구매하면 8%로 덜어줬다. 그런데 푸드코트 등의 공간에서는 그대로 10%를 유지했다. 그러니 일부 상인들이 푸드코트 바깥에 의자를 마련하고 거기로 손님을 유도하는 코미디가 벌어졌다. 일본인은 포장마차를 좋아한다. 포장마차니까 당연히 야외에 있다. 그런데 포장마차 안에서 먹으면 10%, 그걸 그대로 들고 포장마차 앞에 있는 벤치에서 먹으면 8%.

일본 정부의 출구 없는 막장 코미디쇼다. 사례를 더 찾아보자. 테이크아웃에 8% 소비세율을 적용하니, 배달 요리도 8%다. 그러면 출장 요리는 어떨까? 이건 또 10%이다. 고객이 있는 장소로 직접 찾아가 요리를 한다는 기적의 논리. 아직 끝나지 않았다. 주류의 소비세도 10%, 요리하려면 미림(맛술)이라는 주정이 포함된 조미료가 필요하다. 미림의 소비세율은 8%다. 의약품의 소비세도 10%. 식료품 중에는 의약품이나 의약외품이 포함된 게 꽤 있다. 일본인이 좋아하는 영양 드링크나 에너지 드링크는 의약품이나 의약외품이 들어 있다는 표기가 돼 있으면 10%, 없으면 8% 적용을 받는다. 덤으로 신문을 구독하면 8%, 편의점이나 가판대에서 구매하면 10%다.

시행 초기에 벌어지는 혼란상이라 눈감아주기엔, 사례가 지나치게 제각각이었다. 이런 시행착오는 2021년까지 여러 방면에서 여러 가지 논란을 낳았다. 일본인들이 진심으로 화를 내기 시작했다. 물건이 비싸지는 것도 문제지만, 동일 품목의 세율 적용이 왔다 갔다 하면 소비자도 문제지만, 판매자와 지방국세청도 덩달아 문제다. 가게 주인들은 어느새 파렴치한 탈세범이 될 수도 있다. 손님은 손님대로 헷갈린다. 내가 돈을 덜 낸 건지, 덜 내도 되는데 더 낸 건지 알 수 없으니까.

아베는 걱정하지 않았다. 모든 불만은 2020년 도쿄올림픽 특수로 한 방에 해결할 수 있다고 기대했으니까. 모두가 알다시피 2020년 도쿄에서 올림픽은 없었다. 2021년 겨우겨우 열리긴 했지만, 일본인이 기대하던 성대하고 화려한 올림픽은 아니었다. 일본 스포츠 사상 최대의 성적을 낸 올림픽이지만 대가는 가혹했다. 개회식조차 무관중으로 치러졌고, 각국의 선수단과 미디어 관계자를 제외한 외국 손님은 없었다. 아베가 장담한 올림픽 특수 대신 감염병이 미친 듯 전파됐다. 올림픽 기간에 1일 확진자가 1만여 명을 넘기 시작했을 정도였다.

늘어난 소비세, 더 늘어난 걱정

연도	전체 세수	소득세	법인세	소비세	기타
1990년	60.1조 엔	26조 엔 (최고 세율 50%)	18.4조 엔 (법인 세율 37.5%)	4.6조 엔 (소비 세율 3%)	11.1조 엔
2018년	60.4조 엔	19.9조 엔 (최고 세율 45%)	12.3조 엔 (법인 세율 23.2%)	17.6조 엔 (소비 세율 8%)	11.6조 엔

1990년, 2018년 일본 세수 비교(괄호 안, 전체 세수 중 세목별 포션)

일본의 소비세 증세는 일본의 몰락과 궤를 같이한다. 마치 소비세 증세가 일본 몰락의 상징 같은 느낌이다. 1990년 한 해 동안 일본은 총 60.1조 엔을 세수로 거둬들였다. 약 30여 년이 흐른 2018년 일본의 세수 총액은 60.4조 엔. 30여 년 동안 세수가 거의 증가하지 않았다. 일본 경제가 제자리를 맴돌았다는 강력한 증거다. 위의 표에는 뭔가 이상한 점이 있다. 숫자로만 표기된 세수별 구분을 세목별 비중을 나눠 환산하면 아래와 같다.

연 도	전체 세수	소득세	법인세	소비세	기타
1990년	60.1조 엔	43%	30.6%	7.6%	11.1조 엔
2018년	60.4조 엔	33%	20.3%	29.1%	11.6조 엔

1990년, 2018년 일본 세수 비교

일본 세수에서 소득세, 법인세, 소비세가 차지하는 비율의 변화를 주목해서 보자. 일본의 과세 구성 비율이 뭔가 이상하다. 30여 년 동안 소비세가 차지하는 비율이 놀라울 만큼 증가했다. 1990년 전체 세수 중 소득세는 43%였는데, 2018년 33%로 줄어들었다. 소득세가 줄었다는 의미는 첫째, 일본인의 평균 임금이 줄었다는 것. 둘째, 고액소득세 부담을 줄였다는 것. 실질 소득의 증가는 거의 없이, 소비세 부담만은 크게 늘었다는 것이다. 1990년 소비세는 전체 세수의 7.6%에 머물렀는데, 2018년에는 29.1%로 치솟았다. 게다가 최고 소득 구간에 대한 세율이 50%에서 45%로 줄었다. 고소득자의 세금을 덜 걷었다는 이야기다. 결국, 일본 서민에게 소비세를 쥐어짜 전체 세수를 유지했다.

법인세는 더 드라마틱하다. 1990년 전체 세수 중 30%가 넘던 법인세가 2018년 20%로 급감했다. 물론, 일본 기업은 지난 30년간 줄기차게 쇠퇴의 길을 걸었다. 한 시대를 풍미했던 소니, 파나소닉, 도시바 등 세계를 주름잡던 전자 기업은 삼성, 애플, LG, 화웨이에 밀려 존재감조차 희미해졌다. 기업이 돈을 못 버니 법인세가 줄어들었다. 하지만 1990년에 최고 37.5%에 달하던 법인세율이 2018년 23.2%까지 떨어지는 것도 선뜻 이해하기 어렵다. 소득세가 줄고 법인세도 줄었으니 전체 세수도 줄 수밖에 없다. 어디선가 방법을 찾아야 했다. 생각해 낸 궁여지책이 소비세를 올리는 것. 1990년 전체 세수 중 7.6%에 불과하던 소비세가 2018년에는 29.1%로 늘어났다. 부자와 대기업의 세금이 줄어드는 동안, 간접세인 서민의 세금 부담이 폭발적으로 늘어났다.

불편한 진실

2018년 일본의 소비세가 아직 8%에 머물러 있던 시기다. 2019년은 일본 불매운동으로 관광업이 쪼그라들었는데 소비세는 10%로 올랐다. 감염병으로 전후 최악의 경제 성적이 확실했던 2020년, 코로나19로 경제가 파탄 나기 직전에 천문학적 매몰 비용이 예상되는 도쿄올림픽의 해 2021년, 일본 서민의 고통이 얼마일지 가늠조차 되지 않는다. 일본 경제의 문제는 국가 전체 GDP의 더딘 증가세가 빈곤층을 늘어나게 만든다는 점이다. 그런데도 서민들에게 세금을 점점 더 많이 걷고 있다. 고소득층과 대기업의 부담은 줄여가면서. 이래서는 일본뿐 아니라 어느 나라라도 미래가 없다.

이런 문제에 가장 민감하게 그리고 제일 먼저 반응해야 할 사람은 정치인이다. 정치인은 불편한 진실을 외면해서는 곤란하다. 일본 정치인 대다수는 이런 사실을 외면한다. 언급하는 것이 득표에 아무런 도움이 되지 않으니까. 어떤 정치인은 이 사실조차 모른다. 과거 풍요로웠던 일본만을 기억할 뿐이다. 표를 얻기 위해서는 일본의 영광을 이야기하는 편이 좋으니까. 불편한 진실을 잘 아는 정치인이 없을 리는 없다. 하지만 말할 용기도 없다. 굳이 일본인이 알기 싫은 진실을 말하는 게 행복하지는 않으니까.

어느 날, 그러기 싫은 정치인이 나타났다. 일본을 위해서 불편한 진실을 널리 알려야겠다고 결심했다. 그 정치인은 거리에서 직접 시민들을 만나 이 사실을 알리겠다고 결심했다. 일본 전국의 거리를 찾아다니며, 시민들에게 일본 소비세의 진실을 알리기 시작했다. 그의 이름은 야마모토 다로다.

배우, 정치인이 되다

〈마이웨이〉와 〈배틀로얄〉

2011년 기대를 잔뜩 받고 화려하게 개봉했다 사라진 대작 〈마이웨이〉. 주연만 해도 한중일의 특급 배우 장동건, 오다기리 죠, 판빙빙이었다. 영화의 스케일에 비해 스토리는 심플하다. 조선인 청년이 일제에 강제 징집당해 일본제국군과 소련군의 전투인 몽골 할힌골 전투에 휩쓸린다. 조선인 청년은 소련의 포로가 돼 굴라크 수용소에 끌려간다. 소련과 나치 독일의 전쟁이 일어나고, 조선인 청년은 소련군 병사로 다시 강제 징집당해 전선에 투입된다. 조선인 청년은 독일군에게 포로로 잡힌다. 2차대전 막바지, 병력이 부족했던 나치 독일은 포로로 전투 부대를 만들고 조선인 청년은 독일군으로 노르망디 방어 전투에 끌려간다. 몇 년 동안, 일본군으로 소련군으로 독일군으로 사선을 넘나들던 조선인 청년은 결국 노르망디 상륙작전에서 연합군에게 목숨을 잃는다는 우주적 상상력이 돋보이는 대작이다.

〈마이웨이〉가 역사 덕후, 특히 밀리터리 덕후에게 가루가 되도록 까인 건 말할 것도 없다. 일제 병영 연병장에서 (그것도 똥군기로 유명했 관동군 최전선 병영에서) 조선인 병사가 마라톤 연습을 하는 건, 재미도 없고 현실성은 더 없다. 게다가 소총으로 전투기를 격추하는 등의 물리법칙을 넘어선 과장은 영화의 완성도를 떨어뜨리는 일등공신이었다.

영화에서 강제 징집당한 장동건을 끊임없이 괴롭히는 일본군이 있다. 어쩐지 낯이 익은 인물. 야마모토 다로(山本太郎)다. 우리가 상상하는 구 일본제국군의 모든 부조리를 합쳐놓은 것 같은 역할을 맛깔나게 연기했다. 조선인 차별과 혐오로 똘똘 뭉친 캐릭터였다.

21세기로 막 접어든 무렵의 2000년대는 일본 영화의 예술적 결기와 완성도가 높던 시절이었다. 소재의 제한이 거의 없었다. 당시의 한국인은 상상하기 어려웠던 소재를 과감히 다루는 일본 예술작품이 많았다. 2010년대 이후의 일본 대중문화와 비교하면 대단히 대단하고 굉장히 굉장하던 시절이었다. 2000년에 개봉한 문제적 영화 〈배틀로얄〉. 일본의 머지않은 미래가 배경이다. 근미래 일본은 높아지는 실업률 등으로 극심한 사회 혼란을 겪는다. 일본은 극단의 교육 대책을 내놓는다. 전국의 중학교 3학년 중, 매년 한 학급을 선정해 섬에 가둬놓고, 최후의 1인이 살아남을 때까지 서로 죽이고 죽는 이야기다.

지금 생각하면 꽤 흔한 소재다. 제니퍼 로렌스를 글로벌 스타로 만든 할리우드 대작 〈헝거게임〉과 별 차이도 없다. 하지만 리얼타임 데스매치 시퀀스는 〈배틀로얄〉이 먼저 시작했다. 이 영화에서 비중 높은 조연으로 등장했던 배우, 뭔가 일진같이 보이는 근육질 몸매에 날카로운 눈빛이 매섭지만 의외로 따뜻한 구석이 있던 배우가 야마모토 다로다. 한국 영화 팬에게는 〈배틀로얄〉과 〈마이웨이〉 두 작품 정도가 가장 기억이 남는다.

야마모토 다로는 패션잡지의 표지에도 자주 등장할 정도로 꽃미남이었다. 훤칠한 이목구비, 다부진 체격, 선 굵은 연기도 척척 소화, 너무도 당연히 일본 최고 수준의 기획사에 소속돼 승승장구했다. 배우 경력에 안정감을 더해주는 보증 수표인 NHK의 대하 드라마에도 조연급으로 캐스팅되는 등, 대형배우로 성장할 일만 남았던 배우였다. 하지만 그의 영화 경력은 2013년 〈비밀애(秘密愛)〉로 멈췄다. 그동안 활약했던 모든 예능 방송에서도 하차했다. 그리고 얼굴도 변했다. 여전히 잘 생겼지만, 20~30대의 근육질 꽃미남과는 거리가 먼 아저씨의 얼굴로 변했다. 대체 이 남자에게 무슨 일이 벌어졌던 것일까?

정치 입문

야마모토는 잘나가는 배우였다. 인지도와 연기력, 무엇하나 흠잡을 게 없었다. 평생 그렇게 걱정 없이 출연 작품만 잘 고르면 잘살 것처럼 보였다. 어느 날, 일본의 한 방송에서 사고를 쳤다. 일본인이 절대 해서는 안 될 말을 해버린 것이다.

"독도를 그냥 한국에 주면 되지 않나요?"

야마모토는 단박에 일본 극우의 불구대천 원수가 됐다. 당시 한국에서 개념 연예인이라며 반짝 스타덤에 올랐다. 사실은 다르다. 야마모토 발언의 핵심은, 독도가 역사적으로 한국의 고유한 영토가 맞으니 한국의 것이라는 뜻이 아니다. 말로만 독도가 일본 땅이라고 우기는 일본 극우들의 찌질한 점을 비판한 것이다.

"한국은 다케시마(독도)의 역사 교육도 그렇고, 실제 독도에 경찰 병력이 상주하며 영토를 지키고 있어, 분명한 실효적 지배를 하고 있다. 그에 비해 일본 우익은 입으로만 떠들고 있다."

"그들에게 다케시마(독도)란 반드시 되찾아야 하는 영토가 아닌 정치적 구호로만 보이는 게 답답하다. 정말 자신들의 영토라고 생각한다면 방어책이 있어야 하는데, 그런 것이 없다."

그는 한마디 덧붙였다. 이 발언은 국내에 거의 소개되지 않았다. 단순히 독도를 한국에 돌려주자는 이야기가 아니라는 게 분명한 말이다.

"다케시마(독도) 수역의 자산을 일본과 한국이 공동 관리하자. 그편이 두 나라가 전쟁까지 가지 않는 가장 좋은 방법이다."

그는 독도가 한국 땅이라는 역사적 진실을 말한 것이 아니다. 자국의 고유 영토라고 우기면서 아무것도 하지 않는 정부와 극우 세력을 꼬집은 것. 동시에 한일 간의 해묵은 갈등, 식민지 시대의 청산법을 일본인만의 상식으로 제시했다. 물론, 한국이 독도 유역을 일본과 공동 관리할 필요도 이유도 없다. 그는 정계에 진출하고도 이런 말을 했다.

"집에서 굴러다닐 시간이 넘쳐서, 다케시마(독도) 문제에 대해 비판할 시간이 있다면 차라리 배를 타고 나가 뭔가 액션을 취해!"

이래저래 일본 극우에게 야마모토는 인기 없는 인물이다. 인기 없는 정도가 아니라, 극우적 관점에서 '비국민' 같은 인물이다.

도쿄시장? 도쿄도지사?

도쿄는 서울처럼 특별시(特別市)가 아니다. 도쿄의 인구는 1,350만여 명. 23개의 특별구와 16개의 시로 이루어진 일본 최대의 광역 자치단체 도쿄특별도(特別都). 일본의 지방자치는 도쿄특별도(都), 홋카이도(道), 오사카부(府)와 교토부(府), 그리고 43개의 현(県)으로 이루어져 있다. 이것을 도도부현(都道府県)이라고 부른다. 도도부현은 일본어로 '도도후켄(とどうふけん)'이라 한다. 47개 도도부현 중 최고이자 으뜸이 도쿄특별도다. 그러니 도쿄는 시장이 아닌 도지사를 선출한다. 일본 총리는 간접선거를 통해 선출되지만, 지자체장은 직접선거를 통해 선출된다. 일본 전체 인구의 10% 이상이 사는 곳. 경제, 정치, 행정, 문화의 중심지인 도쿄도지사의 정치적 영향력은 일본 국내로 좁힌다면 결코 총리에 뒤지지 않다고 봐도 무방하다.

이 선거에 야마모토 다로가 뛰어들었다. 2020년 도쿄도지사 선거에서 야마모토 다로는 외쳤다.

"신형 코로나 바이러스의 영향으로 살 곳을 잃은 사람들, 굶어 죽기 직전의 사람들에게 뭐라도 하고 싶었습니다."

"도쿄올림픽을 중단하겠습니다. 모든 도쿄 도민에게 10만 엔(100만원)을 지급하겠습니다."

그때나 지금이나 야마모토의 도쿄도지사 당선은 요원해 보인다. 앞으로도 당선 가능성은 적다. 하지만 야마모토 같은 정치인은 일본 정계의 복원력으로 작용할 수 있다. 이것만큼은 깎아내릴 수 없는 가치다.

레이와신센구미

레이와신센구미

레이와(令和)는 일본의 새로운 연호다. 2019년 선대 일왕의 연호인 헤이세이(平成)를 잇는 현 일왕의 연호다. 신센구미(新撰組)는 막부 말기 막부 세력의 수호자인 무력 집단이다. 야마모토 다로는 새로운 정당을 설립했다. 당명은 레이와신센구미. 이름만 보면, 일본 전통의 가치를 지키려는 새로운 보수정치 세력이라는 것을 짐작할 수 있다. 보수주의자야말로 전통과 나라의 가치를 소중히 여기고 소수와 약자를 보호하겠다는 이념을 지닌 세력이다. 이런 태도가 진짜 보수다. 야마모토 다로와 레이와신센구미가 진짜 보수다. 우리나라에도 이런 보수정치가와 정당이 나오기를 바라는 건 어려운 일일까.

야마모토는 우리가 오해하는 것처럼 한국과 한국인의 편이 아니다. 야마모토는 철저하게 일본의 이익을 우선하는 실리적이면서도 혁명적 변혁을 꿈꾸는 보수 정치인이다. 야마모토와 레이와신센구미가 집권할 가능성은 거의 없다. 하지만 만에 하나 집권을 한다 해도 철저하게 일본의 국익을 먼저 계산할 것은 틀림없다. 다만, 아베처럼 막가파식의 정치는 하지 않으리란 기대는 가질 수 있다.

레이와신센구미는 야마모토 다로를 주축으로 2019년 창당했다. 일본 참의원 선거에 열 명의 입후보자를 냈고 야마모토 다로의 개인의 인지도에 힘입어 약 백만 표 정도를 득표했다. 개인의 인지도로 이 정도 득표는 어지간한 거물급 정치인을 능가하는 수준이다. 야마모토 다로는 비례 3번이었다. 본인을 제외한 비례 1, 2번의 후보를 당선시켰다.

야마모토 다로는 전국 투어를 실행했다. 도쿄, 오사카 등의 대도시는 물론 전국의 중소 도시를 찾았다. 거리에서 영상으로 자료를 보여주며 시민들을 설득했다. 생활과 경제를 후퇴시킨 일본의 정치 이야기였다. 왜 일본의 서민들은 갈수록 괴로운 생활을 하게 될 수밖에 없는지, 왜 정치 개혁 없이는 서민의 생활이 결코 향상되지 못하는지, 열변만 토하는 것이 아니라, 자료를 준비해 차근차근 설명했다. 가장 인상 깊었던 장면 중 하나.

"최저임금을 올리면 실업률이 올라간다고요? 정말입니까?"

프로파간다

최저임금을 올리면 실업률이 올라간다. 흔히 듣는 말이다. 최저임금이 올라가면 기업이 도산하고 경제가 망한다는 사골 레퍼토리다. 우리나라의 최저임금은 2018년을 기점으로 의미 있는 수준으로 올랐다. 2016년까지 일본의 최저임금은 지역별로 차이가 있긴 하지만 한국보다는 높았다. 우리가 시급 6천 원도 되지 않을 때, 도쿄의 최저임금은 원화로 만 원이 넘을 정도로 확실히 차이가 났다. 지금은 어떨까?

야마모토는 한국과 일본의 최저임금을 비교하며, 일본 정치를 질타했다. 통계와 자료에 기초한 팩트를 동원했다. 야마모토 다로는 거리에서 시민들에게 양국의 최저임금을 비교한 표를 보여주며 설명했다.

"2019년 한국은 최저임금을 10.9% 인상했고, 기존 7,350원(718엔)에서 8,350원으로 인상했습니다. 2018년 인상분도 전년 대비 16.4%나 인상됐는데, 2019년에도 10.9% 인상한 거죠"

2021년 한국의 최저임금은 8,720원이다. 2020년의 8,590원에서 개미 눈물만큼 올랐다. 하지만 주휴수당을 포함하면, 실질 최저임금은 시간당 1만 원을 넘는다. 한국의 최저임금이 유의미하게 오르기 시작한 때는 2018년이다. 당시 최저임금은 7,530원으로 전년의 6,470원에서 16.4% 인상됐다. 2019년에는 11% 정도 인상한 8,350원이 됐다.

문재인 정부의 계획은 만 원까지 인상하는 것이었다. 기업과 언론의 물어뜯기식 견제 속에 정부는 한발 양보했다. 2018년까지의 인상 폭을 생각하면, 2020년, 2021년 최저임금 인상 폭은 야박할 정도다. 하지만 2017년부터 매해 16.4%, 10.9%씩 상승한 것을 생각하면 분명 의미 있는 인상률이다.

야마모토 다로는 이 사실에 주목했다. 특히, 우리 정부가 최저임금을 올리기만 하고, 인상분을 중소기업과 중소상공인에게만 전가하지 않았다는 사실에 주목했다. 이 사실을 거리의 일본인에게 외쳤다.

"한국은 최저임금을 인상했지만, 정부에서 보조금을 지원합니다."

기업의 입장만 생각한다면, 최저임금 인상은 이익을 줄어들게 하는 것도 사실이다. 한국 언론은 이를 지나치게 과장한다. 우리 언론이 애써 외면한 사실을 야마모토는 간파했다. 한국의 진짜 저력, 개혁을 두려워하지 않고, 언론과 기업의 집중포화를 무서워하지 않는 개혁 정책을 칭찬했다. 야마모토는 한국 기업이 곤경에 처해 화를 내고 있다는, 한국 일부 언론의 보도에 대해서도 팩트를 동원해 대응했다.

한국의 최저임금을 연구하고 있는 류고쿠 대학의 와키타 교수의 "(한국의) 최저임금 인상에 대한 (보수언론의) 비방과 중상은 보수파가 진보적인 현 정권을 견제하기 위해 전개된 측면도 있다"라는 발언을 가감 없이 거리의 시민들에게 알렸다.

"최저임금의 인상 때문에 나라 전체의 고용이 어려워진다는 논리는 너무 단순합니다."

"한국은 2020년까지 최저임금을 만 원으로 인상하겠다고 발표했습니다. 그 결과 2년간 27.3% 인상한 셈이 됩니다."

"(한국은) 10엔 올려놓고, 잘난 척하는 일본과는 다릅니다."

대체 일본의 최저임금 수준이 어느 정도길래 야마모토의 사자후가 이렇게 계속되는 걸까?

1,500엔

우리 법은 최저임금 기준을 위반하는 사업주를 3년 이하의 징역 또는 벌금형에 처한다고 규정한다. 일본은 어떨까? 법률 기준으로는 우리 못지않게 꽤 가혹한 처벌 조항이 있다. 그런데 결정적 차이가 있다. 우리 최저임금은 전국 단일안인데, 일본은 지역마다 차등 적용한다는 점이다. 일본에서 최저임금이 가장 높은 지역은 역시 도쿄. 도쿄와 오사카, 나고야 같은 대도시를 벗어나면 수준이 확 떨어진다.

2021년 한국의 최저임금은 8,720원이다. 2021년 환율을 적용해 엔으로 환산하면 842엔. 구매력지수를 고려하지 않은 단순 비교만으로도, 일본의 32개 현의 최저임금보다 한국이 높다. 당연한 결과다. 일본은 거의 성장을 멈춘 상태였으니까, 이런 일이 벌어지는 것이다. 여기에 우리는 야간수당과 휴일수당이 있다. 야마모토는 이것도 언급했다. 한국의 야간수당과 휴일수당을 고려하면, 한국의 실질 최저임금은 990엔, 그러니까 도쿄의 최저임금 983엔조차, 2019년에 이미 넘어버렸다는 사실을 지적했다. 앞으로 이 격차는 점점 더 벌어지리라는 것도.

OECD 국가 중 전국에 통용되는 최저임금을 정한 국가는 우리만이 아니다. 독일, 대만, 포르투갈 등 총 9개국이다. 업종과 직종에 따라 구분한 나라도 있다. 이것도 나름 합리적인 구분이다. 캐나다, 그리스 등이 직무에 따라 최저임금을 구분한다. 전국 일괄 적용도 아니고, 직무에 따른 차이도 아니라 지역의 경제력 차이를 고려해 최저임금을 구분하는 나라는 일본과 미국, 그리고 브라질 정도. 야마모토 다로는 일본의 비참한 현실에 대해 일갈했다. 원문을 그대로 옮긴다.

"그러면 일본은 어떻게 해야 하는가? '최저임금이 1,500엔(약 1만5천

원)까지 올라가는 건 문제 아니야?'라고 생각하는 분도 계시죠? 그러면 당신은 스스로 시급 1,500엔의 가치가 없다고 생각하는 겁니까? 시급 1,500엔은 월급으로는 24만 엔(약 240만 원)이에요. 이 정도 수입이 없는 상태에서 인간의 존엄을 지닐 생활이 가능합니까? 지금까지 계속 임금이 내려가는 걸 지켜만 봐왔잖습니까. 노동 시간은 늘어나는데 말이에요. 이 임금도 비싸다고 기업이 항의하니까 이제 일본인보다 값싼 외국인 노동력을 수입합니다. 또 지방은 도쿄보다 임금이 싸니까, 모두 고향을 버리고 도쿄 같은 대도시에 허드렛일을 찾아 모여듭니다. 지방에 고스트 타운이 생기고 마을이 없어지는 건 이런 이유입니다.

그래서 국가 차원의 일괄 최저임금제가 중요합니다. 지방의 쇠퇴를 멈추고 한 사람, 한 사람의 생활을 존엄 있는 것으로 만들기 위해서, 일본도 최저임금이 1,500엔은 돼야 합니다. 적자를 보는 회사는 국가가 지원해야 하고요. 이것은 벌써 빈곤화돼 가고 있는 일본을 끌어올려, 지방의 쇠퇴를 막는 데 필요한 일입니다. 왜 일본의 정책은 3대 도시(도쿄, 오사카, 나고야)에만 집중되고 있는 것입니까? 이것이 나쁘다는 게 아니라, 3대 도시를 위해 지방이 희생하는 것은, 3대 도시에도 위험하다는 뜻입니다."

일본의 이야기지만, 묘하게 우리 이야기처럼 들린다. 야마모토 다로. 이런 정치인은 참 탐난다.

현재 일본의 최저임금

2020년 도쿄를 중심으로 일본 대도시의 최저임금은 한국을 추월했어요. 최고인 도쿄가 1,103엔, 최저인 규슈의 오이타현은 790엔입니다. 일본도 2016년부터 최저임금을 4년 연속 3% 인상했습니다. 일본 전국 평균도 901엔으로 한국의 8,720원을 넘었죠. 우리가 주저하고 머뭇거린 사이, 일본이 한발 더 나갔어요. 이 격차는 더 벌어질지도 몰라요. 참 안타깝습니다.

야마모토 다로에 반응하는 일본 네티즌들

야마모토 다로의 사자후에 반응하는 일본 네티즌의 댓글을 소개합니다.

"이데올리기에 편향되지 않은 정치인. 이 정도 이야기할 수 있는 국회의원이 몇이나 있을까?"

"어디의 무슨 무슨 장관보다 훨씬 더 많이 공부하고 있구나."

"우리는 노예야. 그 상황조차 인지하지 못하고 있어. 그러니 소비세를 인상하든, 우체국과 수도를 민영화하든 불평하지 않고 저임금으로 일하고 있지."

도쿄도지사 선거

낙선

포스트 아베 시대가 곧 도래할 것이 확실해 보이는 시점인, 2020년의 도쿄도지사 선거는 코미디에 가까웠다. 무려 22명의 후보가 난립했다. 야마모토 다로도 뒤늦게 출마를 결심했다. 결과는 처음부터 예측 가능했다. 야마모토 다로는 낙선했다.

현직 프리미엄을 지닌 고이케 유리코(小池百合子)의 재선은 처음부터 확정적이었다. 관건은 야마모토 다로가 현지사인 고이케를 어느 정도 따라잡을 수 있을까 하는 정도. 우리도 마찬가지지만, 현직 단체장의 프리미엄은 어마어마하다. 무엇보다 인지도에서 유리하다. 야마모토 다로 개인의 전국적 인지도는 고이케 지사에 못지않을 정도로 성장했다. 문제는 인지도가 바로 득표로 이어지지 않았다는 것이다. 일본인의 투표 성향은 우리가 상상하지 못할 만큼 보수적이라는 것.

그 두 가지를 극복하지 못했다.

일본 경제가 완연한 침체기에 접어들고 코로나19로 사회 시스템 여기저기가 삐걱거리던 2020년. 일본 최대의 자치단체장 선거는 22명이나 뛰어들어 완주한 기묘한 선거였다. 야마모토 다로의 출마를 제외하면 별다른 감동도 충격도 없었다. 현대 일본 정치를 압축한 듯 싱겁기 짝이 없는 결과였다. 예상대로 고이케의 압도적 승리.

고이케 유리코는 366만 표를 얻었다. 유효 득표의 무려 60%에 해당하는 압승이었다. 야마모토 다로는 3위를 차지했다. 유효 득표의 10.7%로 65만 표를 얻었다. 나름대로 의미 있는 성과였지만, 2위를 차지한 우츠노미야 겐지의 84만 표를 합쳐도 고이케 유리코 득표의 3분의 1 정도밖에 안 되는 결과.

야마모토 다로 역시 자신이 도지사에 당선될 것으로 생각하진 않았다. 그보다 선거운동을 통해 사람들에게 메시지를 던지고 싶었을 거라 짐작한다. 어차피 고이케 유리코 현지사의 재선이 확실하다면, 차라리 이번 기회에 메시지를 던져보자. 왜 일본에 비참하게 살아가는 서민이 늘어나고 있는지, 정부와 정치의 역할은 대체 무엇인지, 그런 메시지를 던져보자.

야마모토는 단 2주 동안 도쿄 전역을 누비며 사자후를 뿜어냈다.

선거전

도쿄도지사 선거는 우리로 치면 서울시장 선거에 해당한다. 자세히 보면 그 함의가 서울시장 선거보다 무겁다. 일본의 총리는 직선이 아

2020년 도쿄도지사 선거

니라 간선제로 선출된다. 아무리 맘에 드는 총리 후보가 있어도, 모든 국민이 후보 개인에게 투표할 수 없다. 하원에 해당하는 중의원 선거에서 지지하는 총리 후보가 속한 정당이 입후보한 후보에게 투표해야 한다. 도쿄도지사 선거는 일본에서 유권자가 후보 개인에게 투표하는 선거 중 가장 큰 선거다. 도쿄의 인구는 약 1,350만으로 일본 전체 인구의 10% 정도지만, GDP로는 일본 전체의 20%를 차지한다. 여기에 정치·사회·문화적 영향력을 더하면 일본 전체의 절반이라 봐도 무리가 없다. 단언컨대 도쿄도지사 선거는 단순히 일본 최대의 광역단체장 선거가 아니다.

이렇게 중요한 선거에 야마모토 다로가 뛰어들었다. 그런데 너무 늦게 뛰어들었다. 선거일이 7월 5일인데, 2주 남짓한 기간을 남겨놓고 출마 선언을 했다. 게다가 대표 공약도 과격했다. 첫째, 도쿄올림픽 완전 취소. 둘째, 도쿄에 거주하는 모든 사람(재류 외국인까지)에게 재난지원금 10만 엔 지급. 2020년 여름의 분위기로는 두 가지 모두 실현 불가능해 보이는 공약이었다. 도쿄올림픽 중지는 야당의 주요 후보도 동의했던 사안이었다. 올림픽을 정치적 영향력 확장에 이용하는 아베 정권에 대한 심판, 그리고 올림픽에 눈이 팔려 놓치는 민생의 사각지대를 더는 내버려 둘 수 없다는 절박함. 거기에, 도쿄올림픽 취소에 동의하는 일본인의 비중도 날이 갈수록 높아졌다.

더 큰 문제는 두 번째 공약이었다. 야마모토 다로의 두 번째 공약을 실현하는 데 필요한 돈은 무려 15조 엔. 우리 돈으로는 약 160조 원의 재원이 필요한 공약이었다. 실현성이 높지 않았다. 재난지원금에 더해, 거의 모든 학교의 수업료를 면제하고, 여기에 중소기업과 개인사업자의 1년간 손실분까지 보전해 주겠다고 했다.

도쿄도는 일본 전체 GDP의 20%를 차지하는 경제 규모를 자랑한다. 도쿄도가 지방채를 발행한다면, 아예 불가능한 공약은 아닐지 모른다. 두 가지 큰 문제가 있었다. 첫째, 일본의 국가부채율이 250%에 달하는 상태에서 일본 최대의 지자체가 수조 엔이 넘는 지방채 발행의 충격을 견딜 수 있는가의 문제. 둘째, 도쿄보다 경제력이 떨어지는 다른 지방과의 형평성.

재정 상태가 열악해, 지방채 발행은커녕 유령마을이 생기는 걸 보고 있을 수밖에 없는 지역이 생각보다 많다. 지원 여력이 있다면 도쿄보다 지역을 우선해야 하는 상황에, 도쿄 도민에게만 혜택을 주는 건 전 국민적 분노를 불러일으킬 수 있다. 투표권을 가진 도쿄 도민과 대다수 일본인은 이 공약이 불가능하다고 생각했다. 야마모토 다로 개인과 레이와신센구미에 대한 호불호와는 별개의 영역이었다. 특히 가정 경제를 책임지는 주부층을 비롯한 여성들은 이 공약의 현실성에 매우 부정적이었다.

TV 토론 실종

야마모토 다로의 해법은 TV 토론이었다. 배우 출신의 흡입력 있는 표현력, 거리 연설에서 다져진 토론 능력이 야마모토의 큰 자산이었다. 고이케 유리코 현지사와의 맞짱 토론이 성사된다면 단숨에 표차를 좁힐 것으로 판단했다. 도쿄도지사 선거 정도로 큰 판이라면 NHK는 물론 전국 네트워크를 가진 민영방송에서 TV 토론이 몇 차례나 있어도 어색하지 않다. 도쿄도지사가 가지는 상징성에 코로나로 어지러운 시국이었으니 차기 도쿄도지사가 누가 되는가 하는 문제는 포스트 아베 시대를 점치는 중요한 리트머스로 작동할 것이 분명했다. 망국의 올림픽이 될지도 모를, 도쿄올림픽의 연기냐 취소냐도 중요 의제였다.

놀랍게도 TV 토론은 없었다. 고이케 유리코 현지사가 끝까지 피했다. 이미 인지도가 충분한 상태에서 야마모토라는 스트리트 파이터와 정면으로 부딪치는 것을 피한 셈. 핑계는 그럴싸했다. 현직 도지사니까 코로나와 위급한 경제 상황으로 눈코 뜰 새 없는 데 무슨 TV 토론이냐는 것이다. 어차피 고이케의 재선이 확실시되는 마당에 당선 확실 후보가 괜히 TV 토론 같은 데서 야마모토라는 토론의 달인에게 발목을 잡혀 좋을 건 없다. 그런 전략을 짠 1위 후보 캠프의 심정도, 정치공학적으로는 이해된다. 하지만 도쿄 도민들은 왜 그런 걸까? 도쿄 도민들이 왜 TV 토론 무산을 인정했는지 정말 모르겠다.

고이케는 2021년으로 연기된 도쿄올림픽을 치르겠다는 입장이었고 야마모토와 사실상 야당 연합 후보인 우츠노미야 겐지는 도쿄올림픽 취소가 공약이었다. 적어도 도쿄 도민이라면 우리 집 앞마당에서 열릴지도 모르는 빚더미와 감염병 확산 국제 행사에 각 후보의 입장을 정확히 알고 싶지 않았을까? 재선이 확실해 보이는 압도적 1위 후보의 의견만 중요했던 걸까? 2, 3위 후보의 연합된 반대의견의 근거가 조금이라도 궁금하지 않았던 것일까?

사자후

야마모토는 다시 거리로 나가 시민들에게 직접 호소할 수밖에 없었다. 야마모토 다로의 대중적 인지도는 아베 내각의 주요 정치인에 못지않을 만큼 성장했다. 일본에서 가장 대중적인 SNS 서비스는 트위터다. SNS에서 가장 영향력 있는 인물은 트위터 팔로워 수로 꼽을 수 있다. 고이케 유리코의 팔로워는 86만 명, 야마모토 다로는 10분의 1에 불과한 8만 명 수준이다. 대신 야마모토에게는 고이케가 지니지 못한 강렬한 카리스마와 진정성이 있었다. 도쿄도지사 선거에서 그의 거리 선거유세에만 유독 많은 사람이 몰려들었다. 말 그대로 인산인해를 이루었을 정도. 그의 거리 유세는 언제나 강렬한 첫마디로 시작했다.

"여러분의 힘이 필요합니다. 도와주세요!"

그의 이야기는 언제나 구체적이었다. 도쿄역 유세에서는 그곳에서 노숙을 막 시작한 70대 남성의 이야기로 시작했다. 월세를 내지 못해 집에서 쫓겨나고 주머니에 단 3만 엔만 있는 어느 70대 노인. 그는 이제 막 노숙을 결심한 시점이었다. 야마모토는 그에게 구청(区役所, 구약쇼)에 도움을 청하라고 했다. 노년의 남자는 힘없이 야마모토에게 대답했다.

"아직 주머니에 3만 엔이 있으니 괜찮아요. 다 떨어질 때까지는 버텨볼게요."

일흔이 넘도록 계속 일을 해야 겨우 최소한의 생활을 영위할 수 있던 한 노인, 그 남자의 전 재산은 단 3만 엔. 최대한 돈을 아끼기 위해 도쿄역에서의 노숙을 결심한 첫날, 야마모토 다로를 만났다. 야마모토는 그의 이야기를 오랜 시간 귀 기울여 들었다.

야마모토는 도쿄의 또 다른 중심지인 아키하바라로 걸음을 옮겼다. 아키하바라는 우리에게 오타쿠의 성지처럼 여겨지는 곳이다. 어쩐지 백팩을 둘러멘 오타쿠들이 메이드 카페나 피규어 가게를 서성일 것 같은 느낌. 일본인이 줄여서 '아키바'라 말하는 아키하바라는 사실 저렴한 숙소와 식사로 떠오르고 있는 빈곤인 신흥 밀집 지역이다. 노숙자로 전락하기 직전의 사람들이 도쿄에서 가장 저렴한 수준의 도미토리와 넷카페(우리의 PC방)가 넘실대는 아키바로 모여든다. 야마모토는 그런 아키바를 배회하던 20대 청년의 이야기를 전했다.

인근의 치요다구청에서 만난 허름한 옷차림의 청년은 야마모토를 만났을 때, 달랑 200엔을 가지고 있었다. 아키하바라 인근을 전전하며 최저 생활을 영위하던 청년이 치요다구청에 갔다. 생활보호신청을 하기 위해서였다. 일본의 생활보호시스템은 제도상으로는 우리 이상으로 잘 정비돼 있다. 정말 어려운 사람들이라면 지자체와 국가에서 최소한의 생활이 가능하게 이것저것 도움을 준다.

하지만 아베가 장기 집권하면서 사정이 바뀌었다. 제도는 존속하는데 적용을 엄격하게 하기 시작했다. 될 수 있으면, 아니 어떻게 해서라도 생활보호대상자를 늘리는 것을 막아 지자체 예산의 증가를 막겠다는 속셈이었다. 아베의 지인은 헐값으로 국유지를 사들여 대대손손 이익을 남길 수 있는 학원 사업을 시작하게 해주면서, 아베의 친형이 관계된 골판지 회사가 도쿄올림픽 선수촌에 골판지 침대를 납품하게 하면서, 당장 거리에 나앉게 된 사람들에게는 최소한의 생활 보장도 곤란하다고 고개를 흔드는 셈이다. 청년은 억울한 사정을 토로했다.

"구청에서는 저를 생활보호대상자로 절대 받지 않으려는 듯, 이런 저런 이유를 들어 거절했어요."

여기저기서 도움을 거절당한 사람들이 마지막으로 찾아갈 수 있는 사람, 그것도 영향력 있는 정치인과 정당은 별로 없다. 일본공산당, 사회민주당, 그리고 야마모토 다로 정도. 야마모토는 분노했다. 어려운 사람들이 도움을 청하면 어떻게든 현장으로 달려갔다. 그리고 치요다 구청을 찾아가 사자후를 외쳤다.

"저는 국회에서도 말썽 많은 놈이었죠. 여기를 시끄럽게 만드는 것쯤 일도 아닙니다."

우리나 일본이나 관청이 시끄러워지는 것을 달가워할 공무원은 없다. 그것도 상대가 전국적 인지도를 가진 정치인에다, 투지도 넘치는 사람이라면 어떻게든 무엇이든 해결해 보려 노력할 수밖에. 200엔을 들고 아키하바라를 배회하던 청년은 그렇게 생활보호대상자가 됐다. 야마모토 다로는 이 과정을 분노에 찼지만, 차분하게 이야기했다. 그리고 사람들에게 외쳤다.

"지난 10년간 많은 사람이 왜 이렇게 빈곤해진 걸까요? 그들이 가난해진 건 그들이 게을러서일까요? 사회에 나와보면 자신들은 살 가치가 있는 인간이 아니라는 느낌을 주는 이들이 있습니다. 언제나 없는 사람을 깔보는듯한 시선으로 바라보는 기존 정치계! 언제나 노력해라 더 노력하라고 외치기만 하는 기득권!"

야마모토는 거리의 시민들에게 "노력해야 할 사람은 그들이 아니라 정치!"라고 힘주어 강조했다.

"돈 없는 사람은 단 일주일만 수입이 없어도 월세를 낼 수 없어 집에서 쫓겨납니다. 거주지를 잃는다는 건, 넷카페 난민(PC방을 전전하며 난민처럼 지내는 사람)을 거쳐 결국 노숙자가 될 수밖에 없다는 겁니다."

도쿄도지사 선거 기간 동안 야마모토 다로의 사자후 중 마음 깊은 곳에 꽂힌 말을 소개한다.

"지금의 정부에게 부족한 것은, 지금의 도쿄에 부족한 것은 당신에 대한 애정입니다."

야마모토 다로의 도쿄도지사 패배는 여러 가지를 상징한다. 일본의 청년들이 새로운 인물에 열광해 새로운 희망을 봤다는 아름다운 동화로 끝나지 않았으니까. 오히려 그 반대였다. 야마모토의 실패는 왜 일본이 몰락하고 있는지, 그 과정을 함축적으로 증명한 것은 아닐까.

각성

배우, 각성

일본인이 무의식적으로 지키는 가치인 동시에 가장 일본적으로 여겨지는 가치는 와(和)다. 일본인에게 와를 지킨다는 건 자신에게 주어진 본분에만 신경 써야 한다는 이야기다. 일본은 사회적 금기가 많다. 그 중 하나가 연예인의 정치적 발언이다. 정치적 성향에 따라 정당과 후보자를 지지하는 할리우드나 우리나라와 다르다. 일본 연예인은 정치 발언 자체가 사회적 금기다. 야마모토 다로는 확실히 일본에서 튈 수밖에 없는 인물이다. 잘나가는 배우로 어려움 없이 살다가 정치적 소신 발언으로 연예계 경력이 단절됐다.

압도적 자연재해 또는 사건, 사고는 때로 누군가의 정치적 각성을 불러온다. 야마모토와 많은 일본인에게 2011년 3월 11일이 바로 그런 날이었다. 2011년 3월 11일은 동일본 대지진이 일어난 날이다. 말로만 들었던 쓰나미가 마을과 도시를 파괴하는 처참하면서도 압도적인 모습. 안전한 한반도에서 TV를 통해 지켜본 우리에게도 트라우마를 남겼다. 정부는 물론 민간에서도 이웃 일본에 구호품과 성금을 모아 보냈다. 지진으로 인한 쓰나미, 자연재해는 인간의 힘으로 어쩔 수 없는 영역이다. 자연은 언제나 인간의 준비를 우습게도 뛰어넘으니까. 쓰나미로 인한 후쿠시마 원전사고까지는 자연재해가 맞다. 하지만 후쿠시마 원전사고에 대처하는 일본 정부와 도쿄전력의 모습은 그 자체로 쓰나미보다 더한 재앙이었다.

일본 정부는 후쿠시마가 안전하다는 프로파간다에 연예인을 동원했다. 일본 연예인은 정치에 대해 언급을 피해야 하지만 흩어진 사람들의 마음을 모아야 할 때는 너무도 손쉽게 동원되는 직업군이기도 하다. 특히 국가적 재난이 닥쳤을 때는 말할 것도 없다. 일본 정부는 후쿠시마 일대 본격적 방사능 제염 작업은 엄두도 못 내고 있을 때, 연예인을 동원해 후쿠시마 농수산물이 안전하다며 그들에게 후쿠시마산 농수산물을 먹였다. 이 모습에 감명을 받은 일본 국민이 후쿠시마를 찾아 자원봉사활동을 했다. 더 많은 사람은 후쿠시마산 식재료로 만든 음식을 먹었다. 그리고 많은 사람이 내부 피폭 판정을 받았다.

일본 정부는 최소한의 안전 보장도 없이, 같은 동포를 위한 따뜻한 마음을 지닌 일본인을 사지로 내몬 셈이다. 심지어 일본 정부는 '먹어서 응원하자'라며 전국 캠페인까지 만들었다. 후쿠시마가 안전하다며 원전사고 지역에서 일정 거리에 있는 후쿠시마 시민들을 모두 피난시키지도 않았다. 실제 일본 정부는 이렇게 공식 발표했다.

"자유롭게 피난하면 됩니다."

일본 정부를 믿은 후쿠시마 사람들은 피폭당해 쓰러졌다. 야마모토는 분노했다. 트위터에 글을 남겼다. 짧고 굵은 한마디였다.

"입 닥친 채, 테러 국가 일본을 지지할 수 없어(黙ってテロ国家日本の片棒担げぬ)!"

원전 반대 그리고 퇴출

다음 날, 야마모토는 후쿠시마 원전 철폐 시위에 참여했다. 2011년 4월 12일에 열린 이 원전 철폐 시위는 규모가 제법 컸다. 참가한 사람 중 유명 연예인은 야마모토 다로가 유일했다. 당연히 일본 미디어의 집중 조명을 받았다. 그는 도쿄에서 1,300km나 떨어진 규슈 사가현에 있는 반원전 집회에도 나타났다. 사가현은 우리와 대한해협을 마주하는 규슈 북부 지역이다. 이곳의 오래된 원전은 오래전에 가동을 중지했지만 후쿠시마 원전사고로 전력이 부족했다. 일본은 사정이 급했다. 하지 말아야 할 원전 재가동을 시도했다. 후쿠시마 사고로 원전이 얼마나 무서운 것인지 뼈저리게 절감하던 때였다. 일본의 남은 원전의 전면 안전재점검을 시행해도 모자랄 판에, 부족한 전력을 메우기 위해 멈춘 원전을 다시 가동했다. 당연히 분노한 시민과 불안한 지역민이 사가의 겐카이 마을에 모여 원전 반대시위를 벌였다.

겐카이 원전 재가동 반대시위에는 도쿄처럼 참석자가 많지 않았다. 야마모토는 한층 더 주목받았고 결국 업무 방해 혐의로 사가현 지검에 고발을 당했다. 연예계에서 퇴출당하는 건 당연한 순서였다. 출연이 확정됐던 드라마, 영화, 예능 프로그램에서 줄줄이 쫓겨났다. 야마모토는 소속사에 부담을 지우기 싫어 퇴사를 결심했다. 강단이 보통 아닌 사람이다. 평생 연예인으로 남부럽지 않게 살았다. 막상 본업이 사라지자 당장 먹고살 위기가 찾아왔다. 연예인의 자존심을 접고 중소기업에서 영업직으로도 활동했다. 퇴근 후에는 소규모 뮤지컬에 출연하는 등 치열하게 살았다.

결국, 그는 깨달았다. 세상을 바꾸려면 정치가 바뀌어야 한다는 것을. 야마모토는 과감하게 정치계에 뛰어든다. 2012년 하원의원에 해당하는 중의원 총선에 개인 자격으로 출마했다. 도쿄 8선거구에, 초선 도전이었다. 기존 정당에 소속되지도 않은 채, 도쿄 같은 주요 선거구에서 당선될 리가 없었다. 안타깝게도 차선으로 낙선했다.

하지만 센세이션을 일으켰다. 결심하면 그대로 실행한다는 것, 이건 일본인이 사랑하는 사무라이의 정신을 닮았다. 야마모토의 정책과 행동에는 동의하지 않아도 '결심하면 한다'는 과거 사무라이 같은 정신에 많은 일본인이 호감을 느꼈다. 자신의 뜻을 위해 자신의 인생을 송두리째 내걸 수 있는 인물, 그릇이 큰 사람으로 보였다. 아베와 극우 정치인에게서 절대 볼 수 없는 감동이었다.

마침내, 2013년 참의원 통상 선거 도쿄도 선거구에서 무려 66만 표를 얻었다. 전체 순위로는 4위에 그쳤지만 당선됐다. 참의원 지역구 선거는 1위만 당선되는 소선거제와 2위에서 6위까지 당선되는 중선거구제가 혼용돼 있다. 도쿄 같은 대도시는 중선거제 선거구가 많다. 야마모토는 정치 입문 1년 만에 상원에 해당하는 참의원으로 일본 정계에 발을 내디뎠다. 야마모토는 일본의 민주주의 역사 70년간 단 한 번도 보지 못한 유형의 정치인이었다. 야마모토는 후쿠시마의 처참함을 어떻게든 알려야겠다 결심했고 보통의 일본인이라면 생각조차 못할 방법, 그것도 깜짝 놀랄 만큼 충격적인 방법을 선택했다.

일왕에게 건넨 편지

일본에서 일왕은 매우 독특한 지위를 지닌다. 평화헌법 이전의 일왕은 단순한 왕이라기보다 신에 가까운 이미지였다. 오래전 왕정이 폐지된 사회에 사는 우리는 이해하기 어렵다. 일본인에게 일왕은 신성불가침의 이미지에 가깝다. 총리 같은 최고 권력자라고 해도 일왕과 독대하는 경우는 드물다. 초선의 국회의원은 단체로 일왕과 접견해야 한다. 보통 강심장이 아니면 일왕과의 접견은 정말 떨리는 경험이라 한다. 일왕이 직접 참석하는 연회는 격식부터 다르다. 아무나 초대받지 못하는 정도가 아니다. 초대 명단은 왕실 사무를 담당하는 부서인 궁내청이 세심하게 선택한다. 격식도 매우 까다롭다. 일왕 주위에 일정 거리 이상 접근하지 않는다. 일왕 주위에서 사진 촬영은 금지한다. 일왕이 먼저 말을 걸기 전에 말을 해서는 안 된다 등등.

2013년 황궁에서 열린 야외 파티에 야마모토 다로가 초청됐다. 야마모토는 일왕에게 후쿠시마의 처참함을 담은 편지를 전했다. 아니, 정확히는 전하려 했다. 당황한 궁내청 직원이 야마모토의 손에서 황급하게 편지를 낚아챘다. 궁내청이 편지 전문은 공개하지 않았지만, 야마모토는 야단법석을 떠는 미디어 앞에 나타나 당당하게 편지의 내용을 외쳤다.

“천황 폐하에게 후쿠시마 원전사고를 둘러싼 사람들의 건강상의 피해, 사고 수습 과정에 일하는 원전 작업 노동자의 열악한 작업 환경, 특히 후쿠시마에 거주하는 사람들의 건강 피해와 무엇보다 아동의 피폭이 얼마나 심각한지를 전하고 싶었습니다!”

이건 스캔들이 됐다. 다수의 일본인이 후쿠시마의 처참한 진실보다 ‘룰을 어긴’ 야마모토의 행동에 주목했다. 신성불가침 일왕에게 먼저 물건을 건넸다는 ‘불경함’ 자체에 집중한 것이다. 야마모토는 이 사건으로 단숨에 악명을 추가했다. 후쿠시마 사태의 진실을 모르는 일본인, 특히 청년층에게 경솔한 사람으로 낙인찍혔다. 단순히 평판만 나빠진 게 아니었다. 우리는 선뜻 이해하기 어렵지만 숨은 배경이 있다.

미 군정에 의해 도입된 전후 민주주의 일본 평화헌법의 핵심은 두 가지다. 첫째, 일본의 군대 보유를 금지하고 전수방위 조건의 자위권을 지닌 자위대로 군대 대체. 둘째, 일왕은 헌법상 국가원수가 아닌 상징적 의미를 지닌 일본 통합의 상징.

첫째는 비교적 이해하기 쉽다. 일본은 전범국가이니 다시는 외국을 침략할 수 있는 군대를 가지는 것을 금지한 것이다. 하지만 일본도 외국으로부터의 침략은 스스로 보호해야 하니 일본의 영토만을 방위할 목적의 무력 집단, 군대 대신 자위대가 있다. 이걸 전수방위(專守防衛)라고 한다. 자위대는 국제법상 군대의 지위가 아니다. 군인이 아닌 민간인에 해당한다. 세계 최상위권의 군사력을 지닌 자위대가 국제법상 군대가 아니라고? 그렇다. 일본의 평화헌법상 자위대는 군대가 아니다. 덧붙이면 미국이나 한국의 경찰도 무기를 지닌 무장 집단이지만 국제법상 군인이 아닌 민간인에 해당한다.

둘째는 조금 모호하다. 일왕이 헌법상으로 일본의 국가원수가 아니라고? 그럼 대체 왜 왕인 거지?

일왕? 천황? 덴노?

일본 덕후들이 가끔 쓰는 우스갯소리가 있다.

"일뽕과 일덕을 구분하는 가장 좋은 방법은?"

정답은 '덴노'와 '덴노헤이카'의 차이다. 천황(天皇)을 일본어로 읽으면 '덴노'다. '덴노헤이카'는 천황폐하(天皇陛下)라는 경칭이다. 놀랍게도 일본인은 일왕을 부를 때, 꼬박꼬박 덴노헤이카라고 읽고 쓰는 경우가 많다. 일반인도 신문이나 방송 같은 미디어 모두 그렇다. 만일, 한국인이 농담으로라도 덴노헤이카라고 한다면 그자가 바로 일뽕이다.

한국의 일본 덕후 중에는 '덴노'라고 표현하는 사람도 많다. 일왕에 대한 존경심을 나타내는 것이 아니다. 중국이 자신들의 황제를 '천자(天子)'라고 하거나, 고대 이집트가 자신의 왕을 '태양신의 아들'이라는 뜻의 '파라오'라고 하는 것처럼 '덴노'도 그저 고유명사에 지나지 않는다고 판단하는 것이다. 덴노와 덴노헤이카의 차이는 이렇다.

일본 평화헌법은 천황의 지위와 상징을 정의하고 있다. 조금 모호하기는 하다. 일본 패망 이후, 일본을 통치한 맥아더 군정의 제1목표는 일본의 천황제 폐지였다. 일본은 메이지유신을 통해 형식적으로 천황에게 권력을 이양하는 척하며 일본 국민을 하나로 묶었다. 맥아

덴노(天皇)	덴노헤이카(天皇陛下)
천황제라는 시스템과 그 시스템의 정점에 위치한 지위를 말하는 고유명사	덴노헤이카를 농담으로라도 외친다면, 그 자체로 극우파시스트

일본 헌법 제1장 천황(日本國憲法 第一章 天皇)
천황은 일본국의 상징이고 일본 국민의 통합의 상징이며, 이 지위는 주권이 있는 일본 국민 총의에 기초한다.
第一條 天皇は, 日本國の象徵であり日本國民統合の象徵であつて, この地位は, 主權の存する日本國民の總意に基く。

더 군정은 그 결과가 주변국 침략과 태평양전쟁으로 이어졌다는 역사적 사실을 정확히 꿰뚫었다. 일본이 다시 전범국가가 되지 않도록 만들기 위해 전쟁과 침략의 구실이었던 천황제를 폐지하려 했다.

강력한 반발에 부딪혔다. 당시 일본은 복잡한 위치에 있었다. 미국인 수십만을 죽인 전범국인 동시에 소련과 중국 등 공산주의 대국의 태평양 진출을 막아줄 극동의 보루이기도 했다. 미국의 대공산주의 방어 라인은 한반도를 제외한 채, 일본과 대만만 포함한 애치슨 라인이었다. 한국전쟁이 발발하기 전까지, 미국에게 한반도는 일본 열도만큼 가치 있는 곳이 아니었다. 미국의 일본 우선 기조는 이후로도 오래 지속됐다. 결국, 맥아더는 일왕을 A급 전범에서 제외하는 것에 합의했다. 일왕이 도쿄 전범 재판법정에 서지 않게 됐다. 대신 일왕 스스로 "일왕은 신이 아니라 인간에 불과하다"라는 선언을 하게 만들었다. 그렇게 일본 왕가는 살아남았다.

역설적으로 평화의 상징

일왕은 우리의 상상 이상으로 일본인의 사랑을 받는다. 현 일왕과 2019년 생전에 후대에 양위한 선대 일왕, 두 사람 모두 소탈한 평화주의자 이미지를 자주 연출한다. 1995년 선대 일왕은 고베시를 덮쳤던 대지진 때, 이재민을 찾았다. 슬리퍼도 신지 않고 바닥에 무릎을 꿇고 이재민과 마주했다. 일본 평화헌법상 '일본이라는 나라의 상징'인 일왕이 국민의 아픔 앞에 무릎을 꿇고 정면으로 마주했다. 일본인에게는 대단히 감동적인 장면이었다. 선대 일왕은 2016년 구마모토지진 이재민 방문 때도 똑같은 모습이었다.

현 일왕이나 선대 일왕은 야스쿠니 신사 참배를 단 한 번도 하지 않았다. 헌법상 국가 최고지도자도 국가원수도 아니지만, 일본에서 가장 권위 있는 지도자가 전쟁의 상징인 야스쿠니 신사를 단 한 번도 찾지 않았다. 여기에는 일왕가의 작은 깨달음이 숨어 있다. 일본이 과거 군국주의 시대처럼 일왕을 구심점으로 전쟁을 벌인다면, 일본이라는 국체는 물론 일본 왕가의 존속도 어려울 것이라는 자각. 그 후 일왕가는 오히려 일본인의 생존은 물론 일왕가의 존속을 위해서라도 적극적이거나 적어도 소극적 평화주의자의 면모를 자주 보였다. 2019년에 퇴위한 아키히토 상왕의 발언 몇 개만 추려보자.

2009년 결혼 50주년 기념 기자회견

"제국 헌법 시대의 천황의 지위와 비교하면, 현행 헌법 아래의 천황의 지위가 오랜 역사에서 볼 때 전통적인 천황의 지위에 맞다고 본다."

현재 평화헌법상 일왕의 지위는 결코 일본의 국가원수가 아니며 국민통합의 상징일 뿐이라는 사실, 이것이 일본의 오랜 전통과 역사를 봐도 부합한다는 선언이다. 일본 극우는 현재의 '평화의 상징'인 일왕을 다시 제국주의 시대의 전제군주로 돌려놓고 싶어 한다. 적어도 일왕을 일본 헌법이 규정한 '일본이라는 나라의 상징과 국민 통합의 상징'에서 '명목상 국가원수'로의 지위 격상을 원한다.

그것이 그들이 주장하는 일본의 정상국가화를 완성하는 열쇠가 될 테니까. 자위대를 해외 파병도 가능하고 선전포고도 할 수 있는 정식 군대로 만드는 명분이 된다. 역설적으로, 일왕은 때때로 일부 우익의 공격을 받는다. 자신들이 원하는 대로 명목상 일본의 국가원수가 돼야 할 사람이 틈나는 대로 평화 발언을 하기 때문이다.

2013년 80살 생일축하연

"전후 연합군 최고사령부, 연합군의 점령하에 있던 일본은 평화와 민주주의를 지켜야 할 소중한 것으로 삼아 일본국 헌법을 만들고 다양한 개혁을 실시해 오늘의 일본을 일궜다."

이 발언도 해석이 간단하다. 현재 일본의 헌법은 평화헌법이다. 이 평화헌법에 기초한 나라가 오늘날 일본이며, 이 헌법에 손댈 생각을 하면 곤란하다. 상왕은 일본 우익이 들었을 때 경천동지할 말도 서슴지 않았다.

2001년 12월 68세 생일 기자회견에서

저 자신으로서는 간무천황(桓武天皇)의 생모가 백제 무령왕(武寧王)의 자손이라고《속일본기(續日本紀)》에 쓰여 있는 것에 한국과의 연(緣)을 느끼고 있습니다. 무령왕은 일본과의 관계가 깊고, 그 시기 일본에 오경박사(五經博士)가 대대로 초청됐습니다.

"*《속일본기》 793년 간무천황이 펴낸 역사서, 간무천황의 어머니를 백제 무령왕의 직계 후손인 화씨 부인으로 기록.

당시 〈아사히신문〉과 〈도쿄신문〉, 일본에서도 중립적이고 진보적인 두 미디어도 깜짝 놀라서 기사 타이틀을 이렇게 뽑았다.

"천황의 모계 혈통이 백제계라는 사실, 고대 한반도와의 관련을 직접 언급한 천황은 처음."

일왕은, 보통 일본인에게는 온화하고 평화로운 전후 일본의 상징이다. 그런 존재에게 야마모토 다로가 거침없이 다가섰다. 그에게 날 선 비난이 쏟아진 것도 일본인의 감각으로는 조금 이해된다.

야마모토 다로는 이 위기를 어떻게 극복했을까? 아니, 이걸 위기라고 생각하기는 했던 걸까? 많은 사람이 목숨을 잃거나 집과 직장과 고향이 모두 사라질 판인데, 그깟 전통과 형식이 뭐가 중요하냐고 생각하지 않았을까? 그는 그답게 위기를 묵묵히 돌파했다.

공격받는 야마모토

야마모토는 일왕의 야외 연회에 초대받아 감히 일왕에게 직접 편지를 전하려 했다. 일본의 금기를 건드린 셈이다. 그의 진심을 모르는 사람들에게 매우 무례하고 불경하게 보이는 행동이었다. 야마모토의 정치 입문 배경에 대해 잘 모르는 사람들은 그를 신뢰할 수 없다고 생각하기 시작했다. 특히 정치에 큰 관심이 없는 청년과 주부에게 그는 그저 '염치를 모르고 시끄러운 말과 행동을 하는 정치 신인'일 뿐이었다. 야마모토가 받았던 비난에도 구실은 있었다.

평화헌법상 일왕은 일체의 정치적 발언은 물론 정치적 표현 자체가 금지됐다. 이 조건은 일왕을 알현하는 사람들에게도 적용된다. 정치 개입이 엄격하게 금지된 일왕에게 정치적 메시지를 담은 편지를 전달하는 것은 일왕이 정치에 개입해 달라는 주문과 동일하게 해석될 수 있었다. 메시지의 내용과 관계없이 일왕에게 메시지를 전달하는 자체가 평화헌법에 어긋나는 것으로도 해석될 수 있었다.

일본에서 이런 돌발행동은 반드시 보복과 후환이 따른다. 사람들이 겉으로는 곤란하다며 웃음을 보일 수 있지만, 야마모토를 대하는 속마음은 이미 싸늘하게 식었다. 일부 극우는 야마모토의 불경을 나무라며, 공공연하게 살해 위협을 서슴지 않았을 정도다. 야마모토의 반응은 한마디로 "껄껄껄"이었다. 일본 극우들의 행동력이란 게 보잘것없다는 걸 잘 알고 있었으니까.

2015년 야마모토는 다시 한번 논란의 중심에 섰다. 그해는 아베 정권이 평화헌법 개헌을 목표로 본격적 행보를 시작했던 2014년의 다음 해였다. 평화헌법 개헌은 고사하고 개정도 힘들어지자 아베 정권은 별의별 꼼수를 쓰기 시작했다. 그중 하나가 '안보법안'이었다.

소걸음

2015년 9월 새벽 2시. 일본 상원에 해당하는 참의원. 자민당 의원 다수의 찬성으로 아베의 안보법안이 가결됐다. 법안의 발의와 제출 의결까지 불과 4개월밖에 걸리지 않았다. 일본이라곤 믿을 수 없을 만큼 신속한 처리였다. 평화헌법상 자위대는 군대가 아니다. 당연히 해외에 파병할 수 없다. 전투 부대는 말할 것도 없고, 지원 부대도 불가능하다. 아베는 과정이 복잡하고 일본 국민과 주변국의 저항이 큰 평화헌법의 개정 대신, 법 해석을 달리한다는 꼼수를 동원했다. 이른바 '국제평화지원법'을 만들어 자위대의 해외 파병을 법적으로 가능하게 만들었다.

또 하나는 이른바 '평화안전법'이다. 이 법은 해외에 있는 일본인을 보호하기 위해 자위대가 그 나라에 진주할 수 있는 법률적 기초다. 한마디로 한반도에 있는 일본인과 일본 기업의 자산을 보호하기 위해 자위대를 한반도에 파병할 수 있는 법률적 근거다. 한반도 급변 사태에 한반도와 부속 영토에 자위대의 진출과 상륙을 할 수 있다는 근거다. 자위대의 한반도 파병은 한국인에게 치 떨리는 일이다. 그런데도 여기에 찬성하는 일부 국내 세력이 있다. 이게 더 치 떨린다.

당연히 일본 국민 다수는 안보법안을 반대했다. 여기에 찬성하는 일본인은 15% 정도에 불과했다. 아베와 극우들이 화력을 집중해도 그 정도가 전부였다. 하지만 일본 국회를 비롯한 주류 사회 다수는 아베와 극우가 점령하고 있었다. 야마모토 다로는 당시 참의원이었다. 야마모토는 그 꼴을 보기 싫었다. 표결로는 막을 수 없었다. 그는 자신이 할 수 있는 최대한의 합법적 수단을 동원해 안보법안에 반대 의사를 표했다. 그는 배우였다. 자신이 어떤 행동을 해야, 사람들이 자신에게 집중할 수 있는지 잘 아는 사람. 참의원에 검은색 상복을 입고 등원했다. 참의원 중앙에 놓인 투표함까지 천천히 걸었다. 걷는다기보다 마치 달팽이가 가는 것처럼 느릿하게 몸을 움직였다. 단상에 올라 투표함까지 채 몇 미터가 안 되는 길을 6분 동안 걸었다. 자민당 의원단이 분노했다. 참의원 의장마저 그에게 경고했다.

"2분 안에 투표를 마치지 않으면 투표권을 박탈하겠다."

야마모토는 굴하지 않았다. 십수 미터에 불과한 길을 6분 동안 느리게 느리게 움직이는 것으로 자기 뜻을 분명히 밝혔다. 일본 언론을 '야마모토의 소걸음(牛步)'이라며 대서특필했다.

묵념과 사자후

이 정도만 해도 아베와 자민당 의원들은 기가 막힐 노릇이었다. 그는 한 걸음 더 나아갔다. 투표함에서 멈춰선 그는 검은색 상복 안주머니에서 염주를 꺼냈다. 그리고 참배했다. 아베와 자민당의 죽음을 애도하는 퍼포먼스였다.

이걸로 그치지 않았다. 법안에 반대하는 소수의 합법적 의사 결정 방해 방법, 필리버스터를 꺼내 들었다. 6분 동안 천천히 소걸음으로 움직인 뒤 단상 앞에서 무려 두 시간 가까이 반대 연설을 했다. 야마모토는 사자후를 내뿜었다.

"누구를 위한 투표입니까? 반대를 외치는 국민들의 목소리가 들리지 않습니까?"

우리 정서로는 최고 권력자에게 당당히 고개를 들고 준열하게 꾸짖는 정치인의 모습이 낯설지 않다. 일본이라면 어떨까? 안타깝게도 아니다. 일본인이 전통적으로 가장 중요하게 생각하는 조화(調和)의 화(和), 일본어로는 '와'를 어겼다는 비난을 받기 쉽다. 내용이야 어쨌든 형식 자체가 '와'를 깼다는 논리다. 야마모토는 일본식 와를 수없이 깨뜨렸다.

아베로 대표되는 신극우 정치 세력은 일본을 망치는 주범이다. 많은 일본인이 알고 있다. 뒤에서는 책망하고 꾸짖기 쉽지만, 정작 앞에서는 어렵다. 일본인은 내용만큼이나 형식을 중요하게 생각한다. 열정이 과도하게 실리는, 일본식 표현으로 '필사적'인 행동은 일본식 '와'를 깨뜨리는 것으로 해석한다.

아베의 얼굴을 정면으로 바라보고 사자후를 내뱉을 정도의 기개를 지닌 정치인이 몇이나 있을까? 국회에서 아베가 발언한 직후, 아베의 얼굴을 정면으로 바라보고 외치는 정치인이 몇이나 있을까? 야마모토는 벌써 몇 번이고 국회에서 사자후를 뿜었다. 아베와 측근 일당은 종합 부패 세트다. 무능하고 비도덕적이고 비열하기까지 하다. 이들이 저지른 범죄는 한둘이 아니다. 그중 모리토모 학원 비리는 아베와 그 일당의 탐욕과 무능, 그리고 뻔뻔함을 단박에 드러내는 대표적 사례다. 모리토모 학원 비리는 의외로 간단하다.

① 모리토모는 일본 신극우를 대표하는 '일본 회의'의 간부이자 아베의 절친.

② 모리토모는 오사카에 극우 교육을 맘껏 할 수 있는 사립학원을 만들고 싶었다.

③ 아베는 국유지인 학원 부지를 절친에게 매우 저렴하게 주고 싶었다.

④ 국유지를 시가보다 80% 이상 저렴하게, 그것도 국비를 이용해 제공했다.

⑤ 아베 일당은 공무원을 동원해 서류를 조작한다.

⑥ 문제가 커지자 아베는 침묵했다.

⑦ 서류 조작에 관여한 실무 공무원만 극단적 선택을 했다.

⑧ 아베와 모리토모는 오늘도 행복하게 살고 있다.

야마모토는 참을 수 없었다. 2017년, 모리토모 학원 비리의 진실이 밝혀지고 있을 때, 야마모토는 국회에 참석했다. 아베가 먼저 국회 단상에 올라 비리 의혹에 대해 면피성 발언을 시작했다. 드디어 야마모토의 차례가 됐다. 분노에 찬 얼굴로 단상에 올라 사자후를 외쳤다.

"아베는 물러나야 한다! 아베의 바보 친구들도 사라져야 한다!"

실리적 보수주의자

지지하지 않는 이유

일본의 투표 시스템상 입후보자 개인이 얻을 수 있는 득표는 100만 정도가 최대치다. 야마모토는 2012년 중의원 선거에 출마, 득표 7만 표로 시작했다. 정치 신인에게 적은 득표는 아니었지만, 차선으로 낙선했다. 절치부심한 2013년 참의원 지역구에서 무려 66만 표를 얻었다. 4위로 당선. 2019년 신당 레이와신센구미를 창당한다. 참의원 비례로 무려 99만 표를 얻었지만 낙선했다. 그가 비례 3번으로 출마했기 때문이다. 자신보다 앞선 비례대표 두 명은 당선됐다. 야마모토는 낙선했다. 아름다운 패배였다.

선거 기간 동안 야마모토의 정견방송 동영상은 무려 84만 조회수를 기록했다. 당시 아베가 직접 출연한 정견방송 조회수는 13만 회에 불과했다. 확실히 야마모토는 전국적 인지도를 얻었다. 2020년 도쿄

도지사 선거에서 야마모토는 65만 표를 얻었다. 뒤늦게 입후보했고 그에게 주어진 선거운동 기간은 2주 남짓이라는 점을 생각하면 결코 적은 표가 아니었다. 다음 선거에서 야마모토가 청년층과 무당파의 투표 참여와 지지를 얻어낼 수 있을지 궁금하다.

야마모토의 이미지만 생각하면 어쩐지 중장년보다는 20, 30대 청년층에게 열광적인 지지를 받을 것 같다. 안타깝게도 아니다. 야마모토 같은 개혁적 정치인에게 열광적 지지를 보내는 청년층은 생각보다 적다. 오히려 다수의 청년층이 고이케 현지사에게 표를 던졌다. 왜일까? 일본 청년들은 두렵다. 야마모토가 하는 말이 옳다는 건 그들도 알고 있다. 그렇다고 세상이 바뀌지는 않을 거 같다. '변화'는 일본인에게 언제나 두려운 것이다. 될 수 있으면 어제와 크게 다르지 않은 내일을 원하는 게 일본인의 인지상정이다. 일본인에게 급격한 변화는 두려움을 먼저 일으킨다. 세상이 바뀌면, 지금 힘든 삶이 더 힘들어지지 않을까 미리 겁먹는다. 이미 충분히 살기 힘든 세상인데, 그나마 적응하고 있는 오늘인데…. 오늘의 모습이 또 바뀐다면 내일의 삶이 완전히 무너질 수도 있다는 끔찍한 상상이 든다.

청년 중 일부는 힘든 현실을 외면하는 가장 손쉽고 추악한 방법을 찾았다. 소수를 차별하고 혐오하는 집단 활동에 몰입하는 것이다. 이건 정말 심각하다. 혐오와 차별은 언제나 파시즘으로 이어진다. 파시즘은 혐오하고 차별하는 대상을 가리지 않는다. 인종, 민족, 국가, 종교, 성별, 연령, 출신 지역, 학력, 계급 등등. 자신이 속한 집단과 다른 그 무엇이라도 그 누구라도 차별하고 혐오할 수 있다. 경제가 어려워질수록, 계급이동이 어려워질수록 파시즘이 준동한다. 이건 일본만의 문제가 아니다. 지금 현재 한국과 지난 인류의 역사가 지겹게도 증명하고 있는 사실이다.

일본 우익이 차별하고 혐오하는 대상, 타자화하는 대상이 우리 한국이다. 그리고 그다음이 중국과 북한. 21세기 일본에게 중국, 한국, 북한 그 누구도 더는 마음껏 차별하고 편하게 혐오할 만큼 만만한 상대가 아니다. 일본 우익은 있는 그대로의 현재를 마주하기보다, 과거 찬란했던 일본의 전성기에 몰두한다. 그들은 한국을, 있는 그대로의 한국으로 바라보지 못한다. 아니 정확히 바라보기 싫을지 모른다. 이게 일본의 가장 큰 비극이다.

야마모토의 정치관

야마모토의 정책 중 가장 눈여겨볼 점은 두 가지다. 첫째 평화헌법 개정 반대, 둘째 소비세 인상 반대다. 소비세 인상 반대는 간단하다. 세수가 부족하다고 소비세를 올리지 말자는 것. 소비세는 소득과 자산에 관계없이 모든 사람에게 부과되는 간접세다. 일본 바보 우익 집권세력은 고소득층의 소득세와 법인세를 계속 낮췄다. 세수가 부족해지자, 서민에게 더 부담이 되는 소비세 인상을 지속적으로 시행했다. 이래서야 서민의 삶은 더 빡빡해질 수밖에 없다. 야마모토는 모든 사람에게 동일한 세금을 부담시키지 말고, 고소득층의 소득세율을 높이고 법인세를 원복해서 대체해야 한다고 주장한다. 간결하지만 실행되기 어려운 건, 우리나 일본이나 마찬가지다.

야마모토의 정책 중 언제나 최상위에 있는 것은 평화헌법 개정 반대다. 오해하지 말아야 할 것은 야마모토가 평화주의자이기 때문은 아니라는 점이다. 야마모토의 주장은 "일본의 평화헌법은 패전 후 미국이 정한 국제질서에 따른 것이므로 그 자체를 잘 지켜야 한다"는 것이다. 일본은 전쟁을 결심할 수 있는 체제를 포기했으니, 앞으로도 전쟁을 일으키지 말자는 것. 이 주장은 소비세 인상 반대보다 간결하지만, 실행은 더 어려울 것이다. 야마모토의 주장이 혁신적이거나 대단한 혜안을 지닌 것은 아니다. 지극히 상식적이다. 일본은 다시는 군대를 가지지 못하는 나라가 됐고, 이것이 국제적으로 정한 룰이기 때문에 따를 수밖에 없다는 견해를 야마모토는 자주 말했다.

"동아시아의 긴장감이 높아졌다고 일본이 군비 증강을 해 언제든지 선제공격을 할 수 있다는 태도를 취하는 것은 국제적으로 허용되지 않습니다."

미국이 정한 국제적 룰이다. 이건 언제 바뀔지 모른다. 중국이 계속 성장하고 지금처럼 미국과 정치, 경제, 군사 모든 면에서 맞선다면 미국은 일본의 평화헌법을 수정해 일본이 군사력을 증강하는데 동의할 수 있다. 실제 오바마 행정부 이후 미국 주류는 동아시아 안보의 주축을 일본으로, 한국은 일본의 하위구조에 재편하려 했다.

2016년 박근혜 정부가 일본과 체결한 '한일군사정보 포괄보호협정(통칭 한일군사정보협정; 지소미아)'이 대표적 예다. 한 해 전인 2015년 일본과 '최종적이며 불가역적'인 '한일위안부 문제 협상 합의'도 마찬가지 맥락이다. 당시 미국은 생각했다.

'한국과 일본은 중국과 러시아에 대항해 미국의 안보라인을 지키는 동아시아 제1선 국가들이다.'

이 두 나라가 미국 큰형님이 보시기에 별거 아닌 '역사 문제'로 갈등을 빚고 있으니, 이를 조속히 반강제로 합의시킨 결과가 두 협정이었다. 일본 우익은 자신들의 숙원인 평화헌법 개정도 미국의 공인을 받아 가능하리라 생각했다.

야마모토가 평화헌법 개정에 반대한 이유는 일본의 현재 질서를 잘 유지해 민생을 도모하자는 것이다. 지극히 보수적이면서도 현실적이다. 야마모토는 전쟁 가능 국가를 외치는 거리의 우익들에게 자주 외쳤다.

"용감한 말을 하는 건 쉬워요."

"전쟁이 나면 누가 아픈 경험을 하게 될까요? 국회에 있는 인간들 대부분 안 죽습니다. 죽는 것은 일반인입니다."

덧붙이는 이야기

야마모토의 한국관

야마모토는 한국 언론에 종종 친한파로 소개됩니다. 하지만 친한파라기보다 일본의 실리를 잘 따지는 보수 정치인으로 보는 게 옳습니다. 아베류의 막장 일본 정치인에 비해 대화가 통할 것은 분명하지만, 야마모토의 보수 스탠스는 틀림없어 보입니다. 야마모토의 한국관을 짐작할 수 있는 발언 몇 개를 소개할게요.

"(일본인 중에) 중국이나 한국에 대해 불만 있는 사람이 있습니다. 그런데 일본이 이사 갈 수 있나 요? 그렇다면 중국과 한국과 잘 지낼 수밖에 없잖아요."

"예를 들어볼게요. 당신이 1번지에 살고 있습니다. 같은 1번지에 사는 이웃이 있어요. 그 사람이 싫어. 이렇게만 말하면 무슨 이야기를 더 할 수 있는 거죠? 이웃의 특성을 파악한 후에 외교로 해결해야 합니다. 그래서 정치가 필요한 거고요."

"일본이 한국으로 수출한 총액이 약 6조 엔(60조 원)입니다. 일본은 이 6조 엔이 사라져도 괜찮다는 건가요? 그렇다면 하고 싶은 대로 다 하세요. 저는 그런 감정보다는 6조 엔이라는 국익이 더 중요합니다."

"일본이 UN상임이사국이 돼야 합니다. 아시아의 진정한 리더가 돼야 합니다. 지금 일본의 정치로는 아시아의 리더가 될 수 없습니다. 일본을 깎아내리는 말이 아니에요. 일본의 유치한 정치에 대한 비판입니다."

"유럽에서 독일이 했던 활동을 일본이 해야 합니다."

일본인은 일본의 실익을 실용적 관점에서 해석하는 젊은 보수 정치인 야마모토 다로를 어떻게 평가하고 있을까요? 평가가 바뀔 날은 언제일까요? 언제나 그게 궁금합니다.

아시아 최고의 민주주의 대국, 한국

굴욕적 한일위안부 협정 이후, 한국은 어엿한 선진국 대열에 합류했습니다. 그동안 한국의 수준을 낮게 보던 국제사회는 한국의 경제는 물론 문화, 시민의 역량 특히 군사력 부문에서도 경제력에 걸맞는 수준임을 깨달았어요. 무엇보다 한국이 세계 민주주의의 모범이며, 아시아 최대의 민주주의 대국이라는 점은 누구나 고개를 끄덕일 수밖에 없죠. 일본으로서는 이래저래 반갑지 않은 일이었습니다. 부디 우리의 선진국 체험이 짧았던 기억으로만 남지 않기를 바랍니다.

실리적 보수주의자

야마모토는 분명 선동에 가까운 정치를 한다. 야마모토의 서늘하리만치 냉정한 현실 인식에서 시작한 것으로 생각한다. 국회에서 아무리 좋은 이야기를 점잖은 말투로 떠들어도, 자민당 극우 정치인과 언론은 귓등으로도 듣지 않았다. 야마모토는 국회에 검은색 상복을 입고 발언하는 등 정치적 퍼포먼스를 자주 했다. 언론은 말의 내용보다는 태도에 집중했다. 아베를 꾸짖듯 질문하고 국민에게 호소하듯 질의와 발언을 이어갔다. 그것뿐이었다.

야마모토는 거리로 나서기로 결심했다. 거리에서 시민과 직접 대화하고 그들을 설득하기로 마음먹었다. 도쿄뿐 아닌 일본 전국을 다니며 시민과의 대화를 결심했다. 방대한 자료를 치밀하게 준비했다. 일본인의 경제와 생활의 후퇴를, 정확한 통계와 수치가 표시된 자료를 준비했다. 일본인이 왜 생활을 걱정할 정도로 몰락했는지, 그 이유를 통계와 수치로 밝히며 이 모든 몰락이 일본 정치의 후진성에 있다는 것을 통렬하게 드러냈다.

야마모토의 시민 대화가 유명해지자, 극우 세력이 득달처럼 달려들었다. 야마모토가 가는 곳마다 따라다니면서 시민과의 대화를 방해했다. 야마모토가 무슨 말을 하든 "그래서 그러니까 그게 뭔데"라는 식의 딴죽을 올렸다. 거리 유세에서 이런 식의 딴지는 꽤 효과적이다. 연설자도 청중도 말려들기 쉽다. 진지하게 대응할수록 수렁에 빠져든다. 그렇다고 무시하면 일부러 피한 것처럼 보인다. 연설자와 지지자들의 주장에 정당성이 부족하고, 나약한 인상을 주기도 한다. 반대자의 돌발 질문, 그것도 수준 낮은 질문에 얼마나 잘 대처하느냐에 정치인의 역량이 드러난다. 야마모토의 대응법이었다.

"지금 다른 분의 질문에 대답하고 있습니다만, 질문을 하지 않은 분이 그렇게까지 흥분할 필요가 있나요?"

"질문과 대답에 대한 규칙은 제가 세 번 정도 설명드렸죠. 주장을 하고 싶다면 규칙을 지켜주시기 바랍니다."

그는 말을 멈추지 않았다.

"'한국 죽어버려.' 이렇게 말하는 분이 있죠. 그런데 한국은 안 죽습니다. 일본이 안 죽듯요."

"한국 죽어라 외치신 분, 한 달 내로 불고기 먹으러 갈지도 몰라요. 아마 김치도 드시겠죠."

그의 거리 연설은 분명 선동에 가깝다. 마치 혁명을 꿈꾸는 지사처럼 보이기도 한다. 그래서 당명을 신센구미라는 과거의 이름을 가져왔는지도 모른다.

메이지유신과 신센구미

메이지유신

모두 들어봤지만, 또 의외로 잘 모르고 있는 메이지유신, 그리고 메이지유신의 이념이자 대의명분은 대정봉환(大政奉還, 다이세이호칸)이다. 대정봉환은 메이지유신을 만든 주요 개혁 이념이다. 뜻은 간단하다. '대정(大政)', 즉 큰 권력을 다시 일왕에게 돌려놓는다(奉還). 메이지유신이 일본을 절대왕정 시대로 돌려놓는 것을 목표한 건 아니다. 유신(維新)은 말 그대로 '낡은 것을 고쳐 새롭게 하겠다'는 뜻이다. 당시 일왕의 연호는 메이지(明治)였으니, 메이지 시대에 일어난 유신, 그래서 메이지유신이라 한다. 메이지유신은 무엇으로부터의 유신이었을까? 당대의 지배자인 막부(幕府), 일본어로 바쿠후로부터의 유신이다.

일본은 임진왜란 패전 후 히데요시의 뒤를 이은 도쿠가와(徳川)막부 통치로 나름의 태평성대를 구가했다. 무려 200년이나 전쟁이 없던 일본 역사의 전무후무한 평화 시기였다. 성공의 강렬한 기억은 외부의 자극과 충격을 못마땅하게 여긴다. 17~18세기, 도쿄의 옛 이름인 에도를 중심지로 삼아 번영한 도쿠가와막부 주요 인사들은 18세기 서구 열강의 발흥과 일본 개방 압력에 둔감하게 반응했다.

일본 막부 정권이 서구로부터 완벽한 쇄국정책을 펼친 건 아니다. 임진왜란 때의 조총이 대표적 예이다. 우리말로 날아가는 새도 잡을 수 있는 총이라는 뜻으로 조총(鳥銃)이라 부르지만, 일본어로는 뎃포(鉄砲), 즉 철포라 한다. 뎃포는 일본 전국시대에 포르투갈 상인으로부터 구입해 일본 본토로 전래됐다. 화약 무기의 가능성을 일찌감치 깨달은 오다 노부나가(織田信長)가 리버스 엔지니어링으로 대규모 자체 제조에 성공했다. 오다는 실전에 뎃포를 대규모로 동원했다.

뎃포는 전국시대를 거치며 전술의 근본적 변화를 가져왔다. 일본군은 임진왜란에서 뎃포를 한층 업그레이드해서 대규모로 사용했다. 서양 기술을 적극적으로 도입한 결과였다. 일본은 쇄국정책을 강하게 펼쳤지만, 조선 말의 우리처럼 아예 국경을 걸어 잠근 것도 아니었다.

막부 시대에도 일부 지역을 개항해 서구와 교역을 했다. 그중 하나인 나가사키를 통해 일본의 문화는 서구로 향하고, 서구의 문물은 일본으로 들어왔다. 여전히 폐쇄된 일본 대다수 지역은 어땠을까?

하급 무사

도쿠가와막부는 200년을 태평성대로 보냈다. 사실상 최고 권력자인 쇼군(将軍)은 도쿠가와 가문에서 계속 세습됐다. 절대 권력이 세습되면 절대 부패를 낳게 된다. 역사에는 필연적으로 폭군들이 등장한다. 도쿠가와 가문에서 폭군이 나오는 비율은 상대적으로 적었어도, 아예 없는 건 아니었다. 폭군 또는 혼군이 등장할 때마다 뜻있는 일본인 중 소수는 막부 체제의 한계에 집중했다.

메이지유신 전 일본의 진짜 문제는 계급 고착화였다. 계급이 고착화되면 사회는 성장동력을 잃는다. 개인의 삶이 태어나면서 결정되는 '금수저와 흙수저의 세상'은 반드시 붕괴한다. 19세기 초중반에 이르면, 폭군이 일본을 망쳤다기보다 일본 사회가 계급 고착화로 성장동력을 잃었다는 게 정확한 진단일 것이다. 일본의 계급 체계는 사농공상(士農工商)이다. 일본의 '사'는 우리식의 선비가 아니라, 무사(武士)의 '사(士)'다. 과거 일본의 지배층은 사무라이로 불리는 무사 계급이다. 철저한 계급사회는 지배층 내에서도 계급을 세분화한다. 사무라이 계층도 '조시(上士)'라고 부르는 상급 무사와 '가시(下士)'라고 부르는 하급 무사로 엄격하게 신분을 나눴다. 하급 무사인 가시는 현대적 개념으로는 박봉에 시달리는 하급 공무원 같은 느낌이다.

사농공상 이념은 무사 계급이 농업, 공업, 상업 등에 복무하는 것을 엄격하게 금지했다. 18세기 중후반부터 일본의 물산력은 급격히 증가했다. 상업으로 떼돈을 버는 신흥계급이 등장했다. 무사 계급에서도, 상인이나 장인보다 경제력으로 뒤처진 무사들이 얼마든지 넘쳐나던 시기였다. 전국시대처럼 혼란기였다면 하급 무사도 검술이나 학식으로 섬기는 주인을 바꿔가며 벼락출세도 가능했다. 평화 시대에 실력으로 계급 상승의 가능성은 터무니없이 적다. 하급 무사로 태어나면 제아무리 출중해도 하급 무사로 생을 마칠 수밖에 없다. 수입 이래 봐야 녹봉이 전부였다, 사무라이의 상공업 등의 부업은 원천차단됐다. 막부 말기 지방 번의 하급 무사는 경제적으로도 곤궁했다.

막부 시대 행정단위의 기본은 번(藩)이다. 현대의 행정체계로는 현에 해당하는 셈. 근세 일본의 번은 지방자치 단위의 하나라기보다는, 어엿한 하나의 독립국 느낌이다. 봉건제와 연방제가 교묘히 결합한 느낌이었다. 번에서의 출입은 번주, 즉 다이묘(大名)의 허가를 받아야 가능했다. 공무출장 중인 무사나 허가증을 받은 상인이 아니면 이웃 현으로 여행의 자유가 없었다. 번주의 허가 없이 타 번을 방문했다가 발각되면 목숨까지 잃을 수 있는 무시무시한 시대였다. 하급 무사로 태어나면 제아무리 출중해도 죽을 때까지 하급 무사다. 이래서야 불만 세력이 생기는 게 당연하다. 계층 이동이 막힌 세상이면, 누군가는 세상이 뒤집히기를 바랄 수밖에 없다. 은근히 또는 노골적으로.

생각해 보면 모든 독재자는 자유로운 이동을 막았다. 국내에서는 통행 금지 구역과 시간을 설정하고, 특히 외국으로의 여행은 철저하게 통제했다. 독재자는 자국민의 여행은 통제할 수 있어도, 힘센 타국의 여행자는 쉽게 막지 못한다. 일본은 태평양을 건너온 어느 공무 여행자로 인해 혁명을 맞이하게 된다.

구로후네

1853년은 일본 근대사의 시작을 알린 해다. 1853년에 벌어진 일련의 사건은 후일 일본 수험생을 괴롭히는 역사로 남게 된다. 단순히 일본의 정세만을 공부해야 하는 게 아닌, 세계사의 복잡한 격랑까지 숙지해야 하기 때문이다.

1853년은 일본의 이웃 나라에도 혼란과 충격의 시대였다. 일본의 가장 가까운 이웃 나라 조선은 철종 시대였다. 동아시아의 지배자 중국은 아편전쟁 패배의 충격에서 헤어나오지 못한 채, 제국의 추락이 가속화된 시점이었다. 태평양 건너의 미국은 신대륙의 강자로 세계 무대에 데뷔했지만, 아직 영국이나 프랑스에 비할 정도의 강대국이 아니었다. 미국도 영국과 프랑스처럼 해외 식민지를 탐냈다. 신흥 강자라곤 해도 유럽 강자의 국력에는 미치지 못하니, 아시아에서 식민지를 만들고 직접 경영은 꿈꾸지 못했다. 미국의 바람은 신흥 무역 시장 개척이었다. 미국도 유럽 열강처럼 일본에 침을 흘렸다.

미국은 영국의 동인도회사 같은 걸 만들고 싶었다. 동인도회사(East India Company)는 분명 민간회사지만, 사실 인도 총독부와 같은 역할을 했다. 이걸 왜 굳이 우리가, 게다가 피식민지 경험이 있는 우리가 동인도회사라고 번역하는지 모르겠다. 동인도회사는 악랄한 민간 총독부 역할이었는데 말이다. 언젠가 '동인도 민간총독부' 정도로 주석이 달리면 좋겠다. 이 이스트 인디아 컴퍼니는 당대 영국 청년들에게 꿈의 직장이었다. 머나먼 식민지 개화의 일익을 담당하는 직장. 당대의 '애플'이나 '구글'처럼 첨단 기업 느낌도 있었다. 인도라는 거대하고 이국적인 세계를 지배한다는 권력의 단맛도 있었다.

동인도회사를 부러워한 미국은 '동인도 전투단(East India Squadron)'을 만들었다. 그리고 결심했다. 아시아 원정, 정확히 일본 개항을 목표

덧붙이는 이야기

구로후네

일본인들은 미국 함선을 '구로후네(黑船)'라고 불렀습니다. '검은 배'라는 뜻이죠. 왜 검은 배라고 불렀는지는 의견이 분분합니다. 목조선 마감을 검은색 타르로 칠해서 검게 보였을 것이다, 석탄을 땠으니 연기가 검었을 것이다, 멀리 보이는 선단이 역광으로 검게 보였을 것이다, 함측 면에 설치한 포대가 검게 보였을 것이다 등.

현재 일본 교과서에도 이 사건을 '구로후네라이코(黑船来航)'로 기술합니다. 페리 제독의 '구로후네 쇼크' 이전에도 서구 열강의 일본 개항 압력은 계속 있었어요. 1808년 영국 페이튼호가 나가사키 입항을 무단으로 시도했던 페이튼호 사건, 1837년 표류한 일본 어부를 구조해 일본에 되돌려주려던 미국 상선 모리슨호를 일본 해안포대가 공격한 모리슨호 사건. 페리 함대가 출몰하기 전에도 일련의 서양 군함과 상선의 출현으로 어지간한 일본 지식인은 조만간 대규모 함대가 일본으로 몰려들 것을 짐작하고 있었습니다.

구로후네 사건 이후, 막부에 대한 민심은 극도로 흉흉해졌습니다. 민간인도 알 수 있는 걸, 제대로 대처하지 못한 막부에 대한 반감이 커질 수밖에 없었죠. 외부의 충격에 적절하지 못한 대응은 지지율을 떨어뜨립니다. 예나 지금이나 국제 정세에 해박해야 하는 건 통치의 기본이겠죠.

로 떠났다. 순양함급 네 척을 동원했다. 지금도 미군 함명으로 쓰이는 USS 새러토가, 미시시피, 플리머스, 그리고 하나는 사스케하나. 증기선이자 범선이었다. 일종의 19세기 하이브리드 최첨단 함선. 선 측방에 거대한 외륜을 증기로 구동하는 거대한 배였다. 당시 아시아에서 가장 큰 범선 이래 봐야 배수량이 몇백 톤 남짓했는데, USS 미시시피는 만재배수량이 3,000톤이 훌쩍 넘었다. 아시아에서는 증기 기관을 구경하기는커녕 그런 게 있는지도 모르는 사람들이 대부분이던 시절이었다. 19세기 중반, 이런 배 네 척이 강화도를 지나 한강 하구에 나타났다고 상상해 보자. 조선 사람들에게 얼마나 큰 충격이었을까? 조선 최대의 함선인 판옥선 최대 배수량이 300톤 남짓이었으니 말이다.

이런 배들이 어느 날, 일본에 나타났다. 지금 행정구역으로는 가나가와현 요코스카였다. 지금도 일본 해군의 주요 군항으로 쓰일 만큼 대형 선박이 정박하기 좋은 위치다. 당시 미군이 일본 해안선을 잘 알고 있었단 증거다. 도쿠가와막부는 놀라지 않았다. 네덜란드의 귀띔을 미리 받았기 때문이었다. 당대 네덜란드 정부와 상인의 정보력은 세계 최고 수준이었다. 후일, 영국의 대외첩보를 총괄하는 MI6의 원조 같은 느낌이랄까. 막부는 네덜란드와 200년 넘게 거래를 트고 있었다. 막부는 네덜란드 상인들에게 아주 좋은 호구였던 셈이다. 네덜란드는 가끔 막부에 정보를 흘리며 인심을 쓰곤 했다.

미국 동인도 전투단의 목적은 일본 개항보다는 지금의 오키나와인 류쿠 왕국의 점령 내지는 개항이었다. 당시 오키나와는 일본 영토가 아니었다. 막부의 판단은 '오키나와 가는 길에 물과 식량을 조달하러 일본에 들를지도. 그들의 운이 좋다면 우리 일본과 독점무역권을 얻어낼 속셈이겠지' 이 정도 생각뿐이었다.

미 함대 사령관 매튜 페리 제독은 개항을 요구하는 미 대통령의 친서를 막부에 전달했다. 그리고 한마디 보탰다.

"우리는 일본의 좋은 친구입니다. 지금 답변하기 어려우실 테니 1년 뒤 좋은 답변을 기대합니다."

강제개항

그동안 일본에 무슨 일이 일어났을까? 막부의 지배계급은 놀라지 않았지만, 일본의 보통 사람들은 매우 놀랐다. 큰 배가 왔으니, 일본 내 목격자의 수가 어마어마했다. 3,000톤급의 범선을 몇 척이나 눈으로 본 사람들의 목격담이 일본 각지로 퍼져나갔다. 각 번의 젊은 하급 무사들이 정말 놀랐다. 서양 배가 크다는 건 알았지만, 배가 산더미만 하다더라. 그들이 쓰는 대포는 청나라 홍이포(서양 기술로 도입한 신형포)보다 몇 배를 더 날아간다더라. 그들이 쓰는 뎃포는 일본 뎃포보다 몇 배를 더 가는데 심지어 정확하다더라. 이러다 일본이 서양 오랑캐 손에 떨어지는 것이 아니냐. 대체 막부의 높은 어르신들은 뭘 하는 거냐. 이거 우리라도 나서서 나라를 지켜야 하는 것이 아니냐.

1년이 지나기 전, 7개월 만에 페리가 다시 일본에 돌아왔다. 이번에는 일본의 좋은 친구가 네 척에서 아홉 척으로 늘어나 있었다. 이번에는 수도 에도에서 조금 떨어진 요코스카 대신, 에도 앞바다인 에도만에 정박했다. 당시 에도는 인구수 100만을 자랑하던 대도시였다. 에도 사람들은 불과 반년 전, 에도에서 멀지 않은 요코스카에 산더미만 한 양이선이 왔다는 풍문을 들었다. 이번에는 에도의 앞바다인 에도만에 양이선이 아홉 척이나 나타났다. 에도 시민들이 아침저녁으로 그 무서운 걸 보겠다고 몰려들었다.

마침내 막부는 항복했다. 미국에 개항하고 덤으로 불평등조약을 맺었다. 일본에 가장 아팠던 건, 미국의 치외법권을 필요 이상으로 인정했다는 점이다. 미국인이 일본에서 범죄를 저질러도 일본법으로 처벌할 수 없었다. 어디서 많이 듣던 이야기다. SOFA로 알려진 행정협정의 원형이다. 게다가 미국은 자국 수출 제품에 일본의 관세 주권을 인정하지 않았다. 미국이 정한 관세대로 통관되는 시스템이다. 약소국의 관세 주권을 무시한 불평등조약의 전형이다. 이것도 어디서 많이 듣던 이야기다. 일본이 조선을 강제 개항시킨 불평등조약, 바로 강화도조약의 내용 그대로다. 일본은 미국에 강제개항 당한 20여 년 뒤, 조선에 똑같은 짓을 했다. 일본은 서양 열강의 압도적 국력에 굴복해 굴욕적 개항을 당했다. 나라 전체를 뒤흔든 혁명적 변혁에 성공해 국력을 키웠다. 강성해진 일본은 첫 번째 희생자로 조선을 선택했다.

사카모토 료마

19세기 동아시아 국가의 준비되지 않은 개항은 비극을 낳았다. 미국과의 불평등통상조약을 체결한 일본 경제는 곧 극심한 인플레에 시달렸다. 개항 후 5년 동안, 쌀 등 주 식재료 가격이 두 배까지 폭등했다. 10년이 지나자 열 배까지 올랐다. 이 정도면 어떤 나라든 혁명이 일어나는 수순이다. 문제는, 일본 민중들은 결코 주체적으로 시대의 주인이 된 적이 없다는 점이다.

개혁의 필요성을 절감하는 사람들은 있었다. 지배계급도 민중도 아니었다. 각 번의 하급 무사들이 주축이었다. 그중 우리가 잘 아는 사람이 도사번(土佐藩) 출신의 향사, 사카모토 료마(坂本龍馬)다. 도사번은 지

덧붙이는 이야기

해병대와 스모 선수

미군은 해병대를 상륙시켰어요. 해병대의 기원은 영국이죠. 함선에 승선해서 전투를 담당하는 역할이 해병대의 기원입니다. 근대가 완벽히 시작되기 전까지, 해군과 해병대는 건달과 군인의 중간 형태쯤이라고 말할 수 있어요. 민간 상선을 상대할 때는 해적이고 적국의 군대와 싸울 때는 해군이 되는 셈입니다.

몇 달을 흔들리는 배 위에서 생활하며 전투를 해야 하니 보통 해병대원은 인상이 살벌하고 체격도 좋았죠. 에도만에 상륙한 미해병대가 딱 그랬습니다. 일본 막부는 그런 미해병대에게 지고 싶지 않았어요. 막부의 선택은 스모 선수였습니다. 미 함선에 식량, 식수 등을 보급하는 인부 중 일부를 체격이 큰 스모 선수를 동원했어요. '우리 일본에도 너희보다 체격이 크고 힘센 역사(力士)들이 있다'라고 자랑하고 싶었던 것이죠.

스모 선수들은 경기 때 입는 기저귀 모양의 마와시(廻し)만 입고 나타났습니다. 미해병대원들은 무섭기보다 재밌었던 모양입니다. 스모 선수들을 만지작거리며 즐거워했어요. 미해병대원들은 일본 정부가 마련해 준 일종의 서커스로 생각했다고 합니다. 해변 모래밭에서 열린 즉석 스모 경기를 보며 즐거운 오후를 보냈다 합니다.

금의 시코쿠 지역 고치(高知)현이다. 사카모토 료마는 탈번을 했다. 영주의 허락을 받지 않은, 현대적 개념으로는 무단출국이었다. 모든 사무라이는 행정직이라도 전시에는 군무를 담당해야 하니 군인의 신분이다. 그러니 사카모토 료마는 탈영이자 밀출국을 한 셈이었다. 최고사령관 영주의 명을 어기고 근무지를 이탈했다. 번 최고지도자의 허락 없이 탈번 후 다른 번 최고지도자의 허락 없이 다른 번에 들어갔다. 당대 지배계급의 시각으로는 두 나라의 출입국 규정을 어긴 국제 범죄자인 셈이었다.

사카모토 료마

메이지 시대 전까지 일본의 중앙집권 행정체계는 미국의 연방제보다 느슨했다. 각 번은 중앙정부의 일정 통제를 받는 지방자치단체라기보다 하나의 독립국 느낌이 강했다. 당시 일본인은 자신의 번을 '와가쿠니(我が国)', 즉 '우리나라'라 불렀다. 또는 '잇고쿠(일국, 一国)'라는 표현도 자주 썼다.

사카모토 료마처럼 탈번한 하급 무사들이 메이지유신의 주축을 이뤘다. 특히 도사와 조슈(長州藩, 현재 야마구치), 사쓰마(薩摩藩, 현재 가고시마) 출신이 많았다. 이들을 '유신지사'라 부른다. 유신에 성공한 후, 이들이 거의 그대로 메이지 정부의 고관대작과 거상으로 성공했다.

혁명에는 대의명분이 필요하다. 메이지유신의 명분은, 사카모토 료마가 주창한 대정봉환이었다.

'외국에 머리 숙여 일본의 국체를 흔들고, 나라 경제를 결딴나게 했던 막부의 권력을 천황에게 돌려주자.'

'왕의 권위를 바로 세우고 서양 오랑캐를 몰아내자'라는 뜻으로 '존왕양이(尊王攘夷, 손노죠이)'라고도 불렀다. 이 명분이 기가 막히게 먹혔다. 같은 민족이지만 서로를 다른 나라로 생각하던, 각 번의 개혁적 인물들이 뭉치려면 뭔가 그럴듯한 명분이 있어야 했다. 일본에서 천황 이상 가는 명분은 찾기 힘들다. 미국과의 불평등조약으로 경제가 파탄 난 일본의 모습은, 각 번 우국지사들의 마음에 불을 지폈다. "아! 대정봉환!" "오! 존왕양이!"를 외치며 천황이 있는 교토로 몰려들었다. 도쿄가 아니라 교토?

도쿄는 메이지 시대 이후 동쪽에 있는 수도라는 뜻으로 '도쿄(東京)'라 불렀고 당시는 에도(江戶)라 불렀다. 교토 역시 메이지 행정개혁 후의 지명이다. 당시는 교토가 아니라, 수도를 뜻하는 '교(京)'라 불렀다. 메이지 유신지사들은 너나 할 것 없이 교로 몰려들었다. 유신지사는 모두 무사들이다. 모두 우리가 일본도라 부르는 장검인 가타나를 차고 다니는 무사들, 한마디로 무력 집단이다. 에도막부는 긴장했다. 교에 불손한 무력 집단이 등장하자 치안이 불안해졌다. 에도막부는 교의 질서를 위해, 유신지사에 대항할 또 다른 무력 집단이 필요했다.

신센구미

신센구미(新撰組)는 교토로 몰려든 반막부 무사 집단에 대항하기 위해 만든 무력 경찰 집단이다. 존왕양이론자들이 설치는 교의 치안을 유지하기 위해, 에도막부가 설립한 반관반민 무력 집단이다. 개항으로 인한 체제 불안 시기. 개혁을 꿈꾸던 지방 번사들이 유신의 핵심 세력이었다. 하급 무사로 태어나 하급 무사로 생을 마쳐야 하는 향사들의 마음은 새로운 시대와 자신이 활약할 시대에 대한 부푼 꿈으로 가득했다. 이에 반대하는 신센구미 무사들도 마찬가지였다. 전쟁 없는 2백여 년 동안 계급은 고착화됐다. 자신이 아무리 학문과 검술을 갈고닦아도 한번 정해진 신분은 변하지 않았다.
그런 시대에 천황이 있는 교의 질서를 어지럽히는 유신지사에 대항하는 신센구미는 신분 상승의 사다리로 여겨졌다. 교의 질서를 바로잡는 데 공을 세울 수 있다면 에도막부의 고위직으로 단숨에 진입할 수도 있었으니까. 역설적으로 교는 신분 상승을 꿈꾸던 젊은 검사(劍士)들이 밤낮으로 서로를 공격하고 죽이며, 상대의 진영에서 악명을 얻는 곳이 됐다. 이들의 대결과 혈투는 빠르게 일본 전역으로 퍼져나갔다. 몇몇 인물은 전국적 인지도를 얻었고 신화나 전설처럼 다뤄졌다.

일본에서 신센구미는 인기 만점의 스테디셀러 콘텐츠다. 만화, 애니메이션, 영화, 게임 등 신센구미를 소재로 한 콘텐츠는 필승불패다. 신센구미는 일본에서 원래 유명했을까? 의외로 신센구미가 전국적 인지도를 얻은 건 최근이다. 대중에게 유명해진 건 만화《바람의 검심》과 NHK 대하드라마 덕분이었다. 1990년대 후반과 2000년대 초반 전 국민에게 알려진 건, 역시 NHK 대하드라마 덕이다.

새로운 시대가 오고 새로운 시대를 열기 위해 무력까지 서슴지 않는 유신지사, 그들에 대항해 막부의 전통을 지키려 무력을 서슴지 않는 무사 집단 신센구미. 계급에 따라 신분이 결정되는 게 아니라 실력만 있으면 얼마든지 높은 곳에 오를 것처럼 보이는 시대, 짧은 순간 벚꽃처럼 피어났다 스러진 젊은 무사와 지사들.

NHK 대하드라마 〈신센구미〉에 젊은 야마모토 다로가 출연했다.

NHK 대하드라마는 일본 배우에게는 큰 의미가 있다. 대하드라마에 캐스팅된다는 건, 배우 인생에서 일종의 보증 수표다. 이 배우는 믿을 수 있는 사람이라는 것이다. 연기력은 물론 마약, 폭력, 음주운전 등 일체의 스캔들이 없다는 보증이 된다. NHK는 공영방송이니, 사회적 물의를 일으킨 연기자는 출연이 어렵다. 민방이나 프로덕션에서 드라마를 제작한다 치자. 신인급 캐스팅을 해야 하는데 조금 헷갈린다. 야쿠자 드라마에 야쿠자 역이 필요한데, 저 배우가 뭔가 괜찮은 것도 같고 아닌 것도 같고 어쩐지 일진 경력이 있을 것 같기도 하고 아닌 것 같기도 하고. 그때 누군가 한마디한다.

"그 배우, NHK 대하드라마 나왔어요!"

그러면 그걸로 끝. 그것도 조연급 이상 캐스팅이었으면 확실하다.

NHK 대하드라마

NHK는 매우 보수적이다. 음주, 약물, 전과 등 문제 있는 배우나 스태프의 제작 참여는 아주 힘들다. 그중에서도 NHK 대하드라마는 정도가 심하다. 2004년 NHK 대하드라마 〈신센구미〉에 출연한 배우는 야마모토 다로 외에 어떤 인물이 있었을까? 먼저 가토리 신고(香取慎吾)는 일본 최고 인기 그룹 SMAP의 멤버다. SMAP 멤버로는 기무라 다쿠야(木村拓哉)가 있다. SMAP은 사건 사고 없기로 유명한 팀이다(구사나기 츠요시는 조금 예외). 다른 배우로는 유명한 사카이 마사토(堺雅人)가 있다. 이 배우도 바른 생활 사나이로 유명하다. 올곧은 이미지를 계속 이어간 결과, TBS 〈한자와 나오키(半沢直樹)〉라는 사회물의 주연을 맡기

도 했다. 대형 은행의 얼룩진 비리를 척결하는 열혈 은행원으로 출연했다. 민영방송인 TBS 드라마였지만, 주인공인 사카이 마사토의 이미지는 딱 NHK 대하드라마가 원하는 상과 다르지 않았다. 마지막으로 한국에서 더 유명한 오다기리 죠(オダギリジョー), 그도 사생활이 깨끗한 배우다. 이런 쟁쟁한 배우들과 야마모토 다로가 NHK 대하드라마 〈신센구미〉에 출연했다.

여기서 다시 생각해 보자. 왜 야마모토 다로는 새로운 당 이름을 레이와 신센구미라고 했을까? 야마모토의 정책은 아베 같은 극우와는 비교 불가할 정도로 상식적이다. 그렇다고 야마모토의 말과 행동은 서구적 의미의 진보는 아니다. 물론 그가 진보적 정치인도 아니다. 야마모토 다로야말로 일본 전통의 가치를 소중하게 생각하는 것처럼 보인다. 철저하게 일본의 국익을 현실적으로 생각하는 합리적 보수로 보인다. 일본인에게 지사적 향수를 불러일으키는 이름 신센구미는 누구에게는 낡고 깨뜨려야 할 가치로 보일지라도, 누구에게는 일본의 소중한 전통일지도 모를 이름이다.

평화를 상징하는 새로운 천황의 연호는 레이와(令和)다. 이전 천황의 연호는 헤이세이(平成)였다. 헤이세이는 2차대전의 패배 후, 평화를 만들어가는 시대를 뜻한다. 이 시대가 지나고 연호는 바뀌었다. 새 연호는 레이와. 즉, 평화를 명하는 시대라는 뜻이 아닐까? 레이와신센구미의 뜻은 전쟁 국가를 꿈꾸는 일본 우익의 주장 대신 보수의 가치를 간직한 신센구미와 평화를 뜻하는 레이와를 붙인 의미는 아닐까?

일본은 왜 여성 리더가 없을까?

#장면 1

2020년 7월 16일 스위스 제네바 WTO 본부 WTO 사무총장 후보자 정견발표. 한국 유명희 후보(당시 산업통상자원부 통상교섭본부장)의 기자 회견 때 일본 기자의 질문.

"WTO 사무총장이 되면, 한일 간의 무역 분쟁 시 일본을 다른 회원국처럼 중립적 시각에서 지지할 수 있습니까?"

유명희 본부장의 답변.

"저는 지금 한국 대표로 있는 것이 아니라, WTO 사무총장 후보로 이 자리에 왔습니다."

유명희 본부장의 사족.

"한국과 일본은 WTO 다자무역체제의 수혜자입니다. 양국이 함께 WTO 신뢰 회복에 협력해야 합니다."

게임 끝.

유명희 통상교섭본부장은 2020년 6월 WTO 차기 사무총장직에 출마했다. 한국인 최초로 세계무역기구의 수장에 도전했다. 동시에 WTO 최초의 여성 리더 도전이었다. WTO는 경제의 UN 같은 국제기구다. WTO의 수장 선출은 강대국의 이해관계가 물밑으로 정면으로 충돌하는 갈등의 현장이다. 중국은 자신들의 입맛에 맞는 제3세계 후보를 지지했다. 일본은 중국의 손을 들어주기 싫었지만, 한국인 WTO 사무총장의 탄생을 더 싫어했다. 결국 EU와 미국이 키를 잡고 있었다. 한동안 유명희 본부장 쪽으로 무게추가 기우는 듯 보였다. 안타깝게도 바이든의 미국이 일본이 지지한 후보에 힘을 실어주며, WTO 최초의 한국인 여성 지도자의 탄생은 실패했다. WTO라는 국제기구에 사상 최초로 한국인 여성 리더를 배출할 기회였다. 국내는 물론 해외 언론이 유명희 본부장을 주목했다. 정은경 질병관리청장과 함께 21세기 동아시아를 대표하는 여성 리더로 주목받았기 때문이다.

한국인 여성 WTO 사무총장 탄생 가능성을, 눈에 띄는 방식으로 그렇지 않은 방식으로 가장 반대한 나라는 일본이다. 중국의 반대도 만만찮았다. 일본이나 중국이나, 자국에서 유명희 후보 정도의 자격을 갖춘 여성 지도자를 찾기 어려웠다. 그들의 선택은 일단 한국 반대였다.

생각해 보면, 국제무대에서 일본 출신의 눈에 띄는 여성 리더는 찾기 어렵다. 일본 국내로 좁혀보더라도 정말 찾기 어렵다. 머릿속에 당장 떠오르는 인물은 순한 맛 아베로 분류되는, 연임에 성공한 고이케 유리코 도쿄지사 정도다.

#장면 2

2014년 6월 18일. 도쿄도의회 본 의회. 모두의당(みんなの党, 민나노토. 2009년 창당된 일본의 군소정당. 공공부문의 과격한 민영화를 주장하는 신자유주의 정당) 소속 시오무라 아야카(塩村文夏, 본명은 시오무라 후미나츠. 도쿄도의회 등록명이 시오무라 아야카) 의원 도쿄도 지방정부 질의(시오무라 아야카 의원은 그라비아 아이돌 출신으로 화제를 모은 도쿄 도의원으로 모두의당 공천으로 2013년 도쿄 세타가야구에 당선됐다).

시오무라 아야카 의원이 말했다.

"임신이나 출산으로 고생하는 여성에 대한 구체적 지원책은 무엇인가요?"

느닷없이 날아온 남성 의원의 야유하는 목소리.

"빨리 결혼이나 하는 편이 좋잖아! 아이는 낳지 못하는 거야?"

실제 있던 일이다. 만화나 소설에 등장하는 장면이 아니었다. 시오무라 의원은 충격을 받았다. 전 과정이 녹화되고 방청객과 기자들이 있는 공개된 공간에서, 일본 최대의 자치단체 도쿄도 본회의 중간에, 그것도 질의자로 나선 여성 의원이 이런 말을 들었다. 시오무라 의원은 충격을 받은 나머지 그 자리에서 항의도 못 했다. 질의를 마치고 자리에 앉고서야 손수건을 꺼내 눈물을 닦았을 뿐이었다.

성희롱이다. 생각할 것도 없다. 성차별을 더한 성희롱 발언이다. 보통 직장에서 이런 발언을 해도 문제가 된다. 더 놀라운 건, 당시 도쿄도의회에서 성희롱 발언에 긍정하는 듯, 몇몇 남성 의원이 이에 동조하는 목소리와 웃음소리까지 들렸다는 점이다. 이 충격적 사실을 즉

각 보도한 매체는 〈마이니치〉가 유일했다. 다른 미디어는 관심조차 없었다. 며칠이 지났다. 아무도 범죄 발언을 한 범인을 찾지 않았다.

놀라움은 곧 분노로 바뀌었다. 네티즌이 들고일어났다. 정확히는 '성희롱 범죄'에 분노한 트위터리언이었다. 다음 날인 19일, 이 범죄에 대한 리트윗이 2만 회를 넘겼다. 사태의 심각성을 인지한 도쿄도의회 의원 일부가 움직였다. 각 정파의 여성 의원 전원(의원정수 127명 중 겨우 25명)이 도쿄도의회 의장에게 요구서를 제출했다.

"성희롱 범죄자를 색출 및 체포해 달라." 이런 정당한 요구가 아니었다. 순하디순하다 못해 한숨 나는 주장이었다.

"의회의 품위를 얕보고 조롱하는 일이 없도록 주의해 달라(議会の品位をおとしめる野次は無いよう注意して欲しい)."

도쿄도의회는 이렇게 답했다.

"처벌을 받을 대상의 이름이 파악되지 않는다(被処分者の氏名が把握されていない)."

한마디로 도의회 차원에서 성희롱 성차별주의자가 누구인지 밝힐 생각이 없다는 얘기였다. 당시 도쿄도지사는 마스조에 요이치(舛添要一)였다. 사건이 있던 날은 도쿄 지방정부 질의였으니, 도쿄도지사도 참석했다. 마스조에 도지사도 성희롱 발언을 현장에서 들었다. 현장을 목격한 다수는 마스조에가 그 말을 듣고 빙긋이 미소를 지었다고 했다. 이 점을 어느 언론이 집요하게 물고 늘어지자 마스조에는 이렇게 답했다

"모두가 웃었기 때문에 나도 덩달아 웃었다. 답변에 집중했기 때문

에 무슨 일이 일어나는지 몰랐다."

겸연쩍었는지 한마디 덧붙였다.

"여성의 존엄을 손상하는 야유는 결코 해서는 안 된다."

마스조에도 범인 색출에는 관심이 없었다. 행정 책임자인 도지사도, 의회 책임자인 의회 의장도 범죄에 관심 없었다. 범인 색출에 진전이 있을 리 없었다. 도의회 질의는 전 과정이 녹화되니, 녹화된 영상을 찾아보면 범인이 누구인지 못 찾을 리가 없었다. 천 명이 넘는 시민들이 도쿄도청에 직접 전화를 걸어 항의했다. 온라인 서명 사이트에서 범죄자를 찾아 달라 서명 활동이 일어났다. 일본으로서는 드물게도 약 10만여 명이 온라인 서명에 동참했다.

외신이 관심을 안 가질 수 없었다. 며칠이 더 지나 22일이 되자, 세계 각국의 주요 외신이 일제히 도쿄지방의회에서 벌어진 성희롱, 성차별 사건을 보도했다. CNN, BBC, 로이터, WSJ, 〈타임즈〉, 〈가디언〉 등등 일본이 그렇게 신경 쓰는 서구 선진국의 언론들이었다. 사달이 벌어지고 나니, 일본 언론이 본격적으로 매달리기 시작했다. 당시 도의회에 참석하거나 참관했던 다수의 증언이 속속 알려졌다. 결정적 증언이 나왔다. 그것도 복수의 증언이.

"야유는 자민당 의원석 쪽이었다."

자민당은 23일 도쿄도의원 총회를 열고 기자회견에서 성희롱이자 성차별 범죄 발언을 한 인간을 밝혔다. 범인은 무려 자민당의 정조회장 대행이라는 중책을 맡고 있던 중진의원 스즈키 아키히로(鈴木章浩)였다. 만일 서울시의회에서 이런 일이 벌어졌다고 상상해 보자. 그 발언을 한 의원은 당에서 바로 제명되고, 당은 의원직 사퇴를 종용했을 것이다.

일본은 어땠을까? 스즈키는 기자회견을 열고 시오무라 의원에게 사과했다. 그게 끝이었다. 자민당을 탈당했을 뿐, 의원직은 유지했다 탈당한 바로 그날 신당을 만들었다. 법적 처벌도 없이, 의원직 상실도 없이 단지 자민당을 탈당했을 뿐이었다.

일본은 왜 여성 리더가 없을까

일본은 여성 리더를 찾기 어렵다기보다, 여성 인권을 심각하게 걱정해야 하는 수준이다. 우리도 갈 길이 멀다. 하지만, 일본에 비교되는 것만으로도 억울할 정도까지는 겨우겨우 왔다. 물론 더 멀리 가야 한다.

통상산업부 최초의 여성 통상전문가인 유명희 본부장은 대단한 사람이다. 유명희 본부장의 뛰어난 통상실무능력과 협상력, 전문경제 지식, 그리고 영어 구사력 때문에 종종 재미교포로 오해받는다. 그는 서울 출생이다. 고등학교, 대학교 모두 한국에서 마쳤다. 심지어 석사까지 한국에서 마치고 그 후 미국으로 유학 가 로스쿨을 다녔다. 우리나라는 통상부가 독립부처로 분리돼 있지 않다. 미국은 상무장관이 따로 있다. 산업통상자원부의 통상교섭본부장은 미국식으로는 상무장관에 상당하는 고위직이다. 우리나라에서도 차관에 해당하는 고위 직급이다.

유명희 본부장의 남편은 "이부망천" 망언으로 악명 높은 전 자유한국당 의원이었다. 그것도 국회에서 예산결산특별위원회에 소속된 의

덧붙이는 이야기

이부망천

이혼하면 부천 망하면 인천. 생각해 보면 잔인하면서도 한없이 우스운 발언입니다. 더구나 해당 지역에 출마한 국회의원 후보자의 입에서 나왔다는 걸 생각하면 끔찍한 일이기도 하죠. 발언의 근간은 혐오를 동반한 '차별'입니다. 사는 지역의 부동산 지가에 따라 계급을 결정하는 계급사회가 마땅하다는 천박한 인식. 일본은 물론 우리 사회의 지배 계급 다수가 여기에 동의하는 것을 넘어, 자신의 삶 전체를 계급 고착화 기여에 몰두하는 느낌이랄까요.

저는 인천 사람입니다. 현재도 인천에 살고 있고 직장은 부천에 있습니다. 제가 이 발언에 상처받았느냐고요? 그렇지 않습니다. 껄껄 웃었습니다. 우리나라의 소위 '보수주의자'들의 천박하고 경박한 인식을 이 정도로 잘 드러낸 발언은 흔치 않았으니까요. 사람을 출신 학교, 직장, 자산의 정도, 거주 지역의 부동산 지가로만 판단하는 건 개인의 자유입니다. 하지만 천박하죠. 그들이 생각하는 '인간을 구성하는 부품 리스트'에 동료 시민을 존중하는 상냥함과 다양한 개성과 취향을 더해주고 싶습니다.

더하여, 인천의 진짜 매력은 다양한 음식 전통이 한몫합니다. 조선 최초의 개항장인 탓에 서양식과 중식, 일식 등 다양한 음식 전통이 오래전부터 꽃피웠습니다. 현재 신포동, 북성동을 비롯한 개항장 일대의 중식당은 그야말로 전국 최강입니다. 사실 신포동에는 60년 넘은 노포가 즐비하죠. 민어 요리, 냉면, 저렴한 최고급 한우, 스지탕, 부대찌개 등 정갈한 한 끼 식사에서 서민의 지갑을 든든히 지켜주는 음식까지. 구축을 리모델링한 개성 만점의 카페, 인더스트리얼 카페, 로프트 카페, 개항기 디저트 등 개성 넘치는 카페가 밀집한 지역이기도 합니다. 덤으로 인천 사람들이 물텀벙이라 부르는 아귀찜 요리는 원도심 전역에 넓게 퍼져 있습니다.

원이었다. 유명희 본부장은 박근혜 정부 시절에 청와대에 근무했다. 이런 배경을 생각하면 정치적으로는 보수에 가깝다. 국가안보와 경제는 정치적 성향으로만 나눌 수 없다. 당시 집권당이던 민주당 정부는, 유명희 본부장이 비범한 인물임을 알았다. 미국식으로 생각하면 장관에 가까운 요직을 맡겼다. 이렇게 뛰어난 인물이니, 경제보복을 감행한 일본으로서는 긴장할 수밖에 없었다. 일본이 대놓고 반대했던 걸 보면, 일본이 우리 정부와 인사에 대해 얼마나 긴장하고 있는지 역으로 잘 알 수 있던 일이었다.

일본의 반대는 단순히 유명희 개인의 능력에 대한 두려움만은 아니었다. 일본 우익 정치인과 엘리트 경제 관료의 눈에는 한국은 절대 국제무대에 요직을 맡아서는 안 되는 나라다. 일본 정부는 WTO의 새 사무총장에 한국인이 선임되는 것을 공식적(노골적)으로 반대했다. 유명희 후보 대신, 케냐 출신의 아미나 모하메드 전 WTO 총회 의장이나, 나이지리아의 외무·재무장관을 역임한 응고지 오콘조이웨알라를 지지했다. 결국, 최종 결선까지 올라간 사무총장 후보는 유명희 본부장과 일본과 중국이 지지한 나이지리아의 오콘조이웨알라였다. 유명희 후보를 지지할 것처럼 보였던 트럼프 행정부와 달리 바이든 대통령 행정부는 유럽연합과 다수 국가가 지지한 나이지리아 후보 손을 들었다. WTO 사무총장 선거 전통에 따라, 유명희 후보는 자진해서 사퇴했다. 한국의 패배. 일본과 중국의 동상이몽 승리였다.

아베는 바보지만, 일본 정부 전체가 바보는 아니었다. 그들도 세계 최초의 여성 WTO 수장의 의미를 잘 알고 있었다. 유명희 본부장을 낙

나이지리아 응고지 오콘조이웨알라(전 세계은행 전무)와 케냐 아미나 모하메드(전 WTO총회 의장)

마시키기 위해 일본이 꺼내든 카드는 모두 제3세계의 여성 리더였다. 그것도 하나같이 UN과 세계은행 등의 국제기구에서 실무 경험이 풍부한 여성들이었다. 유명희 본부장의 대항으로 좋은 선택이었다.

일본도 자체적으로 후보를 내야 한다는 목소리가 제법 진지하게 나왔다. 그것도 일본인 여성으로 국제기구에서 오래 근무한 경력이 있는 여성이 필요하다는 목소리였다. 일본 정부는 데이터베이스를 검색했을까? 아니다. 그들도 잘 안다. 일본에 국제적 정무 감각을 지닌 리더는 고사하고 여성 리더는 더 찾기 어렵다는 것을.

단순히 일본에 여성 리더가 적다는 이유만으로 일본을 폄하하는 것이 아니다. 성평등은 본질적으로 인권의 문제다. 사람은 어떤 이유로든 차별받지 않아야 한다. 어떤 소수자라도 반드시 지켜져야 할 최소의 인권이 있다. 일본에 여성 리더가 부족한 건, 생각보다 일본의 인권 수준이 그리 높지 않을 수 있다는 사실을 의미하는 것은 아닐까?

유명희 본부장의 WTO 사무총장 선거는 실패로 끝났지만, 이 과정에서 일본의 이익은 거의 없었다. 오히려 몇 가지 악재만 선명해졌다.

첫째, 일본 경제보복의 부당함. 둘째, 일본에는 여성 리더가 없다는 사실. 마지막으로, 그 불편한 진실이 유명희 본부장을 통해 간접적으로 다시 조명되는 것.

일본의 여혐, 남혐

여혐과 남혐이라는 두 개의 망령이 우리 사회를 갉아먹고 있다. 혐오와 차별이 성별 간, 세대 간으로 굳어지는 것 같다. 이건 단순히 슬픈 일이 아니다. 온몸의 힘을 쥐어짜 저항하고 깨뜨려야 할 악이다.

일본은 어떨까? 일본에서는 여혐이라는 말 자체는 비일상적이다. 생각해 보면 '혐오'를 성별로 나눠 이렇게 일상적으로 쓰는 나라는 우리밖에 없는 것처럼 보이기도 한다. 일본은 성소수자에 대해 우리보다는 관대한 편이다. '여장남자 문화'가 하나의 서브컬처를 이루고 있을 정도다.

마츠코 디럭스(マツコデラックス)라는 유명한 연예인이 있다. 스모 선수처럼 듬직한 외모로 여장하고 다니는 묘한 매력의 인물이다. 선을 넘나들며, 선이 없는 독설 캐릭터로 인기를 누리고 있다. 또한 대표적인 혐한 연예인이다. 방송에서 이런 말을 했다.

"한국이 뭐 그리 대단하다고 난리야. K-POP이 일본에서도 인기 있는 이유는 그만큼 일본이 전 세계의 문화를 포용하고 있기 때문이야!"

이런 사람도 주류에 있을 정도니, 확실히 일본이 우리보다 성소수자에 대한 관용도는 높은 것 같다. 문제는 피시함과 젠더 의식이다. 일본의 여성상은… 눈물이 난다. 젠더 의식이라는 게 아예 없어 보일 때가 있다. 규모가 있는 직장이라면, 여성은 회사가 지정한 유니폼을 입어야 한다(아직도?). 술자리에서도 여성이 술을 따르고, 안주를 나눠 주는 게 당연한 문화다. 여성이 고위직이나 카리스마 넘치는 사람이 아니라면 이게 당연하다.

미투 운동이 활발하던 2017년에 일본에도 미투 폭로가 몇 번 있었다. 그런데도 바뀌는 게 거의 없었다. '성추행이나 폭행을 한 놈이 나쁜 건 맞는데, 여성에게도 문제가 있지 않아?' 이렇게 생각하는 게 사회의 분위기다. 보수적이라고 말하는 것조차 온화하게 느껴질 정도로 끔찍하다. 문제를 일으킨 원인을 찾고 책임을 묻기보다, 문제에 연루된 사람이면 피해자라도 일단 경시하는 분위기가 일본 사회 전반을 관통하고 있기 때문이다.

일본의 여성상이란… 한마디로 '가와이스기(可愛いすぎ)'다. '가와이'하지 않으면 인정을 안 하는 분위기다. 그러니 보통 일본 여성들은 생존을 위해 '가와이'하려 기를 쓸 수밖에 없다. 이걸 보고 일본인 여성의 여성성이 강하다고 말하는 바보들이 있다. 안타까운 게 아니라 화가 난다. 여기에 화나지 않는다면, 글로벌스탠더드에 한참 늦은 일본을 이상향처럼 보는 부류다.

일본의 노인혐오

일본인끼리는 서로 혐오가 없는 것처럼 오해할 수 있는데, 그렇지 않아요. 특히 노인혐오가 심합니다. 심지어 노년층을 약탈 세대라 비난하는 청년도 있죠. 과거 버블기의 단물을 다 빨아먹고, 풍족한 자산까지 마련해 놓고 자신들의 미래를 갉아먹고 있다고 생각하는 거죠. 경제적으로 민감한 청년세대가, 노년층이 연금만 빼먹고 자신의 미래를 위험하게 만든다는 거죠. 일본 청년의 분노가 그들을 이렇게 만든 일본 정치인을 향하지 않고, 노년층으로 향하는 것은 동의하기 어렵지만, 해석은 가능합니다. 어느 사회나 쇠퇴기에 들어서면 손쉽게 혐오하고 차별할 수 있는 대상을 찾기 때문이에요.

우리도 마찬가집니다. 조금만 방심하면 차별이 일상이 되는 '대혐오시대'를 맞이할 수 있어요. 우리 커뮤니티에 세대갈등이 있는 건, 일본을 닮아가는 게 아니라 경제가 어렵다고 생각하는 위기감 때문이죠. 특히 '납작한 공정감'이 무섭습니다. 인천국제공항 정규직 논란에서 가장 민감하게 드러났던 문제입니다. 공정함이 제일 중요한데, 그러면서도 강원랜드 입사 비리에는 크게 반응하지 않아요. 모 장관 자녀의 대학 입시 부정에는 크게 분노하면서, 대권주자 가족의 학력, 경력 위조는 또 무덤덤합니다. 음주운전 인사사고에는 크게 분노하는데 국회의원 아들의 음주운전은 시큰둥하죠. 일본과 한국, 더 이상한 나라는 어디일까요?

망국의 가속화, 일본만의 디지털화

3장

곤이즈곤

카를로스 곤

아베의 경제보복에 대항한 일본 불매운동이 한창이던 2019년 겨울 낯선 소식 하나가 귀를 사로잡았다.

"닛산 코리아, 한국 철수 고려."

'응? 닛산이 도요타보다 많이 밀리긴 하지만, 그래도 르노닛산 얼라이언스로 나름대로 선방하고 있었는데? 아무리 불매운동이 있지만, 몇 달 지나지 않아 바로 철수? 이건, 뭔가 더 있는데….'

한때 세계를 주름잡던 닛산의 몰락과 부활 그리고 다시 추락의 과정에는 문제 인물이 한 명 있다. 카를로스 곤, 이 사람이 모든 사태의 중심에 있는 인물이다. 그는 르노닛산 얼라이언스의 회장이었다. 닛산이 포르쉐를 잡겠다며 출시했던 희대의 역작이자 망작이었던 350Z와 370Z 시리즈를 강력하게 밀어붙였던 인물이다. 세계 자동차 업계는 물론 보통 사람들에게 카를로스 곤은 단순히 대기업 경영인을 넘어선 슈퍼스타였다. 망해가는 닛산을 일으켜 세운 영웅으로 추앙받았다.

1985년 일본 경제 절정기에 닛산의 주가는 1,500엔까지 치솟았다. 버블이 꺼진 1997년에 무려 200엔으로 급전직하했다. 12년 동안 주가가 7분의 1토막으로 추락했다. 재생이 불가능해 보였다. 닛산은 자사를 인수해 줄 자동차업계의 큰손을 찾아, 미국과 유럽의 메이저 자동차 메이커 문턱을 드나들었다. 우여곡절 끝에 프랑스의 르노가 닛산의 구원투수로 나섰다. 르노가 내세운 인물이 카를로스 곤이다. 곤의 닛산 사장 취임 후, 단 3년 만에 200엔이던 주가는 1,200엔까지 회복됐다. 카를로스 곤은 표면상으로, 수치상으로 닛산을 구한 듯 보였다.

2022년 카를로스 곤은 일본 탈출로 더 유명해졌다. 동시에 다국적 피고소왕이 됐다. 여전히 일본 검찰의 추적을 받고 있는 주제에 닛산과의 민사소송, 프랑스의 탈세 혐의 수사, 레바논 퇴거 소송을 비롯한 다국가와의 소송에 휩싸여 있다. 재계 글로벌 슈퍼스타의 완벽한 몰락이다.

카를로스 곤은 1954년 브라질에서 태어났다. 브라질인은 아니다. 프랑스인 할아버지가 브라질로 이민한 뒤 곤의 아버지를 낳았다. 곤의 아버지는 레바논 사람과 결혼했다. 카를로스 곤은 출생부터 글로벌했던 셈이다. 1960년 유년기에 어머니의 나라 레바논의 수도 베이루트로 이사했다. 1960년대 베이루트는 중동의 파리로 불릴 정도였다. 레바논은 무슬림 일색의 중동에서 이집트와 함께 기독교 신자 비율이 제일 높은 지역이었다. 지중해성 기후로 날씨도 좋고, 유럽에서 부자들이 자주 휴양을 오던 탓에 1980년대 내전이 일어나기 전까지 베이루트는 중동 최고의 휴양 도시로 꼽히기도 했다. 곤은 1971년 할아버지의 나라 프랑스로 유학을 떠났다. 그랑제콜을 졸업했다고 하니, 공부도 잘한 모양이다. 출생부터 글로벌한 곤은 브라질에서 태어났으니 포르투갈어, 레바논에서 산 탓에 아랍어, 프랑스 혈통이니 프랑스어에 영어까지 무려 4개 국어 능통자라 한다.

카를로스 곤의 첫 직장은 미쉐린이었다. 미쉐린 브라질과 미쉐린 북미에서 승승장구했다. 나중에 GM과 포드에서도 스카우트 제의를 받을 정도의 능력자였다고. 이를 눈여겨보던 르노 회장이 부사장이라는 파격적 조건으로 곤을 모셔왔다. 르노 입사 후, 얼마 지나지 않아 르노는 일본 자동차 업계의 자존심 닛산과 얼라이언스를 맺는다. 브라질 출생의 프랑스, 레바논 이중국적자 카를로스 곤은 르노닛산 얼라이언스 사장으로 취임했다.

르노닛산 얼라이언스

1990년대 중반까지 일본 자동차 업계는 승승장구했다. 혁신과 대중성, 두 마리 토끼를 모두 잡은 모양새였다. 닛산도 그 중심에 있었다. 세계의 자동차 덕후들은 모두 기억하고 있다. 도요타 수프라, 스바루 임프레자와 함께 닛산 스카이라인이 얼마나 멋진 차였는지.

1990년대 중후반부터 세계 자동차업계가 재편될 조짐이 나타났다. 전통의 강호, 미국 메이저 업계가 몰락하기 시작했다. 일본 업체들도 부침이 심했다. 스바루는 기업 크기가 작으니 진작에 몰락했다. 도요타는 북미 시장의 성공으로 영업의 달인으로 거듭나고 있을 무렵, 닛산은 여전히 기술 개발에만 집착했다. 기술의 닛산이라는 기업의 정체성을 지키려 노력했던 때문. 덕분에 1990년대 중반에 이르자 적자가 눈덩이처럼 불어났다. 무려 한 해 적자만 7천억 엔(7조 원)을 기록할 정도로 심각한 위기였다. 닛산은 판매 순위에서도 혼다와 스즈키보다 아래로 떨어졌다.

한때 닛산과 어깨를 나란히 하던 최대의 경쟁사 도요타는 렉서스라는 프리미엄 브랜드를 탄생시켰다. 렉서스의 탄생과 성장은 대단히 대단하고 굉장히 굉장했다. '기술은 좋지만, 싸구려 이미지'의 일본 자동차, 도요타는 이걸 한 방에 날리고 싶었다. 결국 도요타라는 브랜드로는 메르세데스 벤츠, BMW 같은 프리미엄 이미지를 만들지 못할 것을 깨달았다. 도요타는 과감한 결심을 했다.

최대의 자동차 시장인 미국에서 승부를 걸었다. 미국 소비자들이 도요타가 만든 자동차를 프리미엄으로 인정하기 위한 조건을 찾아야 했다. 도요타는 렉서스 개발자들이 미국 상류층의 생활에 익숙해져야 한다며, 개발팀과 마케팅팀을 캘리포니아로 보내 그들을 미국 부자들처럼 살게 했다. 미국 중상류층의 감각을 체득한 결과, 탄생한 브랜드가 렉서스다.

렉서스를 '럭셔리+석세스'의 합성어로 생각하는 사람도 있다. 렉서스는 미국의 국민 드라마 〈다이너스티〉의 여주인공 이름 '알렉시스'에서 차용했다.미국인이라면 누구나 거부감 없이 받아들일 수 있는 브랜드명으로 친근하고 은근 고급스러운 느낌이다. 도요타의 럭셔리 넥스트 브랜드 렉서스는 승승장구했다.

닛산은 배가 아팠다. 닛산은 인피니티라는 따라쟁이 프리미엄 브랜드를 만들었다. 인피니티는 렉서스처럼 미국 프리미엄 시장에 안착하지 못했다. 닛산의 영업 적자는 갈수록 늘어났다. 가뜩이나 여력이 부족한 위기의 닛산은 1990년대 말부터 해외 메이저 제조사에 자본 투자를 요청하기에 이르렀다. 사실상 기업매각 수순이었다.

1990년대 중후반은 세계 자동차 회사들이 합종연횡하며(사실은 합병), 몸집을 키우던 시기였다. 21세기에는 상위 메이저 열 개사, 가혹하게 말하면 메이저 다섯 개사 정도만 살아남을 것을 모두 알고 있었다. 닛산은 이미 망조가 확실한 미국 자동차 회사에도 손을 벌렸다. 미국 메이저에게 닛산을 인수할 여력은 없었다. 닛산은 유럽에도 손을 벌렸다. 당시 닛산이 접촉하지 않은 메이저가 없을 정도였다. 미국의 크라이슬러, GM, 유럽의 피아트, 르노, 다임러 그룹까지. 역사에 가정은 의미 없지만, 이때 닛산이 현대차에 손을 내밀었다면 또 어떻게 됐을까…. 좀처럼 좋은 소식을 듣지 못했던 닛산의 손을 잡아준 마지막 기적은 르노였다.

르노닛산의 주인은?

1999년 르노는 닛산을 합병한다. 표면적으로 합병이 아니라 얼라이언스, 그러나 사실은 르노가 지배하는 구조였다. 당시 르노의 닛산 지배구조는 복잡했다. 르노는 닛산의 주식 43%를 가지고 있었다. 그런데 닛산은 미쓰비시의 주식 34%를 들고 있었다. 그러니 르노는 닛산과

덧붙이는 이야기

프랑스의 르노

우리나라에서 르노는 푸조와 더불어 독일 3사(메르세데스 벤츠, BMW, 아우디)에 비해 상대적으로 평가절하되는 브랜드입니다. 자동차의 원조 유럽에서 르노는 상당히 유서 깊은 브랜드죠. 내연기관 자동차를 최초로 만들었다는 칼 벤츠의 메르세데스 벤츠와 더불어 르노도 초창기부터 내연기관 자동차를 만들었던 유서 깊은 회사입니다. 유럽 전통 레이싱에서 지금까지도 다수 우승을 맛본 기업이기도 하죠. 총 우승횟수로는 한국인이 좋아하는 독일 3사 중 아우디보다 한참 앞서 있어요. 적어도 모터스포츠에서 르노의 위상은 한국인이 그토록 좋아하는 아우디와 비교할 바가 아니죠.

유럽인에게는 르노는 아우디보다 훨씬 유서 깊고, 각종 모터스포츠도 싹쓸이했던, 기술력도 밀리지 않는 브랜드지만 한국에서는 일본 차만큼이나 인기 없는 프랑스 브랜드입니다. 사실 프랑스 차는 스티어링과 차체, 하체 기술이 매우 뛰어난 편이죠. 본격 전기차 시대가 도래한 지금, 이런 건 아무 의미 없게 됐지만요.

미쓰비시 얼라이언스의 사실상 지배사가 되는 셈이었다. 현재도 표면상 르노-닛산-미쓰비시의 주주 구성은 르노 40%, 닛산 40%, 미쓰비시 20%로 보이지만, 사실상 르노가 닛산-미쓰비시의 지배주주인 셈이다. 더 재밌는 점은 르노의 지분 15%를 프랑스 정부가 가지고 있다는 점. 어떻게 보면 프랑스 정부가 르노, 닛산, 미쓰비시의 지배주주인 셈이다.

카를로스 곤의 닛산 사장 부임 후, 닛산은 빠르게 살아나는 것처럼 보였다. 취임 1년 후에 적자가 몇조 원 줄었다. 몇 년 지나자, 흑자까지 기록했다. 카를로스 곤은 세계적 명성을 얻었다. 도산 직전의 메가 자동차 메이커를 살려낸 재계의 슈퍼스타로 보였다. 하지만 일본인의 생각은 달랐다. 1990년대 초중반까지 일본이 세계에 자랑하던 종신고용제의 숨통을 끊은 게 그였다. 종신고용제는 말 그대로 고용을 종신까지 유지하겠다는 것이다. 청년기에 한 번 입사하면 퇴직할 때까지 근무할 수 있다는 이야기다. 지금은 생각만 해도 꿈같은 일이, 고도 성장기 일본에서는 너무도 당연한 제도였다.

1990년대 중반 고도 성장기는 이미 저물었다. 버블도 초라하게 꺼졌다. 일본 대기업은 하나둘씩 종신고용제를 포기했다. 닛산은 마지막까지 종신고용제를 포기하지 않았던, 일본 대기업의 마지막 자존심 같은 느낌이었다. 닛산에 근무한다는 게 사회적, 경제적 신분, 확실한 중산층이라는 걸 보장하던 때였다. 이걸 외국에서 온 낯선 최고경영자가 박살 냈다. 그것도 모자라, 닛산의 노동자 4만 명을 순차적으로 해고했다. 일본과 미국의 공장 중 생산성이 떨어지는 공장을 몇 개나 과감히 폐업했다. 기업의 이익은 지켰을지 몰라도, 해고 노동자 4만여 명과 수십만 가족에게 곤은 악몽 그 자체였다.

행복했던 삶을 한순간에 나락으로 떨어뜨린 인물, 카를로스 곤은 일본인에게는 닛산 경영 정상화보다는 일본 자동차업계 기술력을 상징하던 닛산의 대규모 해고로 기억되는 악명 높은 인물이기도 하다.

글로벌스탠더드와 달리 일본 내 카를로스 곤의 악명이 높다는 사실에 주목하게 된 사람들이 생겼다. 닛산 내 반카를로스파로 연합한 일본인 고위급 임원들. 그리고 도쿄지검 특수부다.

도쿄지검 특수부

도쿄지검 특수부는 일본에서 아니, 우리나라에서 더 유명했다. 이른바 일본 사회에 뿌리내린 '거악'을 척결하는 정의로운 검사 집단, 도쿄지검 특수부의 활약과 일본 국민의 지지를 부러워하던 우리는 도쿄지검 특수부와 비슷한 걸 만들었다. 대검찰청 중앙수사부, 중수부였다.

도쿄지검 특수부의 기원은 미 군정 시절의 '은닉물자사건수사부'에서 시작했다. 도쿄지방검찰청의 부서였던 은닉물자사건수사부는 미 군 부대에서 불법으로 빼돌린 물자와 유통과정을 수사했다. 점령군 부대의 물자를 빼돌리고 팔아치우는 과정은 절대 한두 사람의 부정으로 이루어지지 않는다. 각계각층 비위자 대표 연합으로 가능한 일이다. 몸통의 윤곽이 보이기 시작할 때면, 더 큰 몸통이 있다는 걸 알게 되고, 그때쯤 여기저기서 들어온 외압으로 수사는 혼란에 빠졌다.

은닉물자사건수사부는 복잡한 부정과 거대한 비리를 파헤치기 위해 전담 부서가 필요하다는 걸 깨달았다. 그렇게 탄생한 부서가 도쿄지방검찰청 특수부, 일명 도쿄지검 특수부였다. 도쿄지검 특수부는 승승장구했다. 일본 고도 성장기의 최대 비리였던 리크루트 사건 등, 일본인에게 '거악 척결'을 척척 해내는 '정의의 아군'처럼 인식됐다. 후일, 도쿄지검 특수부를 본따 오사카지검 특수부, 나고야지검 특수부도 생겼다. 도쿄지검 특수부는 '정의의 아군'이기만 했을까? 도쿄지검 특수부의 실체를 알린 책이 있다.

〈산케이신문〉 검찰 출입 기자로 잔뼈가 굵은 이시즈카 겐지(石塚健司)가 쓴 논픽션 《도쿄지검 특수부의 붕괴》다. 우리나라에서도 베스트

셀러였다. 그는 이 책에서 도쿄지검 특수부의 폐해를 강하게 지적했다. 두꺼운 베일에 가려진 조직 내부의 아마추어적 수사, 민간의 도쿄지검 검사 접대, 특수부 보직을 둘러싼 알력과 다툼, 법무장관 보고 없이 특수부 단독 강압 수사 진행, 협박으로 형량을 늘리고, 언론에 흘리는 극장형 수사 등. 강한 기시감이 든다. 일본이나 한국이나 막강한 권력을 쥔 조직은 필연적으로 내부 권력 투쟁과 자기 조직만을 보호하기 위해 물리력을 서슴지 않게 되는 모양이다. 이시즈카 겐지는 덧붙였다.

《도쿄지검 특수부의 붕괴(特捜崩壊, 2009년)》

“도쿄지검 특수부는 검찰 파쇼다.”

“도쿄지검 특수부는 결국 권력의 개로 전락했다.”

“검사는 수사가 정치에 어떤 영향을 주는지 생각해서는 안 된다. 수사로 세상이나 제도를 바꾸려 하면 검찰 파쇼가 된다. 그건 있을 수 없는 일이다.”

도쿄지검 특수부는 더 이상 예전처럼 일본인에게 사랑받는 검찰 수사 조직이 아니다. 이 사실이 오히려 도쿄지검 특수부가 과거의 영광을 위해 무리한 수사를 강행하기 쉬운 환경을 만든 건 아닐까?

체포

카를로스 곤의 인기가 점점 떨어지던 시점에 도쿄지검 특수부는 카를로스 곤에 주목했다. 글로벌 인기를 구가하는 슈퍼스타 경영인. 하지만 일본인에게는 인기 없는 경영인. 기소율 99%를 자랑하는 도쿄지검 특수부는 카를로스 곤 구속을 확신했다. 기소율 99%는 말이 안 되는 수치다. 도쿄지검이 수사하는 사건의 99%가 기소로 이어지고, 기소된 피의자는 어김없이 실형을 받는다는 뜻이다.

곤은 이래저래 적에게 둘러싸인다. 닛산 내의 반카를로스파로 연합한 임원들, 곤을 몰아내고 자신의 파벌에게 닛산의 대권이 오기를 기대하는 세력, 그리고 도쿄지검 특수부가 있다. 카를로스 곤에게 파멸의 시간이 가까워졌다. 도쿄지검 특수부는 누구인지 뻔히 보이는 익명의 루트로부터 카를로스 곤의 비리 및 비위 첩보를 수집했다. 정황상 닛산 내 반카를로스파 임원진의 작업으로 추측된다.

곤의 혐의는 두 가지였다. 금융상품거래법과 특수배임. 한마디로 월급을 제대로 신고하지 않았고, 회삿돈을 횡령했다는 말이다. 카를로스 곤은 분명 선인은 아니다. 도쿄지검의 기소 이유 중 일부는 사실일 수도 있다. 하지만 도쿄지검은 카를로스 곤 체포에 비상식적 방식을 동원했다. 도쿄지검 특수부의 장점인 전방위 압박이었다. 2018년 곤은 닛산 사장에서 르노닛산 얼라이언스의 회장까지 영전했다. 닛산의 후임 사장은 일본인이 아닌, 외국인이었다. 카를로스 곤계로 분류되는 그렉 켈리였다. 곤은 회장 취임 후 닛산의 집무실에 거의 모습을 나타내지 않았다. 일본 체류 기간도 짧고 불규칙했다.

2018년 겨울, 카를로스 곤은 해외 출장을 마치고 하네다 공항을 통해 일본에 재입국했다. 주일 프랑스 대사관의 주최로 열린 상공회의소 설립 100주년 기념행사에 프랑스, 일본 우호 협력의 상징인 르노닛산 회장 자격으로 참석할 예정이었다. 하네다 공항에 내린 카를로스 곤을 도쿄지검 특수부 검사와 수사관들이 기다렸다.

"곤 회장님, 도쿄지검 특수부입니다. 잠시 저희와 동행해 주시겠습니까?"

구금

도쿄지검 특수부가 구속영장을 제시한 건 아니었다. 한국과 일본 검찰 수사의 장기이자 악습인 참고인 수사였다. 일본 생활 이십여 년에 가까운 곤이 도쿄지검 특수부의 동행 요청이 어떤 의미인지 몰랐을 리 없다. 도쿄지검 특수부의 기소율은 99%. 도쿄지검이 기소하면 구속은 당연지사. 재판까지 가면 실형이 틀림없었다. 곤은 생각했다.

'나는 일본인이 아니다. 일본 검찰을 무서워할 이유가 없다. 게다가 불법을 저지르지 않았다. 어디까지나 닛산 내의 일본계 임원들의 무고일 뿐이다.'

곤은 그렇게 확신했다. 순순히 도쿄지검 특수부를 따라 도쿄지검으로 향했다. 닛산 내부고발자의 제보에 따른, 용의자로 매우 유력하게 의심되는 명목상 참고인 조사. 도쿄지검은 발 빠르게 사장 그렉 켈리의 신병 확보와 더불어, 미나토에 있는 카를로스 곤의 저택을 압수 수색을 했다. 내부고발에 의한 단순 조사가 아니라, 구속을 염두에 둔 수사가 틀림없는 정황이었다.

곤은 이중국적자지만 엄연히 프랑스 국민이다. 프랑스 대사관은 예정된 시간에 VIP 연사가 나타나지 않자 그제야 곤의 체포 사실을 알고 본국에 알렸다. 곤의 체포 소식은 발 빠르게 일본과 전 세계에 퍼졌다. 닛산은 내부고발자의 제보에 따라 지난 몇 달간 조용하게 시행했던, 곤 회장과 켈리 사장의 내부감사 중간 결과를 발표했다. 체포 다음 날, 닛산은 임시이사회를 열었다. 일본인 위주의 이사진은 카를로스 곤의 회장직과 그렉 켈리의 사장직 해임안을 결의했다.

르노닛산 최대주주인 르노 프랑스 본사는 이를 수용하지 않았다. 곤 회장과 켈리 사장을 해임하기 위해서는 두 사람이 일본 재판에서 실형을 받아야만 한다는 주장이었다. 가장 큰 의결권을 가진 대주주의 결정이었다. 곤은 자신이 일본에서 기소되고 재판을 받을 거라곤 상상하지 못했다. 적어도 프랑스나 유럽 법정이면 모를까, 일본은 아니라고 생각한 것이다. 구금 당시 구속된 상태도 아니었고, 귀가하면 바로 일본을 떠나 다음 대책을 마련할 속셈이었다.

도쿄지검 특수부의 행보는 곤의 상식을 뛰어넘었다. 임의동행이건 참고인 조사건 최대 시간은 72시간, 사흘이다. 도쿄지검 특수부는 조사 기간을 다시 사흘 연장, 그리고 또 열흘 늘렸다. 구속 상태가 아닌 참고인 조사에서 여러 정황을 계속 반복하며 벌이는, 검찰의 전형적 압박 수사였다.

당시 일본을 제외한 서구 언론은 '닛산의 쿠데타' '일본의 종교재판'이라며 도쿄지검 특수부의 강압 수사와 체포를 비난했다. 뚜렷한 혐의를 밝히는 대신, 정황증거를 나열하며 조사 기간을 연장하는 건 서구권에서는 이미 오래전 사라진 수사 방식이었다. 구금된 곤은 불안해지기 시작했다.

곤 이즈 곤

2019년 3월, 체포된 지 거의 석 달 만에 카를로스 곤은 풀려났다. 무려 10억 엔의 보석금을 물어야 했다. 일본 법원은 곤의 보석 신청을 받아들였지만 '가족과의 접촉 금지' '일본 출국 금지' 등 사실상 연금 상태를 명령했다. 도쿄지검은 계속 체포와 구속 가능성을 언론에 흘리며 2019년 내내 곤을 압박했다. 카를로스 곤은 직감했다. 일본에 그대로 머물 경우, 도쿄지검은 어떻게든 자신을 구속하고, 자신은 불리한 재판을 받을 거란 것을.

마침내 곤은 탈출 계획을 짠다. 2019년 연말, 카를로스 곤은 일본을 탈출했다. 탈출 상황이 기가 막혔다. 첩보영화를 보는 것처럼 대단했다. NHK 보도에 따르면, 곤은 도쿄 미나토구(港区)의 자택에서 홀로 나와 미국인으로 추정되는 외국인 두 명과 합류했다. 그들은 시나가와(品川)역에서 신오사카(新大阪)행 신칸센에 탑승했다. 영민한 작전이었다. 시나가와에서 기차를 탔다면, 일본 전국 어디라도 갈 수 있다. 시나가와는 도쿄의 주요 환승역이다. 서쪽으로도 북쪽으로도 동쪽으로도 노선이 교차하는 곳이다. 만일 있을지 모르는 추적을 피하기 최적의 출발지였다.

곤과 일행은 신오사카역에 도착해, 간사이국제공항 인근의 고급 호텔로 다시 이동했다. 그곳에서 미리 준비한 대형 악기 상자에 몸을 숨겨 간사이국제공항을 빠져나간 것으로 알려졌다. 신기한 점은 두 가지다. 도쿄지검 특수부의 무너진 경계심과 일본 출입국 관리의 허술함이다.

곤의 체포는 일본뿐 아니라 전 세계 언론이 도쿄지검에 귀를 쫑긋 세운 대형 사건이었다. 도쿄지검 특수부는 중요 피의자 감시를 소홀히 한 셈이다. 24시간 감시 감청은 불법이지만, 곤이 적당한 때를 틈타 일본 국외 탈출을 시도할 것이라는 가능성은 충분했다.

곤 회장은 연봉이 340억 원에 달할 정도의 자산가다. 일본 탈출을 위해 최고의 용병을 섭외했다. 미국의 특수부대 중 하나인 그린베레 출신의 탈출 전문가를 고용했다. 그린베레는 민사심리전이 특기인 부대다. 전투력보다는 특수공작에 특화된 부대. 제아무리 탈출에 능한 심리전 전문가를 데려왔다 해도, 대형 악기 상자에 몸을 숨긴 채 국제공항 보안 검색과 수화물 검색을 통과하고 출국했다는 사실은 충격적이다. 일본의 합법적 출국 절차의 허점을 전 세계에 그대로 노출시킨 셈이니까.

그린베레 출신의 미국인 탈출 전문가는 곤에게 의뢰를 받아 일본 주요 지역 공항과 항만의 출입국 절차를 꼼꼼하게 조사했다. 간사이국제공항의 프라이빗 제트의 출국 절차가 생각보다 허술한 걸 발견했다. 외국에서 연주자와 악기를 프라이빗 제트기로 들여올 경우, 고가의 악기와 음향 장비의 출입국 절차가 별로 까다롭지 않은 점을 이용했다. 민항사의 대형 항공기를 이용한 통상적 출입국 절차보다 부자들의 프라이빗 제트기는 상대적으로 검색이 허술했다.

탈출 시나리오도 정교하게 짰다. 크리스마스를 맞아 곤 회장의 도쿄 미나토구 자택에서 성대한 파티를 계획했다. 곤의 저택으로 대형 악기와 낯선 사람들이 몇 번이고 들락거려도 이상하지 않을, 좋은 구실이었다. 탈출팀은 악기 상자에 곤을 숨겨 유유히 간사이국제공항 프라이빗 제트 검색 구역을 통과했다.

곤의 탈출은 일본의 두 가지 민낯을 드러냈다. 첫째, 일본의 검찰이 생각보다 정의롭지 않다는 것, 둘째, 일본 공공부문이 부자들에겐 꼼꼼하고 엄정하지 못하다는 것이다. 일본 사법체계가 글로벌스스탠더드와 차이점이 크다는 것을 전 세계 알린 꼴이다. 그리고 일본이라는 나라가 부자와 서민을 대하는 자세가, 출입국 절차조차도 매우 다르다는 것도 널리 알렸다. 물론 이 두 가지는 일본만의 이야기는 아니다.

덧붙이는 이야기

게임 〈곤 이즈 곤〉

북미 최대의 게임 플랫폼 스팀에서 카를로스 곤의 탈출을 풍자한 게임 〈곤 이즈 곤(Ghone is gone)〉을 출시했어요. 26억 달러를 들고 '논레바'로 탈출하는 게임입니다. 그렇습니다. 레바논이 아니라 논레바죠. 이런 게 서양인의 웃음 포인트인가 생각하면, 피식 웃음이 나옵니다. 게임 내에서는 공무원 매수도 가능하고 논레바까지 돈을 얼마를 들고 가느냐가 승리의 조건이었습니다. 재미있었냐고요? 때로는 게임이 현실의 흥미진진함을 따라잡기 어렵죠.

일본 탈출

곤의 일본 탈출기는 뭔가 흥미진진하다. 곤의 이야기보다 흥미진진하지는 않지만, 무서운 탈출 이야기가 있다. 일본에서 코로나19가 극심하게 확산되던 2020년 5월 당시 일본은 국가에서 운영하는 무료 PCR 검사를 받으려면 조건이 극도로 까다로웠다. 우선 고열이 4일 이상 지속돼야 하고 기침, 인후염, 호흡 곤란, 무기력증 중 세 개 이상 복합 증상이 나타나야 했다. 두 개의 조건 중 하나 이상의 증상이 나타나야, 겨우 PCR 검사를 받을 수 있었다. 그러다 보니, 증상이 의심되는 시민이 여러 지자체를 전전하며 검사를 받으려는 코로나 난민까지 발생했다. 경제적 여유가 있는 상류층은 검사 한 번에 수백만 원이 드는 대형 종합병원을 찾았지만, 이것도 쉽지 않았다. 2020년, 이 모습을 지켜보던 유니클로 야나이 회장이 한마디했다.

"일본이 망해가고 있다."

소프트뱅크 손 마사요시 회장은 한 걸음 더 나갔다.

"기술의 일본이 사라진 느낌이다. 일본의 문제는 산적한 국내 문제에 눈을 감고 해외로 눈길을 돌린다는 점이다."

당연하게도 손 마사요시 회장이 말한 '해외'는 한국과 중국이었다. 일본이 국내에 산적한 난제를 근본적으로 해결할 생각 없이, 해외에 적을 만들어 시민의 눈을 돌리는 데만 골몰하는 일본 정부를 지적했다. 세계 최고의 방역 시스템을 갖췄었다는 일본, 예방의학 최선진국, 잇단 자연재해를 극복하는 과정에서 체계화된 빈틈없는 매뉴얼을 자랑하던 나라, 섬나라의 특성을 살린 원천적 차단, 청결한 위생 의식으로 만든 안전 신화는 2011년 동일본 대지진 이후 무너졌다. 2020년 코로나19는 그나마 남아 있던 안전 동화까지 무너뜨렸다.

2020년 일본에 거주하던 사업가 지인의 코로나 탈출 실화를 소개한다. 지인의 부친은 한국 국적이다. 일본에서 몇 년간 견실하게 사업체를 운영하는 건실한 사업가다. 일본에서 한국 국적을 유지한 채 크고 작은 사업을 하는 우리 국민이 생각보다 많다. 이들이 운영하는 사업장에 한국인도 다수 근무한다. 지인의 부친에게 2020년 2월부터 코로나19 의심 증상이 나타났다. 동네 의원 두 곳에서 연달아 진찰했지만, 1차 의료 기관은 검사 키트 자체가 없다. 부친은 진단서를 들고 국가 운영 보건소에 PCR 검사를 의뢰했다. 보건소는 중증이 아니라고 검사를 거부했다.

계속되는 증상에 겁이 덜컥 났다. 도쿄도 내의 대형 병원, 누구나 이름을 들으면 알 만한 대형 대학병원 두 곳을 연달아 방문했다. 무려 수십만 엔(우리 돈으로 수백만 원)을 지불하고 사설 PCR 검사를 받았다. 검사 결과가 나오기까지는 최소 2주. 대형 병원에 검사 키트는 가뭄에 콩 나듯 있었지만 판독은 전문 인력과 판독 장비가 있는 후생성 외에는 불가능했다. 부친은 초조한 마음으로 판정을 기다렸다. 그러면서도 계속 한국 입국 방법을 찾았다. 당시 한국은 지역보건소에서 누구나 무료로 검사를 받을 수 있었고, 결과도 만 24시간이 걸리지 않았다.

부친은 계속되는 고열로 고통받고 있었다. 고열이 있는 상태라면 항공기 탑승이 거부된다. 무려 세 번의 예약 취소 후 민간요법으로 겨우겨우 해열에 성공했다. 마침내 한국행 비행기에 탑승했다. 2020년 국내 도착 외국발 비행기 탑승객은 무조건 PCR 검사를 받았다. 입국과 동시에 시행한 PCR 검사 결과는 겨우 두어 시간 뒤에 나왔다.

'양성.'

부친은 그대로 격리 치료를 시작했다. 다행히 중증은 아니었다. 강원도의 격리 치료 시설로 옮겨져 무상으로 한국의 치료를 받았다. 정말 무서운 일은 이때 벌어졌다. 며칠 뒤, 일본의 사설 PCR 검사 결과가 도쿄 자택으로 우편 배송됐다.

'음성.'

일억총활약 특임장관의 마치콘

일억총활약 특임장관

일본은 '특임장관'을 곧잘 임명한다. 이런 식이다. 중국과의 시급한 관계 개선이 필요하면 중국 담당 특임장관을 임명한다. 실제 정부 부처를 만드는 게 아니라, 총리 직속의 장관급 인사, 우리 식으로 말하면 일종의 대통령 직속 특별위원회의 위원장 같은 느낌이다.

아베 전 총리는 독특한 특임장관이 필요했다. 일억총활약상(一億総活躍大臣), 일억총활약 특임장관이다. 이게 뭘까? 일본의 저출산 고령화를 대비해 인구를 1억 명 이상으로 유지하는 데 집중하는 특임장관이란 뜻이다. 일본 인구가 앞으로도 1억 이상을 유지하는 데 필요한 모든 활동을 지원하는 특임장관이라니 겉보기는 그럴듯하다. 일억총활약 사회란 '젊은이도 노인도 여성도 남성도 장애와 난치병이 있는 사람도, 한번 실패를 경험한 사람도 모두 활약할 수 있는 사회'가 목표라 한다.

아베는 실행 부서 대신 정책 제안을 하는 위원회 성격의 '일억총활약 국민회의'를 만들었다. 특임장관에 해당하는 일억총활약상과 아베 총리를 비롯한 중앙 부처의 장관 열세 명, 그리고 각계의 지식인 열다섯 명으로 구성됐다. 하는 일이 뭘까? 이름이 국민회의다. 그래서 회의를 한다. 매달 꼬박꼬박. 공식 홍보 온라인 페이지를 검색했다. 어떤 내용으로 무엇을 토론하고 회의하고 있는지 궁금했다. 먼저 일억총활약 사회를 검색한다. 일본 정부 홍보 페이지가 나온다. 클릭을 누르면 "원하는 페이지를 찾을 수 없습니다. URL을 다시 확인하시거나 페이지 상단의 검색을 이용해 주세요"라는 메시지를 볼 수 있다. 뭔가 이상하지 않은가? 총리 직속의 특임장관직을 만들고 하는 일은 매달 회의록 생산이 전부라는 건데, 회의록조차 없다는 건.

초식남

놀랍게도 표면적으로 일억총활약상의 성과가 있는 것처럼 보였다. 일단 출생률이 높아졌다. 2005년 사상 최저였던 출생률(1.25%)이 2016년에 1.46%까지 올라갔다. 물론 일억총활약상 국민회의의 회의와 출생률 증가의 상관관계는 밝혀진 게 없다. 오히려 인간의 근원적 공포를 자극하는 자연재해 또는 전쟁 후의 일시적 인구 증가, 이것으로 판단하는 게 과학적이다. 참고로 우리나라의 출생률은 0.8%에 불과하다. 이건 이것대로 큰일이다.

출생률이 높아졌으니 일억총활약상은 우쭐했다. 그리고 곧장 엉뚱한 사업을 구상했다. 일억총활약상이 구상한 엉뚱한 사업을 말하기 전에, 먼저 알아야 할 것이 있다. 초식남(草食男子, 소쇼쿠단시). 초식남은 한때 우리 사회에서도 유행어였다. 일본에서 말하는 초식남의 실체를 알면 한없이 슬퍼진다. 우리의 초식남은 보들보들하고 부드럽고 점잖고 호리호리한 남성을 떠올리게 한다. 일본의 초식남은 한마디로 연애 못 하는 남자, 연애 경험도 없고 연애 욕구조차 사라진 무성(無性)의 존재다. 일본의 한 대학교수가 《초식계 남자의 연애학(草食系男子の恋愛学)》이란 책을 냈고 이 책이 베스트셀러가 되며 단숨에 일본과 한국을 관통하는 유행어가 됐다.

일본 사회보장 인구연구소는 18~34세 미혼 남녀의 결혼과 출산에 대한 설문 조사를 정기적으로 한다. 이 보고서에 따르면, 현재 연애를 못 하고 있다는 남성의 비율이 무려 70%, 여성은 59%라고. 우리 청년들도 N포로 고통받고 있는 걸 생각하면, 전 세계 청년들은 어디나 비슷한 것 같다. 대부분의 일본 청년, 그중에서도 남성이 연애 따위 꿈도 못 꾸고 있다. 이런 남성들이 비자발적 초식남이 됐다.

일본 미디어가 흔히 쓰는 "OO의 진화"라는 표현이 있다. 연애에 소극적인, 연애 욕구가 부족한 초식남이 진화하면 무엇이 될까? 정답은 '절식남(絶食男)'이다.

절식남

절식남, 한마디로 초식을 넘어 연애 욕구 자체가 사라진 상태를 자조적으로 표현한 단어다. '연애'를 '식욕'에 비교한 건 어떤 의미에서도 올바르지 않다고 생각하지만, 지극히 일본적 표현인 '절식남'은 일본인 전체에게 자연스레 '스며들었다'라 말할 수 있다.

'사랑'은 인간이 맺는 사회적 관계의 궁극적 목적이자 삶을 지탱하는 근본이다. 사랑을 또는 사랑하는 사람을 잃었을 때의 고통은 신체의 물리적 고통만큼이나 강렬하다. 그렇다고 사랑을 인간 생존에 절대 필요한 '식욕'에 비유하는 센스는 절대 동의할 수 없다. 식욕을 잃은 개체가 늘어날수록 공동체의 존속이 위태로워진다. '사랑'이라는 궁극적 사회적 관계 맺기의 욕구가 사라진 것도 공동체에 큰 위협이다.

한국적 의미의 '초식남'은 반전 매력이 있다. 연애 자체에는 소극적이지만, 연애에 눈을 뜨면 한 사람만을 바라보는 일편단심 민들레가 될 수 있다는 것. 나 말고 다른 이성에게 호기심 자체가 없으니, 오히려 진지한 관계 맺기에 더 좋을 수도 있다는 것이다. 트렌드에 민감한 일본 잡지는 앞다투어 '초식남 감별법' '초식남이 내게 관심 있다는 신호 유형' 등등의 선정적이지만 달콤한 환상에 빠지게 만드는 특집 제호를 발표하기도 했다.

그러다 등장한 게 절식남이다. 초식남은 연애에 서투르지만 연애 욕구 자체는 있다. 절식남은 연애 욕구가 아예 사라진 세대, 이들의 특성은 이렇다. 이성에게 쏟는 열정과 시간을 자신의 취미생활을 고도화하는 데 쏟는다는 것, 더 무서운 건 성욕 자체가 순수하게 사라진 것은 아닐까 하는 의문도 생긴다는 것.

1990년 후반의 일본 청년의 연애율은 50%대를 유지했지만, 절식남이라는 단어가 등장한 2013년 이후로 20~30%를 유지 중이다. 더 놀라운 건 2~30대 일본 청년층 중 한 번도 진지한 이성 교제를 경험하지 못한 비율조차 절반 정도라는 것이다. 한마디로 모태솔로 비율이 청년세대의 절반이란 얘기다.

연애가 좋은 건 알겠지만, 성공적 연애 관계를 유지하는 게 너무 피곤하단 이유다. 거기 들어가는 시간과 돈을 차라리 자기계발이나 취미의 고도화 또는 자산을 만드는 데 쏟는 편이 개인의 행복이나 미래를 위해서도 더 나은 투자라고 생각하는 것이다. 일본만의 문제는 아니다. 우리도 비슷한 문제에 직면했다. MZ세대에게 결혼이 필요한가를 묻는 최근 조사에서, 남성은 50%, 여성은 단 29%만이 결혼이 필요하다고 답했다.

초식남과 절식남의 등장에는 일본인의 특성도 한몫 거들었다. 원래 연애라는 게 조금 뻔뻔해야 한다. 용기를 내야 한다. 내가 맘에 드는 이성이 먼저 말을 걸어주고 고백을 하는 건 현실에서 절대 일어나지 않는 일이다. 평범한 일본인에게는 맘에 드는 이성에게 먼저 말을 건다는 건, 끔찍할 정도로 두려운 일이다. 하기야 이건 우리도 마찬가지긴 하지. 더구나 내 호감을 전달하는 건 자칫하면 상대에게 불쾌감을 주는 일이 되기도 하니까.

일본에서 초식남이 사회현상으로 인식되자, 어떤 일본인은 지극히 일본스러운 방식으로 돌파법을 찾아냈다. 마치콘이라는 해법이었다.

마치콘

마치콘(街コン)은 거리(마을)를 뜻하는 '마치(街)'에 단체 미팅을 뜻하는

'고콘(合コン)'을 합친 신조어다. 한마디로 단체 미팅을 마을에서 한다는 이야기다. 일본에서 남녀 간의 단체 미팅은 세대와 나이를 불문하고 꾸준히 인기 있는 편이다. 적게는 열댓 명에서 크게는 수백 명을 한자리에 모아서 대규모 미팅을 주선하는 업체도 성행한다.

규모가 있는 매칭 업체는 대형 호텔 등의 컨벤션룸을 빌린다. 여성은 미리 컨벤션룸의 테이블에 앉아 있고, 남성들이 미리 받은 프로필을 보고 맘에 드는 여성의 테이블로 이동한다. 몇 분 대화를 나눈다. 이런 사이클을 반복한 다음 스탠딩 파티를 하며 자연스레 서로 맘에 드는 커플끼리 다음 모임을 약속하는 게 가장 흔한 형태다.

마치콘은 이걸 거리로 옮겼다고 생각하면 쉽다. 말 그대로 거리로 옮기는 건 아니다. 동네 식당이나 카페, 이자카야로 옮기는 것이다. 미리 회비를 받고, 아케이드 상점가나 유흥가에 남녀 수십 수백 명을 뿌린다. 참가자는 주최 측이 정한 표식을 하고 그날 자신의 짝을 찾는다. 팔찌나 이름표로 이 행사에 참여한 사람인 줄 알 수 있게 하는 시스템이다. 거리(마치)를 돌아다니며 식사를 하거나 차를 마신다거나. 그래서 마치콘이다.

도쿄 같은 대도시에서는 한꺼번에 수십 수백 명 남녀를 모은다. 1인당 얼마의 참가비를 내는데, 대개 회비가 다른 지역보다 두 배 정도 비싸다. 주최 회사는 특정 지역의 식당과 이자카야를 몇 곳 섭외한다. 그곳에서 지정한 음식과 술을 시간 제한을 두고, 양은 무제한으로 제공한다. 일본어로 노미호다이(飲み放題), 다베호다이(食べ放題)라 한다. 생활 일본어로는 '노미호' '다베호'라 줄여 말한다. 노미호는 음료나 주

류 무제한, 다베호는 음식이 무제한이다. 마치콘에 참여하는 참가자는 이렇게 생각한다.

'어차피 다베호나 노미호를 하고 싶었어. 이왕이면 커플 매칭도 될 수 있으니 더 좋은 거잖아!'

마치콘은 시작부터 흥행이었다. 마치콘을 주관하는 회사만 몇십 개씩 우후죽순 창업이 시작됐다. 2014년 시작한 마치콘은 2015년이 되자, 한 해 전국 참가자 수가 200만 명이 넘을 정도로 활성화됐다. 주최하는 단체와 기업만 수백 개를 넘겼다. 2015년에는 이미 18~34세 미혼 남녀의 마치콘 참여 비율이 30%에 달한다는 설문조사가 있을 정도였다. 여기에는 동일본 대지진이 한몫 거들지 않았나 생각한다. 실제 2012~2013년부터 일본의 출생률이 부쩍 높아졌다.

폭발적 성장

마치콘에 참가하려면, 우선 마치콘 운영사에 회원가입을 해야 한다. 자신의 신상 정보를 기본적으로 기재해야 한다. 이게 참여하는 여성들에게 작은 안도감을 줬다.

'상대도 내가 공개하는 개인정보만큼은 기입을 하겠지. 이것으로 조금 안심.'

개인정보를 노출해야 하는 페이스북 같은 SNS 서비스에 가입하는 기분일 것이다. 물론 페이스북도 범죄에 가까운 DM이나 광고를 보내는 게 꽤 심각한 문제다. 하지만 페이스북에서 오래 공개적으로 활동한 사람들이라면 가짜 계정을 찾아내는 게 그렇게 힘들지 않다. 나에게 친구 신청을 한 사람이 누구인지 정확히 몰라도, 그의 지인을 통해 대충 짐작할 수 있다. 마치콘 회원가입이 이런 식이다. 그러니 아무래도 의심을 덜 하게 된다.

마치콘과 유사한 역할을 하는 데이팅 앱도 전 세계적으로 유행이다. 유럽, 특히 영국에서 유행이었다. 재미있는 건 코로나19로 데이팅 앱이 유행하고 클럽을 찾는 청년 수가 대폭 줄었다고 한다. 독일에서는 청년보다 오히려 중장년의 데이팅 앱 사용률이 더 높아졌다.

마치콘의 탄생과 성장은 꽤 흥미진진하다. 일본인은 친절하면서도 타인을 심각하게 경계한다. 뭔가 손해를 보는 일이 있더라도, 낯선 사람에게 말을 거는 것 자체를 엄청나게 부담스럽게 생각한다. 그런데 맘에 드는 이성에게 아무렇지 않게 말을 걸어도 되는 마당을 깔아준다는 마치콘이라니. 이건 조금 부담스럽지만 재미있다. 가게마다 약간의 시간 제한은 있지만 노미호와 다베호를 할 수 있다는 것도 매력적이다.

소심한 일본인을 위해 참가는 동성(同性) 2인조로 제한하는 게 마치콘의 기본이다. 그러니까 친구와 함께 맘에 드는 이성을 찾는 퀘스트를 뛰는 즐거움을 누리는 셈이다. 커플 매칭은 실패해도 친구와 즐거운 추억 정도는 만들 수 있다.

마치콘과 지자체의 이익 공유

민간에서 시작한 마치콘은 곧 공공부문인 지자체와 결합했다. 일본이나 우리나 중소 지자체의 가장 큰 고민이 뭘까? 고령화에 따른 인구

감소, 인근 대도시로 인구 이동으로 인한 지역 경제 침체 등이다. 마치콘은 이 점을 멋지게 파고들었다. 마치콘 운영자들은 아케이드 상가가 가장 한산한 시간인 오후 2~5시대 행사를 자주 만들었다. 가게는 최소한의 경비만 받아도 매출은 올라간다. 대폭 할인을 마다할 이유가 없다. 손님이 뜸한 상점가에 단번에 수백 명이 몰리면 어떨까? 이것만으로도 장관이다. 음식점에 이런 속설이 있다. "재방문객을 만드는 것보다 어려운 게, 첫 방문을 성사시키는 일."

한 번 방문한 손님이 재방문할 확률은 확실히 높아진다. 마치콘은 착착 진화했다. 가게 하나를 통째로 빌리는 가게 미팅, 쇼핑몰 자체를 통째로 활용하는 몰 미팅까지 다양해졌다. 액티비티를 활발하게 하면 서로 호감도가 높아질 거라는 가정 아래, 이왕이면 농촌까지 도와주자는 명분을 달고 농촌 미팅까지 나타났다. 이건 상대적으로 나이가 있는 독신 남녀를 위한 마치콘이었다. 연고가 없는 농촌 지역으로 이주를 꿈꾸는 남녀를 농촌에서 채소와 과실을 수확하게 하는 등의 액티비티를 함께하게 해준다. 나름 자연스럽고 세련된 농촌 체험 미팅이다. 게다가 결혼까지 성사되면, 그 지역에 거주하는 조건으로 지자체가 결혼축하금이나 각종 지원도 했다.

일억총활약상의 뻘짓

마치콘이 생각보다 인기가 좋았다. 이걸 본 일억총활약 대신의 눈이 반짝였다. '그러면 우리가 저 방식을 차용하면 되겠구나. 우리는 정부니까 행사를 더 화려하고 규모 있게 해보자. 이왕이면 전국의 자치단체장들도 모으고 그럴듯한 결혼정보회사도 앞세우고 도쿄에 크고 아름다운 컨벤션도 빌리자. 참여 및 후원회사도 왕창 모아야지. 그러면 좋은 성과가 있겠지.' 여기서 한발 더 갔다. 내디뎌서는 안 될 한발이었다. '이왕이면 정부가 미리 커플 매칭을 해주자. 마치콘에 참여하기 전에 미리 커플 매칭을 하고 다베호나 노미호를 하러 다니면, 커플 성사 비율이 높아질 것 아닌가?' 여기 무슨 문제가 있었을까?

① 이미 성공적인 민간 행사에 굳이 정부가 숟가락을 얹으려 했다는 점.
② 자문 조직에 불과한 '일억총활약 국민회의'는 실행 가능한 세부 계획을 수립할 수 없다는 점.

실행 계획이 없는 기획은 기획이 아니다. 꿈과 희망을 나열한 것에 지나지 않는다. 공공부문이나 민간기업이나 성공하는 기획은 섬세한 세부 실행 계획이 있다. 물론, 실행 계획은 예산과 인원을 적절히 고려한, 매우 현실적 계획이어야 한다. 우리로 치면 국무위원에 해당하는 중앙 부처 장관, 그리고 일본 최고지도자가 엄선한 지식인 그룹으로 이뤄진 일억총활약 국민회의에서 이 정도 아이디어밖에 나오지 않았다. 오늘의 일본을 대변하는 상징적 사건이다. 일억총활약상이 주관하는 대규모 마치콘이 열렸을까? 열리지 않았다. 기자들 사진 찍기 편하게 몇몇 어르신들이 인사 말씀만 길게 했다. 그나마 다행이었다.

덧붙이는 이야기

구라야미콘

일본에는 별의별 미팅이 있어요. 역시 미팅 대국. 최근에 구라야미콘(暗やみコン)이라는 방법도 성행한답니다. 구라는 어둠을 뜻하는 암(暗), 야미는 밤을 뜻하는 말이에요. 구라야미(暗やみ)는 한마디로 칠흑처럼 어두운 밤이란 뜻이죠. 그러니까 참가자들이 서로 눈을 가리고 이야기만 한다는 미팅입니다. 뭐 이런 얘깁니다. 참가자들이 외면보다는 내면에 더 집중할 수 있다는 뜻이죠. 이런 게 유행한다니까 "쳇, 젊은것들이 뭐 그리 숫기가 없어" 하는 어르신들이 있을지 모릅니다. 한국이나 일본이나 청춘들이 만나기 어려운 세상입니다(하지만 연애를 포기하는 건, 청년만이 아닙니다. 어엿한 중년도 연애를 포기하죠).

망국의 올림픽

코로나19 한일전

코로나19의 막연한 두려움이 진지한 공포가 돼가던 2020년 7월, 일본의 1일 신규 확진자가 처음으로 1,000명을 돌파했다. 돌이켜 보면 새삼스럽지도 않다. 일본의 코로나19 상황은 심각하지 않았던 때가 없었다. 2021년 여름이 되면 일본의 1일 확진자는 3~4,000명대로 늘어났다. 올림픽을 강행한 이후, 1일 신규 확진자는 수만 명까지 늘어났다. 당시 한국은 1일 최대확진자가 몇백 명이 넘었다고 난리를 치던 때였다.

2020년 여름만 해도 일본에서 1일 확진자가 1,000명이 넘을 거라고는 아무도 상상하지 못했다. 실제 감염자 수가 적은 건 아니었다. 먼저 PCR 검사 키트의 숫자가 턱없이 모자랐다. 어찌어찌 민간 병원에서 검사를 해도 유전자 증폭 결과를 판독할 장비와 인력이 공공의료 부문에만 있었다. 검사 수를 늘리기도 어렵고 검사 결과를 판독할 인원과 장비도 턱없이 모자랐다. 일본이 한국처럼 적극적 무료 PCR 검사를 하지 못한 이유다. 일본은 검사 수가 적으니 확진자가 적었다. 일본 정부는 의료붕괴를 심각하게 걱정하는 체했다. 의료붕괴를 막기 위해서, 불필요한 검사 수를 줄이는 것이라 발표했다.

2020년 7월이 되자 NHK와 닛케이는 29일의 신규 확진자가 1,003명을 기록했다고 보도했다. 무서운 일이었다. 일본은 이미 몇 달 전, 1일 신규 확진자가 500명을 넘었을 때 긴급사태를 선언했다. 가장 강도 높은 대책을 발표했는데 상황은 더 심각해졌다. 2021년 여름이 되면, 2020년 여름 일본인이 느꼈던 공포심이 차라리 앙증맞아 보일 정도까지 사태는 악화됐다. 2021년 여름 초입까지, 일본은 한국보다 먼저 백신을 대량으로 확보했다며 잠시나마 한국을 걱정해 주기도 했다.

2021년 4월 말, 한국과 일본의 백신 접종률은 각각 2%, 6%였다. 일본이 한국보다 세 배 높았다. 불과 6주 후인 6월 중순이 되면 한국 29%, 일본 16%로 역전됐다. 한국의 백신 접종은 공공과 민간의료 부문 모두에서 가능했다. 백신 예약은 인터넷으로 전화로 손쉽게 가능했다. 잔여 백신마저 아깝다고 전 국민에게 공개한 결과, 폐기되는 백신량도 거의 0에 가까웠다. 한국은 일본보다 뒤처졌던 백신 접종률을 금방 따라잡았다.

일본의 백신 접종이 느린 이유는 전국을 아우르는 통합 행정 전산망이 없기 때문이었다. 일본은 백신 접종을 위해 접종 대상자인 전체 국민에게 백신 쿠폰이라는 개인 식별 번호를 우편으로 보내고 있었다. 이게 언제 올지는 아무도 몰랐다. 2021년 6월까지, 도쿄와 오사카 등 대도시에서만 백신을 겨우 맞을 수 있었다. 지역의 중소 지자체에 백신이 언제 풀릴지 가늠조차 어려웠다. 이런 상황에서 한국처럼, 중앙정부가 직접 관장하는 권역별 대규모 접종 센터 운영은 언감생심인 상황이었다.

This is a pen

2020년 여름, 아베 정부는 감염병 검사 자체를 극적으로 축소했다. 어떻게든 도쿄올림픽을 강행하려 했다. 1일 신규 확진자를 표면적으로 20여 명대로 떨어뜨리기도 했다. 하지만 바이러스는 인간이 검사하든 말든 자기증식에 열중했다. 도쿄올림픽을 2021년으로 연기하고 일본 정부도 조금씩 검사 수를 늘렸다. 그 결과, 2020년 6월 말까지는 1일 신규 확진자를 100명대로 관리하는 듯 보였다. 이때, 일본 일부 언론의 자화자찬.

"일본인에게는 유전적으로 '팩터X'라는 것이 있다. 그래서 감염병에 강하다."

"일본인의 위생 관념은 세계 최고 수준이다. 타인을 배려하는 시민의식이 높아 확진자가 적은 것이다."

여기까지는 비교적 귀여운 정신승리의 영역이다. 일부 언론은 한발 더 나갔다. 유력 방송사에서는 일본어가 영어보다 발음 구조상 비말을 퍼뜨리는 파열음의 발음이 적어, 바이러스 전파가 영어권보다 적다는 민간 속설을 버젓이 방송했다. 영어권에 거주하는 일본인이 유

튜브에 업로드한 영상이 근거였다. 그는 영어로 “This is a pen(이것은 펜입니다)”과 “고레와펜데스(これはペンです, 이것은 펜입니다)”를 차례로 발음했다. 입에서 5cm 앞에 휴지를 놓고 발음했다. 신기하게도 “This is a pen”을 발음할 때 휴지가 심하게 펄럭였다. 반면 “고레와펜데스”를 발음할 때는 휴지가 거의 움직이지 않았다.

명백한 실험 오류다. 어느 언어나 파열음을 발음할 때는 비말이 확산할 수 있다. 얼마나 조심스럽게 발음하느냐는 TPO의 문제일 뿐이다. 이 콘텐츠는 영어를 제1언어로 사용하는 사람들뿐만 아닌 일본인들에게도 큰 비웃음을 샀다.

사카키바라 앨리라는 영어와 일본어를 거의 이중 언어처럼 할 수 있는 일본인이 “고레와펜데스”의 허구를 밝히기도 했다. 사실 검증할 필요조차도 없는 일이었다. 일본 정부와 일부(아니 다수의) 언론이 정신 승리에만 매달리고 있던 결과는 참혹했다. 그 결과가 1일 신규 확진자 1,000명, 그리고 도쿄올림픽의 1년 연기였다.

2021년 개최된 2020도쿄올림픽

도쿄올림픽은 개최 예정이었던 2020년 열리지 못했다. 올림픽 역사상 최초의 일이다. 전쟁 등으로 올림픽 자체가 취소된 적은 있었어도, 대규모 감염병 때문에 올림픽이 1년 연기된 건 처음이었다. 2021년에 열렸지만, 대회 공식 명칭은 여전히 2020도쿄올림픽이었다. 개최를 불과 두어 달 남긴 2021년 6월까지도 올림픽 개최가 여전히 불투명했다. 일본 곳곳에서 변이 바이러스 출현으로 ‘비상사태’ 연장을 선언한 지자체가 늘어났다.

2021년 6월 일본 최대 포털 야후 재팬은 긴급사태선언 재연장을 안내했다. 5월 말 해제 예정이던 긴급사태가 6월 20일까지 연장됐다. 도쿄도, 오사카부, 교토부, 후쿠오카현, 홋카이도 등 일본 인구 최대 밀집 지역이자 핵심 경제활동 지역이 대상이었다. 당시 일본의 긴급사태는 유럽이나 호주처럼 극단적 도시 록다운은 시행할 수 없었다. 1년 연기된 올림픽 개최에 위협이 되는 정책 결정은 할 수 없었다. 일본 정부는 사태의 심각성을 파악하고 올림픽 개최에 저해되지 않는 수준으로 긴급사태 연장이라는 고강도 정책을 발표했던 것이다.

긴급사태는 불요불급한 외출 자제와 도도부현 간의 이동 금지를 의미한다. 가능하면 회사도 출근하지 말고, 온라인 재택근무(テレワーク, 텔레워크)를 권고했다. 잘 알려진 것처럼 PCR 검사 수를 극적으로 줄였다. 신규 확진자의 증가를 인위적으로 억누른 게 아니라 은폐한 것이나 다름없었다.

2020도쿄올림픽은 역대 올림픽 중 최악의 올림픽으로 기억될지 모른다. 개최 일주일 전까지 개최 자체가 불투명했던 올림픽은 도쿄가 역대 최초였다. 검은9월단의 끔찍한 테러로 수 명의 이스라엘 선수가 살해당한 1972년 뮌헨올림픽, 소련의 아프가니스탄 침공에 항의하기 위해 미국을 위시한 서방세계 등 66개 국가가 불참해 반쪽짜리 올림픽으로 기록된 1980년 모스크바올림픽, 모스크바올림픽 보이콧에 대한 반대급부로 소련 등 동구권 국가 열네 개국이 불참한 1984년 로스앤젤레스올림픽, 나치 독일의 선전장으로 변질한 1936년 베를린올림픽, 입국 선수와 기자단의 핸드폰을 강제 수거, 자국 내 인권문제 언급 금지했던 2022년 베이징올림픽 모두 최악의 올림픽으로 기록되기에 충분하다. 2020도쿄올림픽도 마찬가지다.

덧붙이는 이야기

도쿄올림픽과 코로나

도쿄올림픽 기간 중에는 코로나 발생이 도쿄도 내에서만 하루 6,000명, 전국 규모로 1만 명이 넘었습니다. 올림픽 선수촌 내에서의 집단감염과 교차 감염. 이게 정말 문제였죠. 각국 올림픽 선수와 관계자 그리고 해외 미디어 일부는, 도쿄올림픽 조직위의 방역 수칙을 지키지 않았어요. 도쿄 시내로 몰려나와 여흥을 즐기는 바람에 그 여파는 고스란히 도쿄에 남았고, 일본 전국으로 퍼져나갔습니다.

망국의 올림픽

2016년 리우올림픽 폐막식까지만 해도 2020도쿄올림픽에 대한 기대감은 높았다. 2020도쿄올림픽 실패의 가장 큰 요인은 당연히 코로나 19지만, 글로벌 팬데믹을 고려하지 않더라도 도쿄올림픽 기간 내내 일본 내부의 허점이 너무도 잘 드러났다. 부실한 급식과 골판지 침대로 상징되는 선수촌 내 시설의 빈약함은 시작에 불과하다. 공식 선수촌 숙소에 제공된 골판지 침대 자체가 문제는 아니다. 환경을 생각한다면 좋은 대안이 될 수 있었다. 문제는 서양 선수의 체격을 고려하지 않은 채, 일본식의 크기를 고집한 것이다. 정작 일본의 유력 선수들은 선수촌이 아닌 고급 호텔에 숙박하며 따로 관리했다는 것도 문제였다. 올림픽과 스포츠 정신인 공정함과는 거리가 먼 꼼수였다. 적어도 개최국이 해서는 곤란한 일이었다. 문제는 얼마든지 더 있었다.

폭염과 폭우 대책이 없다시피 한 조직위원회의 경기 운용력과 행정력, 생활하수가 그대로 유입돼, 위생이 심각하게 걱정되는 철인3종 수영 코스, 픽토그램 퍼포먼스를 제외하면 아무 감동도 메시지도 없던 개폐막식 등, 크게는 해외 선수단과 관계자의 입국이 초래할 해외 변이 바이러스의 일본 내 전파, 선수촌 내 집단 방역 대책의 부실함, 선수단 내 확진자의 격리와 처우 문제 등 끝이 없었다.

TV도 PC도 없는 격리 시설에 분노한 해외 선수들이 부실한 식단과 시설과 처우를 규탄하는 스레드를 SNS에 자주 올렸다. 감염된 선수와 관계자를 마치 범죄자처럼 취급해, 인권문제로 비화할 정도였다. 2022년 베이징올림픽은 전체 외국 선수단과 관계자의 핸드폰을 수거하고 중국 내 일체의 문제를 언급조차 하지 못하도록 협박했다. 만일 그렇지 않았다면 단연코 2020도쿄올림픽이 아시아에서 개최된 최악의 올림픽으로 기억되지 않았을까?

올림픽에 참가한 선수와 올림픽을 지켜본 사람들에게는 분노와 짜증이 가득했다. 2021년에 열린 2020도쿄올림픽은 일본 선수단이 역대 최고의 성적을 거둔 것(일본 정부에게는 그나마 다행)을 빼면, 하나같이 미숙하고 엉성했다.

일본은 반세기 만에 도쿄에서 열리는 올림픽을 계기로 후쿠시마의 부흥과 일본 전체의 부흥을 꿈꿨다. 일본은 절반의 성공, 절반의 실패로 평가하지만, 세계인에게 일본이 의외로 엉성하고 부실한 시스템을 가졌다는 것을 알리게 된 결과를 낳았다고 말할 수밖에 없다. 물론 어려운 시기에 올림픽 개최를 결심하고 강행할 수 있던 배경에는 보이지 않는 곳에서 고생한 수많은 사람의 노력과 희생이 있었다. 일본 정부와 도쿄올림픽 조직위가 아니라 그들이 박수를 받아야 할 주체였다.

코로나19 같은 글로벌 팬데믹은 언제고 다시 발생할 수 있다. 단위 국가만의 대처로 해결할 수 없는 문제다. 일본 같은 이웃 나라가 심각한 문제에 빠지면, 우리에게도 심각한 위협이 된다. 도쿄올림픽을 전후해 이미 포화 상태에 도달한 일본의 방역 능력을 생각해 보면, 일본의 확진자 증가는 일본의 이웃 모두에게 위협이었다. 그리고 일본의 가장 가까운 이웃은 우리다. 인천공항에서 가장 가까운 일본인 후쿠오카국제공항까지 600km 남짓, 도쿄까지도 1,000km 정도다. 코로나19가 언제까지나 일본과의 하늘길을 막지 못한다. 이웃의 감염증 사태는 우리에게도 결코 유쾌한 일이 아니다.

아사히 불매

아사히는 일본 굴지의 음료 기업이다. 우리나라에서도 아사히 슈퍼드라이 맥주로 유명하다. 엉뚱하게도 일본에서 잠시 아사히 불매운동이 벌어졌다. 발단은 이렇다. 도쿄올림픽을 위해 우간다 선수 아홉 명이 일본에 도착했다. 우간다 선수단은 도쿄올림픽 조직위의 지침대로 우간다에서 PCR 검사 후 음성 판정을 받고 일본에 도착했다. 일본에 도착 후 다시 검사를 받았고 아홉 명 중 한 명이 양성 판정을 받았다. 이른바 변이 바이러스로 인한 감염이 의심되는 상황이었다. 놀랍게도 일본 보건당국은 양성 판정을 받은 확진자 한 명만 격리했다, 나머지 여덟 명은 선수촌으로 보냈다. 같은 비행기를 타고 온 밀접접촉자인데도. 일주일 정도가 지나 나머지 여덟 명 중 한 명도 양성 판정을 받았다.

우리 언론 일부는 이를 스캔들처럼 보도했다. 단순한 스캔들이 아니었다. 도쿄올림픽 조직위, 일본 출입국관리사무소, 후생노동성, 도쿄도 등의 공공부문이 제대로 작동하지 못한다는 증거였다. 2011년 동일본 대지진 이후, 미증유의 재난에 대처하는 매뉴얼 자체가 사라졌다는 강력한 증거였다. 설사 존재한다 해도 자기조직의 직무 범위를 벗어난 매뉴얼은 존재하지 않는다는 직간접증거였다.

사태가 심각해지자 우리의 대통령 비서실장에 해당하는 관방장관실에서 해명을 내놓았다. 더 가관이었다.

"밀접접촉자인지 정확한 판단이 이루어지지 않았다."

올림픽 참가를 위해 같은 비행기를 타고 온 선수단이 밀접접촉자가 아니라면 밀접접촉자는 대체 누구를 말하는 걸까. 도쿄올림픽을 위해 강도 높은 PCR 검사와 방역을 하지 않았으며 앞으로도 하지 않겠다는 선언이나 마찬가지였다. 유럽, 인도, 아프리카, 아시아, 남미를 가리지 않고 하루가 멀다 하고 변이 바이러스 감염이 증가하는 가운데, 전 세계 각지에서 선수와 취재진, 관광객 등 몇만 명이 넘게 도쿄를 방문하고 있었다. 이에 대한 대처가 전혀 없다는 고백이나 마찬가지였다.

비판 여론이 거세지자 일본 정부는 더 한심한 말을 내놓았다.

"밀접접촉의 판단 여부는 지자체의 일."

올림픽은 국가가 아니라 도시가 개최하는 행사이므로, 중앙정부는 책임이 없다는 말이었다. 그 와중에 도쿄올림픽 주요 스폰서인 아사히의 맥주를 비롯한 음료가 선수촌에 반입될 것으로 보인다는 보도가 나왔다. 선수촌에서 언제 어떻게 술 파티가 벌어질지 모르는 일이었다. 경각심이 떨어진 선수와 관계자들 간의 감염은 선수촌을 넘어 도쿄 전체로 금세 일본 전체로 다시 전 세계로 퍼져나갈 수 있었다. 상상만으로도 끔찍한 일.

일본 우익 주류 정치계는 어느 한순간도 도쿄올림픽을 포기하지 않았다. 2020년 올림픽 연기에 이은 취소 결정을, 일본 내의 누구도 할 수 없었다고 보는 게 정확하겠지만 말이다. 중앙정부는 중앙정부대로, 도쿄는 도쿄대로, 서로의 눈치만 보며 치킨게임을 했을 뿐이다. 요행을 바라면서.

그렇지 않고서야 "개막식 관중을 2만 명까지 늘리고 주요 경기 관람은 경기장의 절반에서 최대 1만여 명까지 수용하겠다"는 최초의 정책을 어떻게 발표했을까. 결국, 개폐막식조차 무관중으로 치렀지만, 올림픽 기간 내내 도쿄의 1일 확진자는 매일 최고치를 경신했다. 도쿄올림픽 조직위는, 경기장 내에서도 음료 특히 일본의 자랑인 맥주를 판매할 계획을 하고 있었다. 일본 정부는 올림픽 개최 전 정확히, 2021년 여름의 긴급사태 기간 중 도쿄 도내의 음식점에서 주류 판매를 제한한 바 있다. 그런데도 올림픽 기간에 경기장에서 주류 판매를 재개하겠다는 얘기였다. 중앙정부 고위 인사가 "이해관계가 있다"는 말로 주요 스폰사와의 계약 내지는 요구가 있었음을 시사하기도 했다.

엉뚱하게도 트위터를 중심으로 아사히 불매운동 바람이 잠시 불었다. 경기장 내에서 그리고 올림픽 선수촌 내의 맥주 판매를 허락할 것 같다는 불안감에 대한 반발이었다. 경기장 내 음료 반입과 아사히 불매운동은 해프닝으로 끝났지만, 도쿄올림픽의 허술함을 대표하는 해프닝으로 남았다.

재패니제이션, 일본화

'재패니제이션(Japanization)'. '일본화(日本化)'로 번역할 수 있다. 단어만 보면 무슨 뜻인지 단박에 고개를 끄덕거리기는 어렵다. 현대적 의미로는 20세기의 한국과 대만 등의 아시아국가가 일본의 음악과 드라마, 만화, 게임 등의 대중문화를 적극적으로 받아들였다는 뜻이다. 현재의 '한류'와 대비되는 말인 '일류'와 비슷한 단어로 해석되기도 한다.

그렇지 않다. 이 말은 끔찍한 뜻이다. 우민화 또는 황민화 교육의 시작에서 유래한 말이다. '일본화'의 어원과 기원은 일본 제국주의 시대의 황민화 운동(皇民化教育)이다. 학교에서 일본어만 사용하도록 강요하고, 나중에는 한국 이름을 버리고 일본 이름으로 개명하게 만든 창씨개명까지 포함된다. 식민지인들을 충실한 황국신민으로 만들겠다는 사조였다.

1990년대 버블이 꺼진 후, 재패니제이션은 다른 뜻으로 사용되기 시작했다. 일부 선진국 경제전문지가 일본의 버블붕괴 이후 극심한 경제 저성장과 디플레이션처럼 부정적 경제 상황이 개선될 여지가 보이지 않을 때 쓰는 말이 됐다. 블룸버그의 아시아 전문 칼럼니스트 윌리엄 페섹은 《재패니제이션》이라는 책을 출간했다. 이 책에는 올림푸스, JAL(일본항공), 소니 등 한때 세계 업계를 지배했으나, 지금은 도태된 일본 대기업의 사례 분석도 포함돼 있었다. 올림푸스는 세계 최고 수준의 광학 장비(카메라 등)를 생산하는 기업이었다. 일본이 자랑하는 장인정신, 기술 개발을 이야기할 때 빠지지 않고 첫손에 꼽히는 사례였다. 시대는 급변해 아날로그 카메라는 물론 디지털카메라까지, 카메라 시장 자체가 사라졌다. 올림푸스는 디지털 변환에 실패한 대표적 대기업으로도 꼽힌다.

일본항공(JAL)은 대한항공이 그토록 닮고 싶어 했던 기업이었다. 21세기 초반까지 JAL의 취항 노선 수, 수송 여객 수, 항공화물 총 톤수 등에서 대한항공과 비교 불가한 글로벌 대기업이었다. JAL의 최대주주는 일본 중앙정부다. 주요 주주도 일본의 공공기관과 지자체다. 한마디로 일본이 망한다면 모를까 망하려야 망할 수 없는 기업구조였다. 국가가 파산하지 않으면 모를까, 무엇을 해도 망할 수 없던 기업 일본항공의 결과는 충격적인 모라토리엄 선언이었다.

이유는 간단하다. 일본항공은 주인이 없는 기업이라, 경영도 덩달아 방만해졌다. 감시와 견제는 민주주의에만 필요한 것은 아니다. 조직의 운영 방식에서 소수의 의견을 존중하고 반영해야 하는 현대 민주주의와 가장 대척점에 서 있는 것은 기업이다. 기업의 존재 이유는 이윤 추구다. 글로벌 대기업일수록 사회적 책무가 강요되지만, 브랜드 이미지를 높여 기업의 이윤 창출에 반대하는 목소리를 잠재우기 위한 몫이 크다. 사회적 가치를 소홀히 하는 기업은 언제든 나락으로 떨어질 수 있다. 이윤 추구가 목표인 기업일수록 견제와 감시가 필요한 이유다.

1980년대 버블경제기 일본항공은 일본 전국과 전 세계에서 부동산 사업을 시작했다. 한때 일본 국내와 전 세계에 JAL 계열 호텔이 수백 개나 운영되던 때가 있었다. 이런 방만한 경영은 버블이 꺼지며 천문학적 부채로 남았다. 결국 수백 개 호텔 상당수를 매각했다. 올림푸스와 일본항공의 몰락은 정확히 일본 경제 전체의 몰락과 궤를 같이 한다. 일본 경제의 몰락이 경제적 이유보다는 정치(또는 경영) 실패에서 시작했다는 이야기다.

윌리엄 페섹은 《재패니제이션》을 통해 정치 실패가 어떻게 경제 실패로 이어지는지 분석했다. 그는 〈니케이 아시아〉 〈사우스 차이나 모닝포스트〉에서도 오랜 기간 활약한 아시아 전문가다. 2021년 봄 일본이 위험천만하게 올림픽 강행 의지를 포기하지 않았을 때, 그는 〈포브스〉에 기고를 올렸다. 아시아 전문 기자답게 논조가 간결했다.

❶ 스가 내각은 전임 아베처럼 코로나19 대처보다 올림픽 개최와 GDP가 우선이다.

❷ 일본의 백신 접종이 타 선진국보다 뒤처지는 이유는 '지나치게 엄격한 승인 절차'와 '공급 병목현상' 때문이다(일본의 뿌리 깊은 관료주의를 에둘러 비판).

③ 일본 국민의 72%가 도쿄올림픽 강행을 반대하고 있다.

④ 일본 GDP의 절반이 내수시장의 가계 지출인데, 코로나19의 장기화로 타격을 받았다.

그러면서 한마디 덧붙였다.

"올림픽 개최를 하지 못한다면, 일본의 상황은 더 나빠질 것이다. 2020년 예정됐던 도쿄올림픽을 준비하면서, 정부와 민간은 약 250억 달러를 신규 투자했는데, 이는 아베가 공언했던 4,000만 명의 외국 관광객이 있어야 가능한 일이었다. 대신 현재 일본은 새로운 감염 확산이 일어나고 있으며, 신종 변이 바이러스도 등장했다. 일본의 형편없는 정치적 대응 때문이다."

한마디로 일본의 형편없는 정치력이 올림픽을 망칠 것이다. 딱 이런 이야기. 사실이었다. 도쿄올림픽 강행이 일본이라는 선진국을 망친 주범은 아니지만, 올림픽의 실패 과정에서 한때 융성했던 선진국이 어떻게 망가졌는지 잘 보여주는 지표로 기억될 것이다.

GoTo 캠페인

재해인가? 인재인가?

대규모 감염병은 분명 자연재해다. 하지만 잘못 대처하면 고스란히 인재(人災)가 된다. 일본 우익은 도쿄올림픽을 지키기 위해 코로나19를 이용했다. 2020년 3월부터 급격히 감염자가 늘어나는 추세였다. 일본 정부는 감염자 숫자를 줄이겠다면서 검사를 하지 않았다. 감염자를 숨기기 급급했다. 덕분에 같은 기간 독감 환자와 독감으로 인한 합병증으로 사망자가 급증했다. 일본 정부는 합병증 사망자를 코로나19가 아닌 독감과 독감으로 인한 사망이라 강조했다. 당시 일본 정부의 발표는 기가 막힌다.

"바이러스 검사를 하지 않았으니 독감 사망자는 코로나19로 사망한 것이 아니다."

"코로나19 검사를 받지 않으면 코로나19에 감염된 것이 아니다."

"미, 영에 비교하면 일본의 사망률은 10분의 1이다. 일본은 세계적 방역 대국이다."

"PCR 검사를 늘리면, 알지 않아도 되는 확진자가 늘어난다. 이는 의료붕괴를 가져올 뿐 아니라 개인의 인권에 대한 침해다."

올림픽이고 뭐고 당장 취소하고 국내 방역에 전력을 쏟아야 할 때였는데도 아베 정부는 꿈쩍도 하지 않았다. 대표적 지표가 PCR 검사 숫자다. 한국은 이미 2020년 3월에 1일 검사 수 2만 건을 넘겼다. 일본은 7월에 들어서도 1일 5,000건이 최대였다. 검사 수를 늘리는 대신 엉뚱하게도 이웃에 볼멘소리했다.

"한국이 검사를 쓸데없이 늘려서 일본이 먹지 않아도 되는 욕을 먹고 있다. 한국이 나쁘다. 한국은 이웃에게 피해나 주는 민폐 국가."

2021년 상반기가 지나자 일본의 생떼는 쏙 들어갔다. 대신 다른 트집을 잡기 시작했다. 백신 확보였다. 2020년 말까지 일본의 백신 확보량은 문제없어 보였다. 2021년이 되자, 한국보다 빨리 접종을 시작했다. 코로나19 전쟁에서 일본이 한국에 유일하게 앞선 (그렇게 보이는) 시기였다. 당시, 우리 언론도 난리가 아니었다.

"일본은 백신 접종을 시작했는데, 왜 한국은 아직 시작하지 못하나."

"일본 등 주요 선진국이 백신 물량을 다 가져가면 한국은 어떻게 확보할 셈인가."

결론은 모두 알고 있다. 한국은 잔여 백신까지 쥐어짜며 접종률을 높였고, 일본은 올림픽을 시작하고서도 제자리 접종률을 보였다. 적어도 해외 선수단과 미디어 관계자의 얼굴을 맞대고 업무를 봐야 하는 필수 인원도 백신 접종을 맞지 못했을 정도였다. 이건 정말 너무하지 않은가.

코로나19 백신 전투에서 한국과 일본의 승패를 가른 요인은 물류와 접종이었다. 한국은 공공과 민간 부문 가릴 것 없이 의료 역량을 총동원했다. 보건의료 공공부문과 민간의료 부문에서 고생하신 모든 분에게 머리 숙여 감사의 인사를 드린다. 사람을 구하는 것이 나라를 구하는 일이다. 일본에서 코로나19는 자연재해의 범위를 넘은 것 같다. 오히려 미숙하고 무능한 대응에서 비롯된 '행정 재해'로 봐야 할 것 같다.

망국 가속화의 방아쇠

2018년까지 일본을 찾는 외국인 여행객은 약 3,300만 명이었다. 정말 대단한 숫자였다. 한국인만 한 해 700만 명 넘게 일본을 찾았다. 아베의 꿈이었던 '일본 관광 대국화'가 미리 실현된 것 같았다. 바보 아베지만, 관광 정책은 상대적으로 괜찮은 듯 보였다. 특히 외국인의 소비세 면제 범위 확대와 면세 점포의 확대, 이 두 가지가 일본 관광 대국화 가속의 핵심이었다.

일본 관광 대국화를 만들어준 결정적 역할은 분명 한국인의 몫이었다. 이 사실을 일본은 물론 우리도 잘 모르는 것 같다. 한 해 일본을 찾는 한국인이 700만 명이 넘는다는 숫자 때문만은 아니다.

일본 최대 여행객인 중국인은 도쿄, 오사카 등 대도시 여행에 전념했다. 한국인은 일본의 중소 도시로도 향했다. 그 결과 일본의 중소 도시 공항에 국제 왕복 정기노선을 취항하게 해줬고, 그 비행편에는 한국인만이 아니라 중국인과 다른 대륙인까지 가게 했다. 대표적 예가 규슈의 작은 광역단체인 사가현과 부산 너머의 대마도다. 사가현은 티웨이항공의 정기편을 유치하며 단박에 규슈 여행 축의 하나로 떠올랐던 곳이다. 대마도는 정기 항공편은 없지만, 대마도 지역 경제 활성화에 한국 여행객이 큰 공헌을 했다는 건 누구도 부인할 수 없다.

일본 중소 도시 입장에서 한국인 여행객은 황금알을 낳는 거위였다. 처음에는 한국인이 먼저 들어오지만, 한국에서 뜨고 있는 신규 여행지를 유심히 지켜보는 중국인이 뒤따라왔다. 한적한 어촌에 불과했던 일본의 중소 도시 상당수가 한국인 관광객으로 새로운 관광도시로 거듭났다. 아베는 황금알을 낳는 거위 배를 가른 정도가 아니다. 농장에 불을 지른 바보다. 코로나19로 가장 심각하게 경제 타격을 입은 지역이 일본의 중소 도시다. 2020년 아베 정부는 지역 경제 활성화를 하시겠다고 나름 비장의 대책을 내놨다.

GoTo 캠페인이다. 이름만 들어도 책상물림 관료의 머릿속에서 막 뛰쳐나온 거 같다. GoTo 캠페인은 비극이자 희극의 시작이었다. 아니면 코미디로 시작하는 공포영화가 될지도 모른다. 어느 쪽이든 일본 망국 가속화의 방아쇠가 될 수 있다.

겉보기는 그럴듯

GoTo 캠페인의 내용은 그럴듯했다. 해외 여행객이 사라진 일본. 일본인이 외국인 대신 일본의 각 여행지를 가면, 경비 일부를 국가가 지원해 준다는 것이다. 일본인은 여행할 수 있어 좋고, 덤으로 지역 경제까지 살릴 수 있어 보인다. 인구 최대 밀집 지역인 도쿄 도민들도 옳다구나 하고, 단체 여행 등 계획을 세웠다. 예약 챔피언 일본인답게 사전 예약도 열심히 했다.

코미디가 시작됐다. 2020년 일본 정부 최초 발표에 따르면 도쿄 도민들은 GoTo 캠페인 대상에 포함되지 않는다고 했다. 도쿄의 감염 상황이 갈수록 심각해지고, 무너지는 지역 경제를 살리기 위한 캠페인이지 도쿄 경제를 살리기 위한 캠페인은 아니라는 설명이다. 뭔가 이상하다. 2020년 고이케 도쿄도지사는 도쿄 도민을 향해 권고했다.

"7월 23일부터 시작되는 4일의 연휴 기간, 도쿄 도민은 불필요한 외출을 자제해 달라."

중앙정부는 도쿄 도민의 타지 여행은 캠페인 지원 대상에서 제외된다고 발표했다. 이상하다. 도쿄 도민이 가장 여행을 많이 갈 사람들인데, 그들을 제외했다. 도쿄는 일본 전체 인구의 10%가 사는 지역인데 말이다. 당연히 이런 의문이 든다.

'온천 여행을 떠나려는 수도권 주민의 모임에 도쿄 도민이 일부 섞이면 어떻게 되는 거지?'

'도쿄 도민이 이미 사전 예약으로 경비를 지불했다면?'

'지방 여행사를 통해 예약하고 경비까지 지급했어. 이걸 취소해야 하는 거야?'

'그래! 취소했어. 그런데 지방 여행사는 문 닫은 온천 여관을 재개했지. 온천 여관은 식재료도 구입하고 청소도 하고 경비를 지출했어.'

'도쿄 도민은 그렇다 치고 지역 여행사의 피해는 어떻게 되는 거야?'

일본 정부는 지역 여행사의 피해를 보상해 주기로 했다고 밝혔다. 진짜 코미디가 시작된다. 도쿄 인근 지바(千葉)현 우라야스(浦安)시에 커다란 쥐가 한 마리 있다. 도쿄사람들은 이걸 '우라야스의 쥐'라고도 부른다. 도쿄 디즈니를 말하는 도쿄식 농담이다. 도쿄 도민을 제외한 지역민이 도쿄 디즈니에 놀러 간다고 상상해 보자. 어떤 지역에서 오든, 무조건 도쿄역이나 시나가와역, 신주쿠역 등 도쿄 시내의 주요 환승역을 거쳐야 한다. 기차, 항공편, 버스, 자가용 뭐든지 상관없다(개인 요트를 타고 오는 사람은 디즈니랜드에 인접한 디즈니시로 곧장 갈 수 있지만).

지역 사람들이 디즈니에 가면서 도쿄 여행도 계획할 수 있다. 방역은 어떻게 되는 걸까? 도쿄 도민은 외출 금지를 권고해 놓고서, 다른 지역 사람들은 도쿄를 돌아다녀도 된다는 이야기인가? 도쿄 출신 학생이 다른 지역 학교로 유학을 하러 갔는데, 잠시 도쿄에 돌아와 도쿄에 거주하는 부모와 함께하는 디즈니 여행은 어떻게 되는 걸까? 바보가 아니라면, 이런 궁금증이 드는 게 당연하다. 일본이 이렇게 허술할 리가 없다고? 놀랍게도 2020년 일본은 비상식적으로 허술했다.

사업설명회

일본 정부는 서둘러 주무 부처 장관에게 기자회견(사업설명회)을 열게 했다. 당시 국토교통상 아카바네 가즈요시(赤羽一嘉)가 총리였던 아베에게 등 떠밀려 GoTo 캠페인 사업설명회에 끌려 나왔다. 언론은 물론 여행사 관계자가 모두 모였다. 기자와 여행사 관계자는 질문을 쏟아냈다.

"캠페인의 도쿄 도민 혜택 제외의 구체적 범위는 어떻게 됩니까?"

"이미 결제한 여행 경비의 취소 수수료 등 손실분 보전은 누가 부담하나요? 여행객입니까? 여행사입니까?"

국토교통상은 답변했다. 물론 횡설수설이었다.

"도쿄 도민과 타 지역민이 단체 여행을 할 경우, 대표자가 도쿄 도민이 아니라면 GoTo 캠페인 할인 대상이 될 수도 있습니다."

응? 뭐라고? 정부가 국민에게 꼼수라도 부려서 여행 캠페인에 동참해 달라는 건가? 가즈요시 국토교통상은 여행사에 철저히 방역대책을 세워달라고 주문했다. 그런데 구체적 기준은 제시하지 않았다. 그저 철저히 해달라고만 주문했다. 방역대책은 반드시 국가 기준안이 있어야 한다. 기존 정책과 궤를 달리한 새로운 정책은 기존의 것과 이해 상충하는 부분을 꼼꼼하게 찾아내 대안을 제시해야 한다. 그래야 부작용을 최소화하는 것은 물론, 이를 어기는 여행사나 숙박업소에 벌금이든 행정처분을 내릴 수 있다. 당시 일본 정부의 발표는, "그냥 열심히 해달라"는 것과 조금도 다르지 않았다.

더 놀라운 건 이런 사업설명회가 일본 전국 여기저기서 열렸다는 점이다. 중앙정부의 세세한 지침과 유권해석은 없었다. 지역마다 사업설명의 내용이 달랐다. GoTo 캠페인은 국가 주도의 관광부흥책이었다. 적어도 할인 대상과 제외 대상의 명확한 구분은 중앙정부에서 마련했어야 했다.

일관된 모호함

2021년 2월, 일본은 우리보다 빨리 백신 접종을 시작했다. 백신은 확보했지만, 접종에 필요한 냉동 물류 체계와 주사기가 부족했다. 일본인의 기대처럼 극적 변화는 일어나지 않았다. 2021년 3월 일본은 다시 한번 감염병 비상사태를 선언했다. 백신 접종 시작 한 달여 만의 비상사태 선언이었다. 비상사태(緊急事態, 긴큐지다이)의 핵심은 '타 도도부현으로의 이동 금지'였다.

일본에는 우리 광역단체에 해당하는 47개의 도도부현이 있다. 도쿄도에서 인근 지역인 가와사키현, 지바현 등으로도 이동하지 말라는 이야기였다. 2020년의 유럽이나 2021년 6월의 호주가 시행했던 고강도 록다운(필수 업무 외에 자택 대기)보다는 완화된 수준이긴 했다. 코앞에 다가온 도쿄올림픽 개최 강행 의사였다. 말 많고 탈 많았던 GoTo 캠페인을 전국적으로 일제 정지한 셈이었다. 지자체별로 이해관계가 엇갈렸다. 지역 내의 신규 확진자 확산 원인이 GoTo 캠페인이라 판단한 지자체는 비상사태에 찬성했다. 사태가 진정될 때까지 가능한 외부 관광객을 받지 않는 편이 유리했다.

해외 관광객이 없는 상황에서, 일본인 국내 여행객이 새로운 수입원인 지자체는 다른 입장이었다. 이들은 중앙정부에 GoTo 캠페인 일시 중지를 해제해 달라 건의했다. 일본 47개 도도부현 중, 무려 32개 현지사가 중앙정부에 요청했다. 2021년 5월, GoTo 캠페인 공식 사이트의 공지다.

모호하고 이상하다. 해석이 어렵다. GoTo 캠페인을 공식적으로 정

お知らせ	GoToトラベルは当面の間、停止継続を発表。国は都道府県が実施する"県民 割"を4月から12月まで財政支援する。
알림	GoTo 트래블은 당분간 정지 상태를 지속함을 발표한다. 국가는 도도부현이 실시 중인 '현민 할인'을 4월부터 12월까지 재정 지원한다.

출처: https://travelersnavi.com/coupon/goto-teishi

지하는데, 할인 정책은 12월까지 계속하겠다는 이야기인가? 아무리 살펴봐도, 앞으로 어떻게 운영하겠다는 원칙이 보이지 않는다. 원칙 없이 그때그때 위기를 벗어나기 위한 미봉책. 이게 일본 정부의 일관된 모호함이다.

GoTo 캠페인 공식 사이트는 일본관광청이 주무 부처다. 일본관광청은 중앙 부처인 국토교통성의 외청이다. GoTo 캠페인의 주무부서의 최고 책임자는 아카바네 국토교통성 장관이었다. 아카바네 장관은 2021년 5월 19일 기자회견에서 기막힌 소리를 했다.

"백신 접종이 완료되지 않으면 GoTo 트래블을 재개할 수 없다고는 생각하지 않는다(ワクチン接種が完了していないと、GoToトラベル再開ができないとは考えていない)."

이게 무슨 말일까? GoTo 캠페인을 계속하겠다는 이야기? 중지하겠다는 이야기? 문맥대로만 보면, 백신 접종과 관계없이 GoTo 캠페인을 지속하겠단 얘기처럼 보이긴 한다. 그런데 현재는 긴급사태니까, 일단 중지한다는 말이다. 1년 연기됐던 도쿄올림픽을 코앞에 둔 시기이니 어쩔 수 없는 정치적 수사 표현 정도 같다. 적어도 일시 정지된 여행 캠페인의 정확한 재개 일시 또는 여행 캠페인의 존속이나 폐지 여부는 밝혀야 했다.

코로나19 전쟁에서 일본 지방정부도 중앙정부도 어찌할 바를 몰랐다. 적어도 우리가 알던 '재해재난마다 철저한 매뉴얼로 대처'했던 일본은 이제 없다. 이웃 나라의 안타까운 현실이다. 정말 무서운 건, GoTo 캠페인이 언제 끝날지 모른다는 것. 진심으로 기원한다. GoTo 캠페인이 일본 망국의 방아쇠가 되지 않기를.

도장도 인사를 합니다

한미일, 재난지원금 대결

2020년부터 우리는 전국민재난지원금을 지자체와 중앙정부, 양쪽으로부터 받기 시작했다. 2020년의 기억을 떠올려보자. 우리 정부의 재난지원금은 1인 40만 원, 2인 가족 60만 원, 4인 가족 100만 원이었다. 재정 여력이 넉넉한 지자체는 중앙정부의 재난지원금과 별도로 지원했다. 어떤 지자체는 별도의 재난지원금을 마련할 여력이 없었다. 운 없게도 그런 지자체에 살아도 중앙정부의 재난지원금, 최소 40만 원은 받을 수 있었다. 지역 내에서만 쓸 수 있는 재난지원금은 정말 요긴했다. 애초 예상과 달리, 대기업 계열의 대형마트만 제외한다면 지역의 어떤 가게라도 사용할 수 있었다. 재래시장, 지역 병원, 약국, 편의점, 미용실, 안경점, 식당 등등 지역 생활 맞춤형이었다.

일본은 우리보다 빨리 재난지원금 지급을 결정했다. 1인당 무려 10

만 엔, 원화로는 100만 원 정도로 4인 가족이면 400만 원을 받을 수 있었다. 일본 국적자로 제한한 것도 아니었다. 합법적 재류민이라면 외국인도 일본 정부의 재난지원금을 받을 수 있었다. 유학생, 취업 노동자 심지어 워킹 홀리데이 중인 청년도 모두 받았다. 미국은 더 화끈했다. 성인은 1인당 1,200달러. 미성년 자녀가 있으면 1인당 500달러 추가. 부부와 미성년 자녀 2인의 4인 가족이라면 한꺼번에 3,400달러(약 390만 원)를 받을 수 있었다. 역시 기축통화의 나라답게 통이 컸다.

미국의 지급 방법은 어땠을까? 미국은 세계 제1의 경제 대국이다. 중앙정부가 대상자 모두에게 온라인 계좌 이체라도 했을까? 놀라운 사실은 미국 서민 중 상당수가 은행 계좌가 없다는 것이다. 믿기 어렵지만 사실이다. 급여도 현금으로 받고 저축은 꿈도 못 꾼 채, 소득을 전부 임대료 등 생활비로 소진하는 미국 서민이 생각보다 많다.

미국은 우편제도를 활용했다. 미국의 우편제도 신뢰성은 제법 높으니까. 세계 최초로 전자상거래를 활성화했고, 세계 최대의 온라인 상거래 시장을 자랑하는 미국은 여전히 수표를 우편으로 주고받는다. 미국에서 수표는 현금이나 마찬가지다. 미국에서 우편으로 보낸 수표의 분실은 생각보다 적다. 우편 시스템의 신뢰도가 여전히 높으니까. 하지만 이건 평화로울 때의 이야기다. 미 정부가 전국의 모든 사람에게 우편으로 수표를 보낸다고 공표 후 발송했다. 갑자기 우편 절도율이 높아졌다. 어떤 도둑을 체포했는데, 긴급지원금 수표 뭉치가 만 달러가 나왔다는 뉴스가 미국 전역에서 나왔다.

미국의 좋은 친구, 일본은 어땠을까?

절차에 필요한 인사법

일본의 진짜 문제는 지급에 필요한 절차였다. 일본의 정중한 인사법을 오지기(お辭儀)라 한다. 머리를 숙여서 정중하게 인사하는 예절을 말한다. 우리도 머리를 숙여 정중하게 인사하는 게 예절이다. 우리는 손을 가지런히 앞으로 모으고 머리를 숙여서 인사한다. 일본은 다르다. 평소 일본 드라마를 눈여겨본 사람이라면, 일본인이 머리 숙여 인사하는 모습이 우리와 묘하게 닮은 듯 다르다는 것을 눈치챌 수 있다. 우선 허리를 딱 펴야 한다, 손은 앞으로 모으지 않고, 바지나 치마 양옆 주머니에 딱 붙인다. 눈을 마주치며 미소를 띤다. 고개를 숙여 인사하는데, 허리는 숙인 채 얼굴을 상대를 향한다. 이게 가장 정중한 인사법, 오지기라 한다.

얼핏 생각하면 우리의 군대식 인사와 비슷하다. 우리가 군대 용어로 알고 있는 '경례'를 일본어로 '게레(敬礼)'라고 읽는데, 우리 한자로도

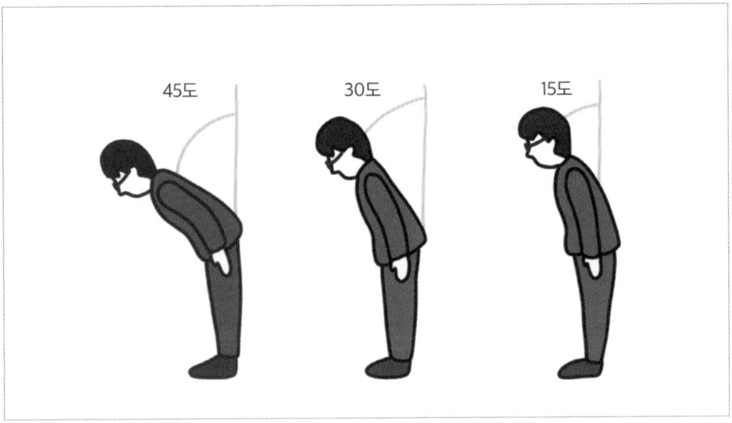

오지기의 기본

같은 '경례(敬禮)'다. 우리의 '례(禮)'를 일본식 간자로 '레(礼)'라 표기하는 것뿐이다. 일본인에게는 '거수경례'와 오지기식의 '게레'가 같은 뜻이다. 일본 자위대도 상관에게 거수경례하기도 하고 머리를 더 숙여 보다 정중한 오지기인 '최고경례(最敬礼)'를 하기도 한다. 어느 쪽이든 정중한 인사법이다. 이 정중한 인사법이 어떻게 재난지원금 지급 절차에 발목을 잡게된 걸까?

도장도 인사를 합니다

일본은 서류와 도장의 나라다. 은유나 비유가 아닌, 문자 그대로 '서류'와 '도장'의 나라다. 보수적 기풍의 기업과 관공서에서는 결재할 때 일부를 제외하면 모두 종이 서류에 단계별로 상급자의 도장을 받아야 한다. 일본에 전자결재 시스템이 도입돼 있지 않냐고? 20세기 말 윈도우95와 함께 일본에도 전자결재 시스템 ERP가 광범위하게 도입됐다. 문제는 디지털기기를 좀처럼 사용하지 않는 문화다.

일본에서, 담당자가 도장을 찍는다는 의미는 그 일에 책임을 진다는 뜻으로 여겨진다. 자신의 이름을 아로새긴 도장을 찍었으니, 이 업무에 나의 책임이 분명히 있다는 뜻이다. 전자결재로는 좀처럼 진정성이 들어가지 않는다고도 한다. 상사를 찾아 대면으로 결재 내용을 설명하고 도장을 받아 다음 단계의 상사를 찾아야 한다. 일본만의 독특한 직업 문화로 생각할 수도 있다. 그리고 사고가 생기면 사고 수습과 재발 방지 노력보다 책임자를 찾아 책임을 묻는다. 일본 특유의 고질병이다.

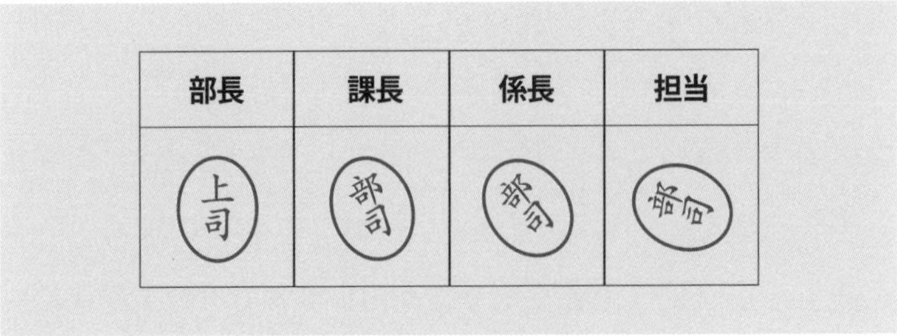

오른쪽부터 왼쪽으로, 담당-계장-과장-부장으로 갈수록 도장의 각도가 달라진다.
제일 하급자는 머리를 가장 깊게 숙이는 것처럼 도장을 찍어야 한다.

문제는 도장을 찍는 단계에 있다. 사람이 인사를 할 때 허리를 세우고 곧게 굽혀 인사하며 예를 표하는 것처럼 도장을 찍을 때도 같은 방식을 쓴다. 이른바 '오지기 도장(おじぎ印)' 문화. 도장을 찍을 때도 상사에게 허리를 숙여 인사하는 듯한 모습으로 도장을 비스듬히 찍어야 한다. 심지어 하급자일수록 머리를 더 숙여 인사한다. 담당-계장-과장-부장으로 갈수록 인사의 각도가 달라진다.

오지기 도장 문화는 전통을 중시하는 기업과 공공부문에서 여전히 널리 퍼져 있다. 보수적인 기업문화를 가진 금융업계가 오지기 도장의 대표 격이다. 구청, 시청, 중앙정부 등 공공부문은 말할 것도 없다.

위기를 부추기는 도장

2020년 3월이 지나면서 일본의 코로나19가 본격적으로 심각해졌다. 2020년으로 예정된 도쿄올림픽 강행을 위해, 일본은 기를 쓰고 확진자 수 줄이기에 몰두했던 결과였다. PCR 검사 키트의 수량이 부족했고, 이를 효율적으로 감당할 공공의료 인력과 시설은 턱없이 적었다.

일본은 비상사태를 선포하고, 직장 출근 대신 재택근무를 권유했다. 실내에서의 대규모 대면 접촉을 막아 확진자를 줄여야 했다.

일본의 재택근무는 대실패였다. 문제는 결재 서류였다. 정확히 일본 직장의 결재 문화 때문이었다. 비상사태에도 긴요한 업무는 즉시 처리해야 한다. 상급자와 최종결정권자의 결재를 받아야 할 일은 비상사태에도 생긴다. 결재 서류에 도장을 찍어야 하니, 하급자도 상급자도 최종결정권자도 회사에 출근해야 했다. 유일한 대안은 전자결재 시스템이다. 일본은 전자결재 도장도 오지기로 비스듬히 찍는 메뉴가 있다. 농담 같지만 사실이다. 결재 서류에 도장 대신 서명 처리는 소수의 기업에서나 가능한 문화였다. 도장 대신 서명 결재를 도입한 기업이라면, 이미 전자결재에 익숙한 시스템이다.

일본 내 상당수 기업은 전자결재 시스템을 도입했다. 도입하기는 했다. 상급자가 이를 활용할 줄 모르면, 출근할 수밖에 없다. 하급자는 종이 서류를 출력해 인사하듯 도장을 찍고 상급자를 찾아다녀야 한다. 전자결재 시스템이 무의미해졌다. 실내 대규모 대면 접촉을 방지하기 위한 비상사태 선언이 아무짝에도 쓸모없어졌다. 전자결재 시스템을 도입한 기업과 공공기관 중 상급자에 해당하는 시니어 그룹은 전자결재 시스템에 대한 이해도가 너무 떨어진다. 말 그대로 컴맹에 가까운 상급자도 많다. 변화하는 IT 환경에 적응하지 않아도, 그동안 생존하는 데 큰 지장이 없었으니까.

일본은 선진국 중 가장 빠르게 전 국민을 넘어, 일본에 합법적으로 거주하는 모든 사람에게 긴급재난지원금을 1인당 10만 엔이나 지급하기로 했다. 여기서부터 문제가 생긴다. "전자결재 따위 꺼져버려!" 특유의 문화, 모든 결재 문서에 직급별로 도장을 찍어야 일 처리가 부드러워지는 문화 때문이다.

일본의 IT 환경이 낙후됐을까? 물론 우리보다는 그럴 수 있다. 그렇다고 미국이나 유럽 선진국보다 한참 떨어질까? 그건 아니다. 컴맹에 가까운 IT 저능력자인 고위직과 오지기 문화가 문제다. 우리나라에도 시니어 컴맹이 많지만, 일본 수준까지는 아닌 건 다행이다. 진정한 위기는 일본의 뿌리 깊은 관습이다.

'지금까지도 앞으로도, 일본은 세계 최고의 기술 대국이자 경제 대국이야. 그동안 우리는 맡은 업무에 혼을 담아 책임을 진다는 의미로, 이렇게 도장을 딱딱 찍어왔지! 우린 앞으로도 도장 딱딱 찍으며 일할 거야. 그런데, 뭐! 어쩌란 말인가!'

일본 엘리트 또는 주류의 심정이 딱 이렇다.

덧붙이는 이야기

컴맹의 기준

21세기 컴맹의 기준은 무엇일까요? 정확히 PC의 포맷과 OS 설치가 불가능한 수준이 아닐까요? 허들이 높다고요? 아닙니다. 앞으로의 세상은 더 복잡하고 더 쉬운 유저 인터페이스를 지닌 기기의 능숙한 활용이 필수가 될 거예요. 지금보다 훨씬 더. 단지 전원을 넣고 자주 쓰는 몇 가지 어플을 사용할 줄만 아는 건 어엿한 컴맹의 범주에 들어가지 않을까요? 그렇다면 우리나라에도 나이를 가리지 않고 수많은 컴맹이 있을지도 모르겠네요.

덧붙이는 이야기

컴맹 사이버 안전 장관

일본의 특임장관 중에 도쿄올림픽 담당 장관이 있었어요. 2019년까지 올림픽 장관이었던 사쿠라다 요시타카(桜田義孝)라는 문제적 인물입니다. 사쿠라다가 얼마나 웃기는 올림픽 장관이었는지 주옥같은 일화가 수두룩해요. 사쿠라다는 올림픽 장관인 동시에 올림픽의 사이버 안전 최고위 공직자였죠. 그런 사람이 "나는 컴퓨터를 사용하지 않는다!"라는 발언을 기자들 앞에서 공개적으로 했을 정도죠. 올림픽 기간 중, 혹시라도 모를 원자력발전소 등 주요 시설에서의 테러 가능성을 묻는 기자회견에서 벌어진 일입니다. 기자는 원전 내의 USB 사용이 보안에 위협이 될 수 있다는 질문을 했어요. 사쿠라다는 기자의 질문을 전혀 이해하지 못했죠. 정확히 USB가 뭘 말하는 건지 전혀 이해하지 못했습니다. 난감한 기자단이 답변을 요청하자 이렇게 답했죠. 걸작이었습니다.

"나는 스물다섯 살에 독립했다. 컴퓨터 업무가 필요할 때 아랫사람을 시키면 된다. 직접 컴퓨터를 사용할 일은 없다."

질문 맥락과 관계없이 자신의 '라떼' 시절부터 얘기를 꺼내는 전형적 꼰대 서사는 그렇다고 치죠. 고위공직자가 전산 업무를 직접 하지 않는 것과 이해하지 못하는 게 같은 카테고리인가요? 건축사는 목공, 콘크리트 타설, 용접 능력은 없어도, 설계도는 그릴 줄 알아야 합니다. 사쿠라다는 설계도는 고사하고 분도기조차 쓰지 못하는 주제에, 올림픽이라는 건물을 설계하겠다는 이야기죠. 당시, 영국 〈가디언〉에서는 이렇게 비꼬았어요.

"만일 해커가 사쿠라다를 표적으로 해킹을 해도 아무런 정보를 얻지 못할 것이다."

왜냐고요? 말 그대로 사쿠라다는 컴퓨터를 사용하지 못하니까요. 이 바보를 누가 임명했을까요? 누구긴요, 아베지.

도장을 찍어야 재난지원금

오지기 도장은 '승자의 저주'일지 모른다. 특정한 방식으로 성공한 인물이나 조직은 자신의 거둔 성공의 방식에서 좀처럼 벗어나지 않으려 하니까. 조직의 보스와 주요 간부가 예전 관습을 버릴 생각이 없으니 조직 전체는 묵묵히 따라갈 수밖에 없다. 기업 단위에서도 흔히 보는 장면이다. 비상한 시기에는 비상한 대책이 필요하다. 대규모 감염병 사태를 맞아 일본에 합법적으로 거주하는 모든 사람에게 재난지원금을 지급해야 하는 시기였고 분명 비상한 시기였다. 일본의 재난지원금 지급 절차는 눈물 없이 보기 어려웠다.

일본 정부는 지원금 신청 양식 서류를 봉투에 담아 대상자에게 우편으로 보낸다. 봉투에는 지원금 신청 서류와 답장 봉투가 들어 있다. 대상자는 수기로 지원서를 작성해 동봉된 답장 봉투에 넣어 다시 우편으로 보낸다. 대상자들이 보낸 우편물이 관공서에 도착한다. 일본 공무원들이 봉투에서 지원서를 꺼낸다. 수기로 적힌 서류를 일일이 다시 수기로 기록한다. 그렇게 쌓인 수천수만 장의 정보가 담긴 지급 결의 서류를 만든다. 결재란에 자기 도장을 상사 쪽 빈칸을 향해 고개를 조아리고 찍는다. 그걸 결재판에 넣고 상사를 찾아간다. 몇 번 더하면 결재가 끝난다.

2020년, 한국의 1차 긴급재난지원금 신청과 지급은 어땠을까? 2주 만에 전 국민의 97%가 신청 완료했다. 신청만 하면 카드사에서 2~3일 안에 입금 완료였다. 쓸 때마다 스마트폰 어플과 카톡 메시지로 "얼마 썼어요. 얼마 남았어요!" 하며 친절하게 알려줬다.

일본과는 정반대 결과다. 일본은 왜 이렇게 간단한 문제를 해결하지 못했을까? 스마트폰이나 PC로는 신청할 수 없었을까? 가능했다. '마이 넘버'를 미리 발급받은 사람이라면. 스마트폰 앱이나 PC로 20단계 정도(비유가 아니라 정말 20단계 정도가 필요)만 거치면 신청 가능했다. 지급도 비교적 빨랐다. 그러기 위해선 우선 '마이 넘버' 카드를 받아야 했다.

주민등록번호 VS 마이 넘버

세상일은 알다가도 모를 일이다. 우리의 주민등록번호는 감시 체계의 하나였다. 1968년 남북 대결이 극한으로 치닫던 무렵, 북한은 무장간첩 특수부대를 남파, 청와대를 급습하려 했다. 다행히도 실패로 끝났지만, 군경은 물론 민간인까지 30여 명이 희생당했다. 북의 만행에 세계가 경악했다. 주민등록제도는 그때 생겼다. 전 국민에게 주민등록을 의무화하고, 주민등록증이라는 신분증을 나눠줬다. 이게 없는 인간은 간첩이라는 것. 주민등록제의 특별한 점은 개인을 식별할 수 있는 주민등록번호였다. 생년월일과 성별, 출생지 등의 정보가 담긴 주민등록번호는 개인마다 다르다.

시간이 지나 디지털 세상이 왔다. 디지털 세상에서 개인을 식별하는 최고의 방법은 국민 누구나 가지고 있는 주민등록번호였다. 계약서에도, 통신사 가입에도, 대부분의 웹사이트 가입에도, 공공서비스 신청할 때도, 주민등록번호는 가장 강력한 개인 식별 체계였다. 서구에도 개인 식별 번호 시스템은 있지만, 우리의 주민등록번호만큼 디지털 세상에 특화된 제도는 없다. 미국의 사회보장번호, 호주의 시민권번호 등이 주민등록번호처럼 사용된다. 하지만 전 국민을 대상으로 하는 건 아니다. 우리 주민등록번호는 성년, 미성년, 영유아를 가리지 않고 부여되는 게 특징이다.

우리 재난지원금의 빠른 지급을 가능케 한 일등공신은 주민등록번호 외에도 있다. 한국의 남다른 디지털화폐 사용률이다. 한국인의 전체 상거래 중, 카드 사용률은 거의 80%에 달할 정도다. 한때는 카드를 남발해 개인파산 등 경제위기를 진지하게 걱정했다. 실제 심각한 사회문제였다. 위기를 넘기고 정착되자 순기능이 돋보였다. 카드 등 디지털화폐 사용이 문화로 정착되니, 경제가 투명해지는 효과. 매출과 수입을 속일 수 없었다. 감염병 대위기의 시대에도 전 국민이 전자상거래를 사용한 탓에 지원도 신청도 사용도 빠르고 효과가 컸다.

일본에도 우리 주민등록번호와 유사한 제도가 있다. 마이 넘버라는 우리나라 주민등록번호 비슷한 제도를 2016년부터 시행했다. 개인의 사진, 이름, 거주지, 출생일 등의 개인정보와 우리 주민등록번호에 해당하는 개인번호(마이 넘버) 등 정보가 표기된 IC카드다. 일본 국적자 외에도, 단기체류자를 제외한 합법적 재류민은 모두 만들 수 있다. 서비스 범위가 제한되긴 하지만 관공서에 가지 않고도 몇몇 증명서를 편의점 등에서 발급받을 수 있다. 일본의 개인식별번호가 있으니, 긴급재난지원금 신청과 수급 때 요긴하게 쓰일 수 있었다. 문제는 2020년 초반까지 마이 넘버 전체 가입률이 채 20%를 넘지 못했다는 것.

1인당 10만 엔의 재난지원금을 받으려면 마이 넘버 카드가 필요하다. 당연히 가장 빠른 수령 방법은 PC나 스마트폰을 통한 신청이다. 문제는 일본에 컴맹이 많다는 것, 그리고 스마트폰을 사용하지 않는 중장년층이 생각보다 많다는 것이다. 신청을 위해 먼저 관할 시구정촌에 가야 한다. 시구정촌(市区町村)은 우리나라의 기초단체에 해당된다. 시청, 구청, 군청, 읍면 사무소, 동 주민자치센터 정도로 여기서 마이 넘버 신청서를 받아 작성한다.

일본 주민자치센터로 간다. 일단 줄을 길게 서야 한다. 일본인은 일을 꼼꼼하게 하니까. 관공서의 꼼꼼한 일 처리는 한국 기준 2~3분 걸릴 일도, 가볍게 20분이 넘을 수 있다(공공부문의 행정처리가 늦는 것은 일본만의 문제는 아니다. 우리가 세계적 표준과 비교할 수 없이 빠르다는 것이다. 어쩌면 이게 이상한 건 아닐까?).

어찌어찌 마이 넘버 통지 카드를 받는다. 운이 좋다면 2주 뒤에 집으로 마이 넘버 카드가 든 우편물을 받을 수 있다. 운이 좋은데 왜 2주씩이나 걸리는 걸까? 관공서에서 종이 서류에 도장 결재를 받아야 하니까. 지자체에서 도장 결재 서류만 받으면 끝날까? 그럴 리 없다. 시청이나 현청 같은 상급 지자체와 총무성 등의 중앙정부에서도 똑같은 과정이 필요하다. 그러니 2주면 운이 좋은 셈이다. 운이 없다면 두 달이 걸리기도 한다. 마침내 마이 넘버 카드를 받았다. 자, 이제 마이 넘버 카드가 생겼으니, 일본 정부가 보내줄 재난지원금 신청서가 들어있는 우편물을 기다리기만 하면 된다.

뜻밖의 보급

코로나19가 남긴 일본 디지털화의 큰 성과가 하나 있다. 마이 넘버의 광범위한 전국 보급이다. 마이 넘버는 일본인은 물론 일본에 합법적으로 거주하는 모든 외국인도 신청 가능한 개인 증명이다. 우리의 주민등록증에 해당하는 것이다. 디지털 시대의 관건은 디지털상에서 어떻게 개인을 구별할 것인가의 문제다. 마이 넘버든 주민등록번호든 필요한 시대다. 개인마다 부여된 디지털 개인 식별 코드는, 코로나19 같은 국가적 재난 시기에 백신 접종을 하거나, 구호품을 받거나, 재난 지원금을 받을 때 요긴하다.

21세기 초반부터 IT 혁명이 광풍처럼 몰아닥친 한국. 각종 IT 서비스를 받기 위해 각종 사이트에서 개인 계정을 만들어야 하는데, 사용자 개개인을 식별하는 게 가장 중요한 문제였다. 주민등록번호는 국민 개인별 다른 숫자가 배정돼, 개인을 식별하는 가장 정확하면서도 디지털화하기 가장 편리했다. 한국의 IT 혁명기를 이끌었던 디지털 서비스(싸이월드, 프리챌, 알럽스쿨 등)에 가입할 때 모두 주민등록번호를 썼다.

그동안 일본은 어땠을까? 일본도 우리와 비슷한 시기 IT 혁명기를 맞았고, 다양한 부문에서 디지털 서비스를 시작했다. 일본이나 해외 사이트에 가입해 본 경험이 있다면, 쉽게 짐작할 수 있다. 특히 미국(그리고 일본)의 디지털 서비스는 집요하게 우편번호와 주소를 물어본다. 전 국민 모두에게 부여된 고유식별번호가 없으니, 개인을 식별하기 위한 가장 개인화된 정보 중 하나인 주소를 집요하게 물어본다.

또는 이메일주소를 아이디로 사용하는 경우, 입력한 이메일주소로

별도의 인증코드를 보내주는 시스템도 흔하다. 만일 일본이나 미국에 국민 모두에게 무조건 부여된 디지털화된 식별 코드가 존재했다면, 이 절차는 대폭 간소화될 수 있었다. 물론 이건 개인정보를 노출하게 된다는 단점도 있다. 이것도 분명한 사실이다.

2020년까지 전 국민 대비 보급률 20%에 남짓하던 마이 넘버는 단 2년 만에 50%를 넘겼다. 덕분에 백신 접종과 재난지원금의 지급은 이전 시대와 비교할 수 없이 간편해졌다. 문제는 여전히 변화에 저항하고 두려워하는 일본인의 비율이 상당히 높다는 점이다. 어쩌면 지금 일본의 문제는, 어떤 형태로의 변화나 변혁을 마음 깊은 곳에서부터 거부하는 일종의 일본 국민의 집단 저항이 아닐까 생각한다.

덧붙이는 이야기

재난지원금 발표 90일이 지나도

운 좋게 마이 넘버를 가진 사람들은 신청이 쉬웠어요. 입금도 빨랐습니다. 이게 없는 대다수 일본인은 우편이 오기를 기다려야 했어요. 재난지원금 시행령 발표 90일이 지난 시점에, 우편을 못 받은 사람이 더 많았다는 얘기는 정말 눈물 없이 듣기 어렵죠. 한국처럼 단 2주 만에 전 국민 97% 신청에 사용 준비가 완료됐단 얘기는 일본인에게는 SF나 판타지에 가깝습니다.

일본의 디지털 적응 능력

오지기 도장의 문제가 관료주의 때문만이라 보긴 어려울 것 같아요. 시대는 이미 변했는데, 디지털 문화에 적응하려 하지 않는 자세가 진짜 문제 아닐까요? 변화와 혁신을 가장 싫어하는 집단을 보수적이라고 하죠. 자신의 방식대로 승리를 맛봤으니 나이가 들어도 변화와 혁신이 필요 없다는 이야기일 거예요. 보수적 태도가 나쁜 것만은 아닙니다. 하지만 결과는 비참합니다. 일본은 선진국 중 디지털 적응 능력이 가장 뒤처지게 됐으니까요.

비뚤어진 경쟁심

일본보다 지원금 신청 결정과 집행 시작일이 늦었던 한국이 단 2주 만에 일본 상황을 뛰어넘자, 일본 언론은 난리가 났습니다. 한국 관련 기사마다 비분강개한 일본인의 댓글이 넘쳐났어요. 그중 추려본 몇 개입니다.

"그럼 한국 가서 살아라." (이런 건 애교 수준)

"위조 카드와 부정 수급 문제가 심하겠군." (뭔 소리야?)

"지급이 너무 빨라! 악용 문제는 어떻게?" (우리의 속도는 일본인에게 상상하기 어려운 속도였으니까요.)

"한국은 2000년대 초반 신용카드 대란을 겪었는데, 또 개인 신용파산자를 양성하려고 정부가 부추기고 있다." (이건 팩트지만 지원금과 상관 있나요?)

"이용 가능한 점포가 많지 않아. 사용 기간도 3개월, 아유 불편해." (일본의 신용카드 가능 점포가 많지 않아서 생긴 오해입니다. 인간은 자신에게 주어진 환경으로 세상을 해석하니까요.)

"기부 버튼을 잘못 누르면 취소가 불가하다. 그러니 이건 지원금을 주지 않겠다는 정부의 책략." (어, 그런데 제가 실제로 그랬어요. 기부 취소를 할 수 있다는 것도 몰랐어요.)

"일본은 오랫동안 세계 최고의 선진국이었는데, 이제까지의 관행을 바꾸는 건 옳지 않다. 일본은 일본만의 일류 방식이 있다." (음….)

신임 총리의 꿈, 일본 디지털청

한국과 일본의 가장 큰 차이

한국과 일본의 가장 큰 차이는 뭘까? 단박에 머리에 떠오르는 이미지는 무엇일까? 누군가는 '동적인 한국 VS 정적인 일본'의 이미지가 떠오를지도 모른다. '선배, 연장자, 상급자가 밥값을 내는 게 당연한 한국 VS 나이 차가 있어도 더치페이가 자연스러운 일본' '한국, 1개의 노벨평화상 VS 일본, 20여 개의 노벨상'도 있을 테고 가볍게는 '김밥천국 VS 요시노야', 어떤 이에게는 '엘리베이터와 대중교통의 승하차 예절의 차이(라기보다 아직 우리의 승하차 예절은 많이 부족하다. 무엇이든 언제나 내리는 사람이 먼저다)'일 수 있다.

기술적 관점으로만 바라보자. '시민의식'과 '디지털'이 가장 큰 차이가 아닐까? 한국인은 '시민 한 명 한 명이 가장 큰 공동체인 국가를 바꿀 수 있다'라는, 시민 한 명 한 명이 국가의 체제도 바꿀 수 있다는 강렬한 시민의식이 있다. 한국인은 1919년 3.1운동부터 2016~2017년 광화문까지 무려 100년 넘게 거리에서 시민의식을 강렬히 체험했다. 국가가 있고 시민이 있는 것이 아니라, 시민의 총합이 곧 국가라는 의식이다. 안타깝게도 일본인에게는 이런 종류의 시민의식이 없다. 일본은 우리처럼 아시아의 몇 안 되는 민주주의 국가지만, 시민이 모여 국가의 체제나 지도자를 바꾼 경험은 없다.

그리고 디지털. 이 말 외에 현재 한국과 일본의 위상 변화를 가장 잘 상징하는 말이 또 있을까? 2000년대까지 모든 부문에서 일본을 맹렬히 추격하던 한국이지만 어느새 일본이 한국의 '디지털'을 배워야 하는 시대가 왔다.

신임 총리의 첫 구상

2020년 많은 사람의 예상대로 스가 요시히데 관방장관이 아베의 뒤를 이었다. 스가 신임 총리는 곧 내각을 발표했다. 아니 발표했다기보다, 기존 아베 내각이 거의 그대로 유임됐다. 한일 관계가 아베 시대와 근본적으로 바뀌지 않을 것이란 뜻이었다. 한국 경제 압박의 주연인 아소 다로 재무성 대신이 유임된 건 상징성이 컸다. 극적인 모멘텀이 없다면, 한일 관계는 꽤 오랫동안 경색 국면일 것이 틀림없다는 얘기였으니까. 그나마 꼴통 극우의 상징 같은 고노 다로 방위성 대신이 물러났다. 나름 좋은 신호로 해석될 수도 있지만, 후임이 아베의 친동생이었다. 스가 정부는 아베 내각 2.0도 아닌, 아베 내각 1.2버전인 셈이었다.

스가의 임기가 그렇게 길지 않을 것이라는 예상은 쉽게 할 수 있었다. 스가는 압도적 표차로 총리에 당선됐지만, 자민당 내 계파 간의 이해관계가 일치했기 때문이었다. 각 계파는 스가 이후의 정권을 잡기 위해 본격적 경쟁에 돌입했다고 보는 게 옳았다. 건강상의 이유로 물러난 아베 역시, 언제든지 전면에 다시 등장할 수 있던 시기였다.

스가 총리는 아베를 계승하지만, 아베가 임기 내 이루지 못한 일을 해내야 했다. 2020년 9월 10일 스가 내각의 실마리를 담은 인터뷰가 있었다. 9월 10일은 자민당 총재선거가 있던 9월 14일 전이었다. 차기 총리가 아니라, 유력한 차기 총리 후보이자 현 관방장관의 자격으로 한 인터뷰였다. '스가 내각의 목표인 동시 아베의 뜻'으로도 해석된다.

"코로나 사태에서 드러난 일본의 약점은 '일본의 디지털화'였다."

"시스템이 여러 관공서에 분산돼 있는데, 이것을 통일하겠다."

2021년 초, 우리보다 백신 확보가 빨랐고, 우리보다 백신 접종 시작도 빨랐던 일본이었지만 2021년 5월을 넘기며 한국과 일본의 백신 접종 현황은 극적으로 역전됐다. 6월 하순에 한국은 전체 인구의 30%에 해당하는 1,500만여 명의 백신 접종을 끝냈다. 일본은 간신히 17%를 넘긴 수준. 더 무서운 건, 일본의 백신 접종 현황을 실시간으로 파악할 전국 전산망 구축이 돼 있지 않았다는 점이다. 어떤 지자체는 팩스와 전화로, 어떤 지자체는 현황을 적시한 파일을 중앙정부로 보내고 있었다. 백신 도입과 접종에서 우리보다 빨랐던 일본에서 왜 이런 일이 벌어진 것일까?

일본의 통합 전자행정 서비스는 조악하다기보다, 아예 없다고 보는 게 옮을 정도였다. 정확히는 통합전산망이 없었다. 부처별로 각기 다른 전산망을 쓰고 있었다. 국가 단위의 통합전산망이 없으면 어떤 불편이 있을까? 한국의 주민등록등초본에 해당하는 일본 호적등초본이 필요하면, 우리 구청에 해당하는 구약쇼나 시청에 가야 한다. 일본 관청답게 서비스는 친절하다. 다만 시간이 어마어마하게 걸린다. 일본의 행정 전산망이 통합돼 있지 않기 때문이다. 민원인에게 필요한 서류를 발급하기 위해, 내부 결재도 필요하다. 그것도 일일이 도장을 찍어야 한다.

우리는 직장이나 집 또는 학교에서 등초본 같은 서류를 편리하게 출력할 수 있다. 심지어 지하철역에도 무인 민원발급기가 있다. 한국인은 어쩔 수 없는 경우를 빼면 잘 이용하지 않는다. 수수료가 들어가니까. 이런 보편적 전자행정 서비스가 일본에서는 꿈만 같은 일이다. 우리는 심지어 전입신고도 주민센터에 갈 필요가 없다. 전자정부 사이트에서 몇 번의 클릭으로 가능하다. 일본에서는 당연하게도 해당 지자체를 찾아야 한다.

이런 이야기를 아예 믿지 못하는 일본인도 있다. 하기야 일본의 전자행정 이야기를 나 역시 처음에는 믿지 않았으니까. 민간부문은 다를까? 일본에서 졸업증명서와 성적증명서를 떼려면 어떻게 해야 할까? 당연히 학교에 가야 한다.

증명서 떼러, 1300km

상상을 하나 해보자. 유쾌하진 않을 것이다. 당신은 일본 규슈 최남단

가고시마에 사는 청년 구직자다. 대학교는 도쿄에서 다녔다. 당신은 졸업 후 집에 돌아와, 규슈 최대 도시인 후쿠오카에서 취업 활동을 하고 있었다. 구직 희망 회사에 열심히 자기소개서와 졸업증명서, 성적증명서를 우편으로 접수했다. 미리 마련해 둔 졸업증명서, 성적증명서가 다 떨어졌다. 어떻게 해야 할까? 다시 도쿄에 있는 학교로 가야 한다. 가고시마와 도쿄까지의 거리는 1,300km 정도, 신칸센으로 가면 편도 요금이 3만 엔, 저가 항공을 이용하면 조금 더 내려가지만 여전히 부담스러운 가격이다.

직접 운전을 해서 가면 어떨까? 일본의 고속도로 통행료와 속도를 생각하면, 이 방법이 가장 미친 짓이다. 가장 저렴한 교통수단은 야간 고속버스, 이것도 편도 만 몇천 엔이다. 그러니 가장 저렴하게 도쿄를 왕복해도, 교통비가 최소 3만 엔이 넘는다.

학교에서 발급하는 증명서 수수료는 또 얼마일까? 이것도 비싸다. 우리는 비싸 봐야 장당 500~1,000원 정도. 일본이 그럴 리 없다. 장당 300엔(원이 아니라 엔)이 최저 수준이다. 일본어가 아닌 영문 증명서는 더 비싸다. 보통 대학은 장당 400엔에서 500엔까지 받는다. 원화 500원이 아니라, 엔화 500엔, 즉 우리 돈으로 서류 한 장당 5,000원이 넘는다. 게다가 지정 계좌로 미리 입금 후 증명 신청원을 받는 학교도 제법 있다.

왜 이리 비싸고 복잡해야만 할까? 전국 학교를 아우르는 통합교육 전산망이 없기 때문이다. 게다가 증명서 발급할 때, 학교에서 발급을 위한 결재도 절차별로 받아야 한다. 전자결재로 처리하면 안 되는 걸까? 그럴 리 없다. 일본의 오래 숙성돼 찬란하게 빛나는 도장 문화가 버티고 있기 때문이다. 편리하게 우편으로 신청하는 제도가 있긴 하다. 다만 학교가 지정한 신청서와 본인을 증명하는 서류 일체를 동봉해야 하는 아주 사소한(!) 불편함이 있을 뿐이다. 신청서는 어디서 받느냐고? 학교 홈페이지에서 내려받으면 된다. 그런데 어떤 학교는 종이 신청서만 학교에 비치한다. 믿기 어렵지만 사실이다.

일본인이 믿을 수 없는 한국

우리도 1990년대 초반까지는 졸업한 학교에 가서 서류를 받아야 했다. 이것도 1990년대 중반이 되면 동사무소에도 졸업증명서나 성적증명서를 받을 수 있었다. 인터넷망이 전 세계를 촘촘히 감싸기 전에 한국이 했던 일을, 일본은 여전히 엄두도 못 내고 있다.

우리가 주민등록등초본 등을 집이나 사무실에서 클릭 몇 번으로 발급받을 수 있는 전자정부를 구축한 게 언제부터였을까? 2000년대 초반이다. 대략 2005년이면 전국 단위로 사용할 수 있었다. 어지간한 곳까지 고속통신망이 촘촘하게 깔린 시기였다. 전출입신고를 하기 위해 이사한 곳에서 다시 전에 살던 주소지까지 찾아와 서류를 발급받지 않아도 되는 시대가 시작된 지, 벌써 15년이 지났다.

당시, 전자정부를 이용하는 한국인의 가장 큰 불만은 연말정산이었다. 카드사, 보험사 등등에서 구비서류를 팩스로 보내줬는데, 이걸 놓치면 다시 전화로 요청하고 팩스 앞에서 노심초사했었다. 이것도 2010년대 초반에 들어오며, 국세청 간편 사이트로 대체됐다. 이제 연말정산이 너무 간단해졌다. 가장 큰 불만이라면 그래도 여전히 출력한 서류를 재무팀에 제출해야 한다는 정도였는데, 이것도 2022년 사라졌다.

우리의 전자정부 시스템은 세계사에 유례없는 혁신이다. 지하철역 개찰구 앞에 등초본 민원발급기와 학적 기록부 발급기가 있는 걸 대수롭지 않게 여긴다. 너무 당연하고 자연스러운 것이니까. 오히려 '여기서 떼면 수수료가 들어가는데 뭐 하러 여기서? 집이나 사무실에서 출력해야지'라고 생각하는 게 보통이다.

일본에서는 여전히 찾아오지 않은 미래. 디지털에 무심했던 일본이 만들지 못한 미래. 일본은 우리의 '시민의식'은 이해할 수 없지만 '디지털'만큼은 따라 하고 싶었다.

도장장관과 악어장관

한국정보화진흥원

스가 총리는 임기를 시작하기 전, 뭔가 터뜨리고 싶었다. 아베를 착실하게 계승하면서도 아베가 미처 이루지 못한 성과를 생각했다. 스가의 선택은 '디지털청'이었다. 디지털청? 뭘까? 우리나라의 예전 정보통신부에 해당하는 방송통신위원회 같은 것일까? 그러고 보니 우리나라 정보통신부는 사업의 상당 부분을 지식경제부와 문화체육관광부로 이전했다. 과학기술정보통신부는 ICT와 과학기술정책 등을 관장하는 기능만 남았다. 시민의 일상에 지대한 영향을 미치는 미디어와 통신은 방통위가 맡고 있다. 방통위는 기술보다는 정책 결정과 집행에 특화된 정부 부처다.

우리나라의 정보와 통신을 관장하는 중앙 부처는 상당히 세분돼 있다. 보통 사람들이 보면, 대체 뭐가 뭔지 모를 정도. 우리나라 전자정부 시스템은 이들 중 누가 만들었을까? 전자정부 구축에 공헌한 부서와 민간기업은 많다. 정부 부처로는 정보사회진흥원과 정보문화진흥원이 있다. 두 기관은 2009년 통합해 정보화진흥원으로 변신했다. 정식 명칭은 한국지능정보사회진흥원이다. 정보화진흥원은 2010년부터 전자정부 표준 프레임 워크센터를 개소하는 등 눈부신 활약을 했다. 지금 우리가 누리는 공공부문 전자행정의 편리한 기초를 만들었다(여전히 액티브X는 거슬리기 짝이 없긴 하다. 공동인증서와 금융인증서의 차이도 여전히 잘 모르겠지만…).

일본은 한국의 정보화진흥원에 주목했다. 정확히는 오래전부터 주목해 왔다. 일본의 공공부문 디지털화를 총괄할 수 있는 중앙 부처의 필요성. 생각해 보면 지금까지 일본에 이런 부서가 없었다는 게 더 신기하다. 일본 언론에서 스가 총리가 꿈꾸는 디지털화 계획을 보도할 때, 자주 언급되는 사례가 있다.

"디지털화 세계 2위 한국 VS 14위 일본"

우리가 뿌리 깊은 IT 강국인 건 잘 알려진 사실이다(2010년대 중반에는 몇 년 동안 IT 지수가 급락했던 적도 있다). 그런데 디지털화 세계 2위? 이건 대체 뭘까? 2020년 7월 〈닛케이〉는 다음과 같은 내용을 보도했다.

"세계 전자정부 랭킹에서 한국은 2위로 부상했는데, 일본은 14위로 후퇴하고 있다."

우리는, 우리가 얼마나 빠르고 편리하면서도 신뢰할 수 있는 디지털 공공부문의 혜택을 누리는지 잘 모른다. UN 사무국의 부서인 UN 경제사회부(UN DESA; The United Nations Department of Economic and

Social Affairs)는 격년으로 회원국의 전자정부 지수를 발표한다. UN DESA의 세계 전자정부 순위에서 우리는 언제나 '탑티어'다. 우리보다 상위에 랭크된 나라는, 우리보다 경제 규모와 인구수가 적은 소국뿐이다. 1위를 차지한 덴마크 인구는 약 6백여만 명, 에스토니아는 130여만 명 정도다. 고속통신망을 전 국토에 촘촘하게 설치하기 쉽고, 인구 대국보다 상대적으로 높은 교육 수준을 갖추기 쉬운 나라들이다.

미국이나 영국 등 강대국형 서구 선진국은 모두 우리보다 순위가 아래다. 사실 우리 전자정부 시스템의 편리함과 그들을 비교하는 게 말이 안 된다. 상위 10개국에 속해 있는 나라의 디지털 환경을 일상에서의 편리함, 단일 조건만으로 측정한다 해도, 한국은 이미 미국이나 영국과 견줄 수 있는 레벨이 아니다. 그냥 '어나더 레벨' 또는 '넥스트 레벨'이다. 일상 행정까지 들어갈 것도 없이, 공항 출입국에 걸리는 절차와 시간만 비교해도 답이 나온다. 인천국제공항의 자동출입국 절차를 굳이 악명 높았던 예전 히드로국제공항과 비교해 볼 필요도 없다. 전자여권의 빠른 보급과 통합전산망이 설치된 출입국 절차, 여기에 새로운 디지털 환경에 쉽게 적응하는 국민 레벨까지. 세계 디지털 분야에서 인프라와 소프트파워까지 충분히 최상위권이다.

일본은 미국이나 영국보다 심각하다. 세계 순위 14위, 아시아로 봐도 한국과 싱가포르에 이어 3위에 그쳤다.

세계 디지털 경쟁력 순위

한국인에게도 유명한 다보스포럼, 일명 세계경제포럼은 매년 국가경쟁력 순위를 발표한다. 정확히, 다보스포럼(세계경제포럼, WEF)의 부속 기관인 IMD(International Institute for Management Development)가 '국가경쟁력 순위'를 발표한다. 국가경쟁력 순위에서도 이미 한국은 몇 년 전에 일본을 추월했다.

2020년 한국은 23위, 일본은 34위. IMD는 국가경쟁력 순위에 덧붙여, 몇 년 전부터 '세계 디지털 경쟁력 순위(World Digital Competitiveness Ranking)'를 발표했다. OECD 회원국을 비롯해 경제지표에서 유의미한 국가, 총 63개 국가가 조사 대상이다. 이 63개국의 디지털 기술이, 정부와 기업 그리고 사회 전반의 혁신을 잘 끌어내는지를 측정한 결괏값이 '세계 디지털 경쟁력 순위'다. 단순히 고속인터넷망이 잘 깔려 있고, 망 접속자가 많다고 순위가 높은 건 아니다.

종합 1위는 역시 미국이다. UN DESA의 세계 전자정부 랭킹에서 1위를 차지한 덴마크는 IMD 세계 디지털 경쟁력 순위에서는 종합 4위로 내려간다. 이에 비해 한국은 IMD 순위에서도 종합 10위를 지키고 있다. 일본은 종합 23위로, 아시아에서 싱가포르, 홍콩, 한국, 대만, 그리고 중국에도 뒤처졌다. IMD 세계 디지털 경쟁력 순위는, 크게 세 부문을 본다. 디지털 지식(교육 등), 기술 그리고 미래 대비.

1위인 미국은 기술 투자와 과학 집중에서 1위에 랭크, 미래 대비에서도 최상위권이다. 덴마크는 미래 대비에서 좋은 점수를 받았다. 미래 기술을 채택하고 적용하는 능력, 비즈니스 영역에서 빠른 적응력 등에서 높은 점수를 받았다. 역시 혁신은 인구가 적고 영토가 작은 소국이 아무래도 유리하다. 우리는 전 부문에서 적당한 점수로 종합 10

세계 디지털 경쟁력 순위

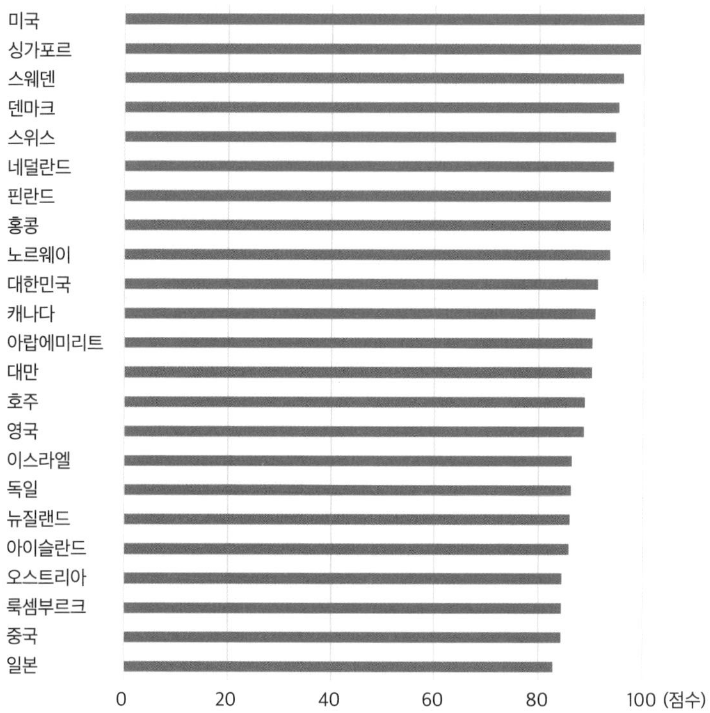

IMD 세계 디지털 경쟁력 순위(World Digital Competitiveness Ranking 2019) 다운로드 출처
https://www.imd.org/wcc/world-competitiveness-center-rankings/world-digital-competitiveness-rankings-2019/

위를 차지했다. 디지털 지식 교육과 전파, 과학 투자 부문에서는 최상위권이며 미래 기술 적응력도 역시 최상위권이다. 반면 일본은 디지털 이해력과 디지털 구조, 그리고 사업 부문 적용성에서 최하위그룹에 속해 있다. 여기서 점수를 대폭 잃었다.

좀 더 재미있는 결과가 있다. 종합 순위 10개국은 미국, 싱가포르,

인구 2천만 이상 국가 세계 디지털 경쟁력 순위

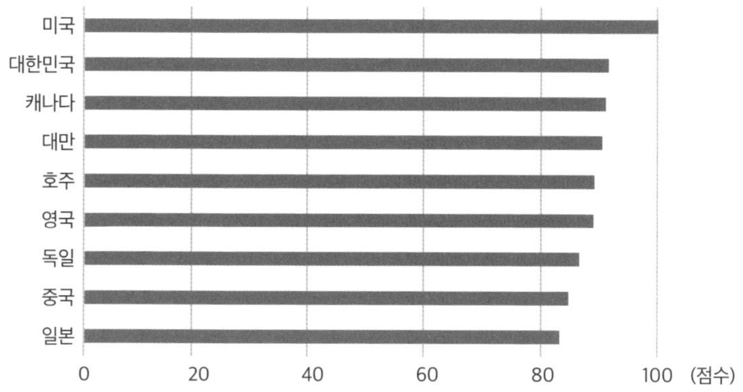

스웨덴, 덴마크, 스위스, 네덜란드, 핀란드, 홍콩, 노르웨이, 캐나다 등이다. 이 중에서 인구 2천만 이상 국가만을 따로 뽑아 순위를 매겨보면 어떨까? 놀랍게도 우리가 미국 다음으로 단숨에 2위로 급부상한다. 이 순위에서도 일본은 중국보다 아래 단계인 9위에 머물렀다.

늦장 디지털 대응의 대가

스가 전 총리가 일본을 디지털 사회로 전환하려는 이유는 역시 경제 때문이었다. 2019년 〈닛케이〉의 발표에 따르면 세계시장의 '주요 상품, 서비스 점유율 조사' 전체 74개 품목 중, 한국과 일본 기업의 1위 품목이 각각 일곱 개를 기록했다. 다시 강조하지만, 2019년의 일이다.

2022년 현재라면, '그럴 수 있겠지'라고 생각할 수 있다. 당시까지만 해도 놀라운 일이었다.

한국 경제가 무섭게 일본을 추격하던 2010년대 초반만 하더라도, 일본이 1위를 유지하고 있는 품목은 열 개가 넘었다. 당시는 중국이라는 거인이 일본과 한국의 비교 우위 산업을 잠식하고 있었을 때였다. 그런데도 2010년대 초반까지 일본의 국제경쟁력은 아직 괜찮았다.

일본 기업이 오랫동안 세계 1위를 유지하고 있던 대표 품목은 디지털카메라였다. 안타깝게도 디지털카메라 부문은 시장 자체가 매년 축소되고 있다. 하이엔드급 몇 종목을 제외하면, 시장 자체가 사라졌다 해도 과언이 아니다. 과거 일본의 압도적 세계 1위 부문이 사양산업으로 돌아선 대표적 예다.

한국이 새롭게 1위에 진출한 품목은 과거 일본이 1위를 차지하던 것들이 많다. 평면TV 패널과 조선이 대표적이다. 일본이 오랫동안 부동의 1위를 유지하던 부문이다. 우리가 일본에게 앗아온 1위 부문에, 중국의 추격도 만만치 않다. 우리가 일본을 추월했듯 중국 또는 동아시아의 다른 나라가 언제든지 우리를 추월할 수 있다. 몇몇 분야에서 일본을 뛰어넘었다고, 희희낙락 기뻐하고만 있을 수 없는 이유다(한때 중국에 왕좌를 내줬던 조선은 다행히 1위를 탈환했다. 1위를 빼앗긴 중국은 자국 조선소에 군용함선을 대량 발주했다. 아마도 조만간 다시 넘어갈 것처럼 보인다). 반도체도 당연히 우리가 1위. 이것도 일본이 1980년대 1위를 달리던 부문이었다. 우리는 반도체라는 하드웨어를 국가 경제의 동력으로 삼으며, 나라 전체를 디지털화하는 소프트웨어 개혁까지 나아갔다.

일본은 그러지 못했다. 결과는 참혹했다. 여전히 일본의 국가 GDP는 미국과 중국에 이어 3위지만, 문제는 추세다. 점점 하락하고 있는

세계 1위 품목 숫자에서 한국과 일본이 나란히

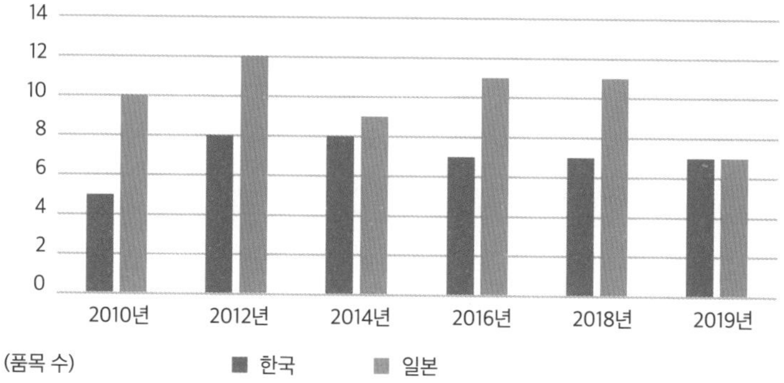

〈닛케이〉 2019년 세계 1위 품목 한일 비교

일본의 추세, 이건 일본 전체 이야기다. 정부, 기업 경제뿐 아닌 민간 부문도 마찬가지다.

도장장관과 악어장관

일본에도 IT 담당 부처와 장관이 있다. 2019년 IT 담당 장관에 다케모토 나오카즈(竹本直一)가 취임했다. 아베 전 총리 내각의 인선 센스는 정말 웃긴다. IT 담당 장관에 임명한 인물이 하필이면 IT와 가장 거리가 먼 삶을 살았다. 아베의 IT 담당 장관은, 단순히 IT 능력이 떨어지기보다 '컴맹', 온전한 의미의 '컴맹'이었다. 더 재밌는 건, 다케모토는 자민당 내 '인감도장연맹'의 회장이란 사실이었다. 이건 좀 이상하다. 도장은 일본의 아날로그를 상징하는 것과 같다. 인감도장연맹 회장이 IT 활용 능력이 매우 뛰어난 사람이라면 논쟁거리가 없겠지. IT 담당 장관 취임 기자회견에서 질문이 쏟아졌다.

"정보의 디지털 추진과 도장 문화는 대립하는 것이 아닌가요?"

IT 담당 장관은 당당하게 말했다.

"인감(도장)을 업으로 하는 사람들에게 (디지털 전환은) 사활이 걸린 문제다(鑑を業としている人たちにとって死活問題)."

고개를 갸웃거리는 기자들에게 말을 이어간다.

"(일본에는) 디지털화할 수 없는 분야가 꽤 많다(デジタル化できない分野がかなりある)."

이런 인물이 IT 담당 장관이었으니, 일본의 디지털화가 제대로 구축될 리가 없었다. 기자들은 다케모토를 '도장장관'이라 불렀다. 아베의 후임인 스가 내각에서 이 인물은 교체됐다. 스가는 디지털 담당 장관이라는 자리를 만들고 히라이 다쿠야(平井卓也)라는 인물을 내정했다. 이 사람도 전임자 못지않은 인물이었다.

2020년 〈마이니치〉가 중의원에서 작은 특종을 잡았다. 아베가 절친인 구로카와를 검찰총장에 앉히려고 검찰의 정년연장을 담은 검찰청법 개정안을 심의하는 자리였다. 말도 안 되는 개정안이었다. 구로카와는 이미 고령으로 검찰총장에 선임돼도 곧 은퇴 정년이었다. 아베의 해법은 법률 개정으로 정년연장. 법을 고쳐서라도 절친이 오래오래 검찰총장을 계속할 수 있길 희망했다. 야당으로선 기가 찰 노릇이었다. 당연히 날 선 반대 질문이 내각에 쏟아졌다.

심의에는 정부 인사로 히라이 디지털 담당 장관도 참석했다. 야당 의원과 내각 사이에 치열한 공방이 계속됐다. 이 심각한 순간에 히라이는 딴짓을 하고 있었다. 야당의 날 선 질문이나 내각 인사의 해명에 아랑곳하지 않은 채, 손에 들고 있던 태블릿만 뚫어지게 쳐다보고 있었다. 그가 손에 들고 있던 태블릿을 뚫어지게 바라보는 모습이 〈마이니치〉 카메라에 포착됐다. 곧 카메라는 그의 손에 들려 있던 태블릿 화면을 클로즈업했다. 태블릿에는 '악어 동영상'이 재생되고 있었다. 의도했든 우연히든 적절치 않은 행동이었다. 〈마이니치〉는 히라이에게 '악어장관'이라는 별명을 붙여줬다.

일본의 디지털화를 맡은 주무 장관은 '도장장관'에서 '악어장관'에게 넘겨졌다. 스가 총리의 원대한 꿈, 일본 디지털화는 성공할 수 있었을까? 일본 정부가 맘먹고 강력하게 디지털 드라이브를 건다면, 당장 협력 가능한 기술과 인프라를 지닌 이웃은 한국이 유일하다. 인구와 경제 규모, 문화적 배경과 기술 수준을 고려하면 일본 디지털화의 가장 좋은 레퍼런스는 한국이다. 일본은 한국에 도움의 손길을 내밀 만큼 배짱은 없었다. 대신 엉뚱한 인물이 일본 디지털 정책의 중책을 맡았다.

도장장관의 후임

일본엔 다양한 특임장관이 있다. 일본어 표현으로는 무임소 장관이다. 정해진 부처가 있는 것이 아닌, TF 장관을 의미한다. 스가 총리는 일본 정부 전 부문을 디지털화시키고 싶었다. 실무적으로는 우리의 정보화 진흥원에 해당하는 주무 부처를 신설해야 했다. 문제는 뿌리 깊은 관료사회의 깊은 저항이다. 일본만이 아니다. 전 세계 인류 전 역사를 통틀어 뿌리 깊은 관료사회는 개혁에 반대한다. 저항감을 누그러뜨리기 위해서는 정치적 묘수가 필요했다. 일본의 선택은 '행정개혁 특임장관'. 주요 선진국 중 유일무이한 아날로그 일본 행정을 개혁하기 위해 만든 특임장관이다. 당연히 IT에 해박하고 정치적 카리스마도 있는 인물이 좋다.

일본에 그런 인물이 있을까? 절반의 조건을 충족하는 인물은 있었다. IT와는 거리가 멀지만, 정치적 카리스마는 차고 넘치는 인물 고노 다로가 방위 대신에서 행정개혁 장관으로 변신했다.

망언 제조기 수준을 넘어 망언 살포기, 망언 폭탄공장 레벨인 아소 다로와 망언으로 견줄 수 있는 인물이 있다면, 단연코 고노 다로다. 고노 다로는 신기하게도 일본 우익에게 인기가 높다. 일본인은 아소의 망언과 달리 고노의 망언에는 묘한 카타르시스를 느낀다고 한다. 금기도 성역도 선도 없는 인간에게 느끼는 묘한 카타르시스가 있기는 한가보다.

물에 흘려보낸다

잠시, 일본 극우의 속마음을 상상해 보자.

"안녕? 데헷! 와타시는 다이닛폰 데이코코의 아이코쿠다이이다요(난 대일본제국의 애국 대원이라능). 80년 전처럼 아시아 이곳저곳을 들쑤시고 다니고 싶어 몸살이 난 상태라능. 얼른 일본의 평화헌법을 개정해, 자위대를 정식 군대로 격상시켜야 한다능. 중국은 19세기 말 청일전쟁에서 대패했었다능. 20세기에는 우리 일본군에게 나라가 결딴났었다능. 심지어 우리 일본이 만주 일대를 장악하고, 조선 땅덩어리보다 큰 만주국을 만들었을 때도 찍소리 못했다능. 그 중국이 요새 먹고살 만하다고 자꾸 대일본제국을 툭툭 건드린다능. 치사하게 희토류를 안 준다고 협박이나 하는 게 말이 되냐능. 덕분에 우리도 건방진 반도인들에게 우리 일본의 소중한 반도체 소재와 부품을 주지 않게 됐다능.

그렇다능. 언제나 반도인이 문제라능. 반도인들은 75년 전까지 우리 식민지였으면서도 은혜를 모른다능. 우리가 반도 전역에 철도를 깔아주고 발전소도 지어주고 도로도 깔아주고 소학교 교육도 받게 해주고 그랬다능. 1963년 일한합의를 통해, 과거사에 대해 배상을 요구하지 않기로 했다능(정부간 합의만이다. 일본 정부에서도 한국 민간인이 일본 정부에 대해 전쟁피해 보상 및 배상을 요구하는 것은 별개의 문제라는 것을 인정했다). 2015년에는 위안부 합의를 했었다능. 거기에 뭐라 써 있었냐능? 최종적이며 불가역적 합의라능. 더 이상 위안부 합의는 없다고 합의한 거라능. 그런데도 반도인들은 틈만 나면 국제합의를 무시한다능. 그걸 넘어 우리 평화로운 나라, 일본을 중상모략한다능.

문화를 강제적으로 수출하는 나라 주제에 말이냐능. 세상에 자국 문화수출에 정부가 지원하는 꼴이 뭐냐능. 세상에 그런 나라가 어딨냐능? 우리 일본은 그런 치사한 짓은 하지 않는다능. 한국처럼 정부가 나서서, 빌보드 1위를 만들고 아카데미 작품상을 받게 하는 그런 치사한 짓을 하지 않는다능.

거짓말쟁이 반도인에게 정의와 분수를 알려주기 위해서 평화헌법을 꼭 개정해야 한다능. 그런데 우리 일본에서도 민도가 떨어지는 인간들이 있다능. 평화헌법 개정에 반대한다능. 무엄하다능. 게다가, 한국의 말도 안 되는 주장에도 일부 비국민 일본인도 존재한다능. 다 이게 거짓말쟁이 한국 때문이라능. 나라가 이 모양인데, 애국 정치인은 어디에 있는 거냐능. 왜 일본이 중국과 한국의 눈치를 보는거냐능? 왜 일본이 미국의 눈치를 보는 거냐능? 왜 일본의 애국적 행동에 서구 강대국의 눈치를 보는 거냐능? 할 말 하면서 시원하게 우리 애국시민의 답답한 가슴을 뻥 뚫어주는 정치인은 없냐능? 우리가 믿고 의지할 그런 정치인 말이냐능."

반인륜 주장을 서슴지 않는 일본 극우에게 헤이트 스피치, 차별 금지에 막혀 속마음을 시원하게 뱉지 못하는 일본의 우익 정치인들이 얼마나 답답했을까? 한국과 중국의 눈치를 보느라, 마음껏 야스쿠니 신사에 참배도 못 했던 거물 정치인들. 고노는 그들에게 시원시원한 사람이었다. 반면에 극우가 아베를 싫어했던 이유이기도 했다. 아베는 적어도 총리였으니, 극우의 맘에 쏙 드는 극악한 표현과 행동은 어느 정도 자제해야 했으니까.

일본어 표현 중에 '물에 흘려보낸다(水に流す, 미즈니나가스)'라는 표현이 있다. '새 사람 또는 새 시대가 오면 과거의 잘못은 묻지 않는다'란 뜻이다. 아베는 이미 퇴임했으니, 아베의 잘못은 그냥 물에 흘려보냈다. 이런 상황에서 고노처럼 극우의 카타르시스를 자극하는 인물이, 무려 행정개혁 특임장관을 맡았다. 극우의 기대가 얼마나 컸을까. 고노가 무슨 말을 해도 극우 세력은 열광했다. 일본처럼 꽉 막힌 사회의 우익에게, 고노는 지하 200미터 암반을 뚫고 나오는 천연 광천수 같은 느낌이었다. 동료 정치인은 고노를 이렇게 표현하기도 했다.

"보통은 정상적인 사람이지만, 머리에 피가 돌면 자신을 잃어버리는 사람이다."

고노 다로의 소시오패스적인 모습에 일본 우익이 열광하는 이유 중 하나.

행정개혁상의 디지털 개혁

스가 총리는 고노 다로 행정개혁상 지명 발표에서 "고노는 파괴하는 데 익숙한 사람"이라 평가했다. 일본의 낡아빠진 아날로그 행정을 파괴하는 데 좋은 사람이라는 뜻이다. 이런 평가를 받은 고노의 최초 행보는 무엇이었을까? 고노다운 해법이었다. 협박과 윽박. 고노는 관료사회를 향해 외쳤다.

"관공서의 모든 도장을 당장 다 없애! 그것도 9월 말까지 다 없애!"

발언은 과격하지만, 맥은 닿아 있다. 일본 행정이 디지털로 가는 길을 막고 있는 가장 큰 요인이 '오지기 도장', 즉 도장 기울여 찍기 문화니까. 고노는 덧붙여 윽박질렀다. 만일 어쩔 수 없이 도장을 사용해야 한다면 '사유서'를 제출하라 했다. 그렇다. 서면 제출이었다. 종이 서류를 없애 디지털 행정으로 가자는데, 여기에 반대하고 싶다면 종이 사유서를 제출해야 했다. 과연 고노다운 해결책이었다. 그다음, 고노는 우리 식의 신문고를 만들었다. 어디에 만들었을까? 총리실? 아니면 행정개혁상 특별 홈페이지?

그럴 리 없다. 일본은 아날로그 국가니까. 총리실이나 특임장관 특별 사이트를 만들려면, 또 도장 결재를 받아야 한다. 이런 시간을 고노는 과감하게 생략했다. 그러면 어디에? 자신의 홈페이지에! 고노는 '행정개혁에 관한 국민 의견'을 이메일로 접수받았다. 물론 고노 개인 메일 계정이었다. 이게 묘하게 성과가 있었다. 사이트 개설한 당일 오후에만 무려 700건이 접수됐다. 이게 신기했던 일본 언론이 대대적으로 보도하자, 하루가 지나기 전에 몇천 건의 메일이 더 쏟아졌다. 개인 메일로 한꺼번에 수천 건 메일이 오면 어떤 일이 벌어질까? 그렇다. 용량 제한에 걸린다. 고노는 더는 메일을 받을 수도, 보낼 수도 없었다. 고노는 특단의 조처를 내렸다.

"국민 여러분의 뜨거운 성원에 감사드린다. 감동적이다. 일단 메일 용량이 초과돼 접수는 중단한다. 보내준 메일은 하나하나 읽어보고 답장하겠다. 시간이 걸리겠다. 기다려줘."

2021년 초, 고노에게 하나의 타이틀이 더 얹어졌다. 신종코로나 바이러스 백신 담당 장관(新型コロナウイルスワクチン接種担当大臣). 지지부진한 일본의 백신 접종 현상을 타파할 최적의 인물이란 판단이었다. 결과는 한국인도 일본인도 모두 잘 알고 있다.

과연 일본에만 있을까?

이런 정치인이 일본에만 있을까요? 어쩐지 우리 주위에 있는 몇몇 얼굴과 묘하게 겹칩니다. 애국만 외치는 인간치고, 시민 개개인이 모여 만든 국가라는 큰 공동체 전체의 이익에 관심 있는 인간이 있을까요? 애국만 외치는 인간은 자신의 부와 권력을 유지하기 위해, 공동체를 전쟁의 위협 속에 빠뜨리는 걸 주저하지 않는 족속이 아닐까요? 소수의 목소리를 막지 않는 것이 민주주의의 가장 큰 미덕입니다. 이게 무너지면 민주주의는 의미가 없죠. 하지만 가짜 뉴스와 거짓 선동은 이 범주에 들어가지 않습니다. 나치가 부활해서 "우리는 소수다. 우리의 목소리를 막지 말라!" 이렇게 주장하면 "네, 소수 고객님, 민주주의는 소수자를 적극보호해 드립니다" 이래야 할까요? 소수의 목소리와 반인륜, 무차별 혐오를 구분해야 합니다. 인종, 성, 지역을 차별하는 목소리를 소수라고 보장해서는 곤란합니다. 인류의 보편성을 해치는 범죄니까요 이미 수많은 선진국에서 헤이트 스피치, 혐오 발언을 범죄로 규정했습니다. 우리도 하루빨리 포괄적인 차별금지법이 시행돼야 합니다.

디지털 장관의 계속되는 망언

스가의 꿈이었던 디지털청. 스가의 뒤를 이은 기시다 내각의 디지털청 책임자는 누가 됐을까요? 놀랍게도 악어장관 히라이 다쿠야였어요. 스가 시대의 악어장관은 디지털청에 대해 명언을 남겼어요.

"지금까지 다양한 자리에서 디지털청 설립에 대해 말해왔습니다."

"한마디로 정리하면 일본은 이런 나라가 아니라는 것을 다시 한 번 국민과 공유하고 싶다는 것입니다."

이쯤되면 일본의 고위 정치인은 유체이탈 화법이 필수조건인지도 모르겠네요.

최근 일본에서는 디지털 트랜스포메이션(DT 또는 DX, Digital Transformation)이란 말이 유행 중입니다. DT, DX라고 하니까 뭔가 복잡해 보이죠. 간단한 개념입니다. 최근 IT기업과 OTT의 핵심인 클라우드 컴퓨팅의 총칭이라 생각하면 쉽습니다. PC나 외장하드 같은 개인 외장저장장치 대신 AI를 활용한 클라우드 서비스로 디지털 라이프를 이동하자는 거죠. 우리를 포함한 주요 선진국에서는 이미 일상에서 실현되고 있어요. 새로울 것도 없는 개념이죠.

전직 악어장관이자 현직 디지털청 장관은 디지털 트랜스포메이션에 대해 한마디 더했어요.

"디지털 트랜스포메이션이란 말은 싫습니다. 대신 '디지도(digi道(デジ道, 데지도))'를 사용하고 싶습니다."

이쯤되면 일본의 고위 정치인은 사태의 본질을 파악하는 대신 그럴듯한 작명에 몰입하는 게, 본연의 업무인지도 모르겠네요. 아, 물론 그는 중의원 재선에 역시 성공했습니다.

수장이 이 정도면 실무 분야도 형편없어집니다. 디지털청 사무관의 톱은 76세의 이시쿠라 요코였어요. 취임 초기부터 IT 지식이 부족하다는 지적이 있었죠. 스스로도 인정한 사실입니다. 결국 몇 개월의 임기를 채우지 못하고 2022년 상반기 사임했어요. 더 심각한 일은 중견 실무 전무와 그룹 10여명의 직원이 디지털청을 떠났다는 거죠. 그들이 향한 곳은 통신사와 외국계 컨설팅 회사. 이유는 단순해요. 일본의 공공부문에서 종이 서류를 없애자며 만든 디지털청의 업무 대부분이 같은 서류를 몇 번이고 반복해서 만들고, 이런 걸 만들고 승인받기 위한 의미 없는 회의였다는 것.

우익과 혐한 앞에 선 누군가

4장

헤이트 스피치

혐오와 증오의 상징

헤이트 스피치(Hate Speech)는 우리말로 '혐오 발언' 또는 '증오 발언'으로 해석된다. 헤이트 스피치는 인간이 내뱉는 가장 추악한 말이다. 헤이트 스피치는 증오와 혐오의 시대를 상징한다. 우리나라 역시 세대, 성별, 학력, 지역 혐오와 증오의 거대한 전쟁터가 실재한다. 아무렇지 않게 사람을 "OO충"이라 부른다. 무섭다. 증오와 혐오는 더 큰 증오와 혐오, 물리적 폭력으로 이어질 수 있다. 누군가 혐오하고 증오하는 이들이 우리 사회의 주류로 받아들여지고 있는 것 같기도 하다. 끔찍한 일이다.

2017~2020년을 거치며 한국은 세계적으로 그리고 스스로 선진국에 진입했음을 깨달았다. 선진국의 조건이란 거 별거 아닐 수 있다. 동료 시민을 존중하고 차이와 다름을 존중하고 인정하는 모습, 사회적

약자와 소수를 존중하는 마음이 가장 중요하지 않을까. 일상에서 높은 시민의식을 자주 목격할 수 있지만, 방심하면 곤란하다. 혐오와 증오는 사람의 마음에 파고들기 쉬운 감정이니까.

일본 우익의 증오와 혐오 지분 상당수는 한국을 향한다. 이른바 반한(反韓)이다. 어느 나라에나 한국을 싫어하고 경계하는 사람들이 있을 수 있다. 자국의 이익을 위해 한국을 반대하는 경우라면 기분은 나쁘지만, 논리적으로 이해는 된다. 한국에 반대한다는 뜻의 반한을 넘어, 혐오와 증오라는 자극적인 단어를 넣는다면 어떨까?

전 세계 몇 안 되는 한국 혐오 집단, 일본 우익의 혐한(嫌韓) 말이다. 누구든 어떤 사람을, 어떤 단체를 심지어 어떤 나라와 그 나라의 체제를 반대할 수 있다. 미치도록 싫을 수 있다. 그렇다고 어떤 사람, 어떤 단체 심지어 특정 국가에 반대를 넘어 '혐오'한다는 신조어까지 만드는 마음은 무엇일까?

헤이트 스피치는 '혐한'을 외치는 자들의 추악한 무기다. 그중 가장 앞서 있는 단체가 재특회. 풀네임은 '재일조선인의 특권을 허용하지 않는 시민모임' 일본어로는 '在日特權を許さない市民の会(자이니치토쿠켄오유루사나이시민노카이)' 앞글자를 따서 재특회(在特会, 자이토쿠카이)라 읽는다. 이들의 주장은 하나부터 열까지 혐한이다. 재일동포에게 주어지는 특별영주 자격 자체가 특권이니, 그것을 박탈하자 주장한다. 재일동포의 국적은 대한민국이거나 북한이다. 차별을 당하면서도 여전히 수십만의 동포들이 우리 국적을 유지하고 있다. 일본은 일본인의 삶의 터전이기도 하지만, 재일동포들에게도 몇 대째 삶의 터전이다.

일본 내에서 재일동포들의 특별영주권을 반대하는 우익단체는 더러 있다. 일본 국적을 취득하지 않고, 한국 또는 북한 국적으로 살아가는 사람들에게 일본인에게 주어지는 권리를 제한해야 한다는 논리를 편다. 그렇다고 그들이 재특회 레벨의 혐오적, 차별적 주장에 동의하는 것도 아니다.

재특회는 목소리만 큰 거리의 우익단체일 뿐이었다. 일본의 극우 미디어인 〈산케이〉나 자민당의 상식적 보수세력도 오래전에 재특회에 등을 돌린 것 같았다. 재특회는 일본이 망가지든 말든 관심 없다. 한국을 싫어하고 무시하는 것이야말로 일본을 위해 애국하는 길이라고 생각하는 바보들이다. 인터넷을 중심으로 활동하는 넷 우익의 특징이기도 하다. 여전히 그들에게 주목해야 하는 이유다. 거리의 우익 세력인 넷 우익은, 아베와 자민당 주류가 만들어놓은 한국 때리기 판에서 가장 열렬한 반응을 보였다.

우리 일부 언론에서는 혐한 시위가 도쿄와 오사카를 비롯한 주요 도시에서 매일같이 빠지지 않고 일어나는 것처럼 호들갑스럽게 보도했다. 사실은 그렇지 않았다. 일본에서 혐한은 마이너리티였다. 대다수 일본인이 과거사에 비교적 깊은 성찰을 하고 있다는 얘기가 아니다. 대다수 일본인은 과거사, 특히 선대의 침략 전쟁에 대한 진상을 잘 모른다. 그렇다고 일본인 전부가 혐한 시위를 모른 척한 것도 아니다.

혐한 시위, 일본 표현으로는 헤이트 스피치의 주장은 같은 일본인이 보고 듣기에도 지나치게 끔찍했다. 혐한을 외치는 자들의 주장, 극단적 폭력을 담은 언어는 그 자체로 폭력이다. 상식을 가진 보통 사람이면 극단적 폭력에 동의하기 어렵다. 사람의 도리가 아니라는 지극히 상식적인 감정이다. 혐한의 주장은 태생부터 비상식, 몰상식 수준을 넘어섰다.

헤이트 크라임(Hate Crime), 즉 혐오범죄를 단죄하는 사법체계를 지닌 많은 선진국이라면, 혐한의 주장은 법적 처벌을 피할 수 없다. 그들이 사용하는 말은 주장 자체로 이미 반인륜적 범죄이기 때문이다. 그들은 도쿄의 코리아타운인 신오쿠보(新大久保)에서 확성기로 버젓이 "조선인(한국인)을 일본에서 몰아내 바다에 빠뜨리자"고 외친다. 입에 담기 힘든 극단성을 서슴없이 보이기도 한다.

"지금부터 코리아타운 대학살을 실행합니다."

"코리아타운에 가스실을 만들자."

일본 극우는 나치의 상징 깃발인 하켄크로이츠도 들고 다닌다. 일본 전체를 보면 소수임은 틀림없다. 확실히 이들과 일본 우익은 현재의 일본을 대표하고 있다. 일본의 우익 정치 세력 역시, 전체 일본 국민을 대표하고 있다. 극우의 상징인 전 아베 총리와 일본 회의 멤버들은 집권당인 자민당 내에서도 인원으로는 소수다. 그들이 권력을 돌아가며 쥐고 있으니, 일본 정치가 다 극우처럼 보이는 것이다. 자민당의 득표율은 전체 유효 투표수의 절반이 채 되지 않는다. 자민당에 투표하는 일본 시민은 전체 국민 중 20%에 지나지 않는다. 이렇게 적은 수로도 일본을 대표할 수 있게 만든 일본의 정치 시스템이 문제다. 일본인 전체가 문제는 아니다.

재특회에 동조하는 한국인

놀랍게도 재특회의 주장에 동조하는 한국인이 있다. 진짜 친일파와 신극우세력으로 우리 안에도 혐오와 차별을 놀이처럼 즐기는 악마 같은 커뮤니티와 사이트가 몇 개 있다. 일본 넷 우익이 주장하는 제국주의와 식민주의에 공감하며, 그들의 논리와 주장을 열심히 퍼 나른다. 일부 메이저 미디어도 숨김없이 지면과 화면을 통해 그들에게 직간접 동질감을 과시한다. 일본 넷 우익에 동조하는 일부 한국인의 공통적 정서가 있다. 어떤 이유에서든 이들은 자신이 속한 한국이 잘못됐다는 것이다. 한국이 정치, 외교, 군사 부문에서 국익과 국격을 고려한 독자적 정책과 행동을 해서 안 된다고 주장한다. 보통 극우는 자신이 속한 집단과 국가를 신앙화한다. 국가를 숭배하니 극우로 분류된다. 우리 극우는 자존감이 낮아도 한참 낮은 편이다. 전 세계 극우 세력 중 유사 사례를 찾기 어려울 정도로 이상하다.

일본 극우는 비상식적으로 자존감을 높이는 방향성을 보인다. 어느 시대, 어느 나라나 쇠퇴기에 접어들면 극단적 세력이 발흥한다. 역사의 교훈이다. 일본은 아직은 세계 3위의 경제 대국이다. 경제 규모에 비하면 일본인 개개인의 삶은 30년 전보다 오히려 후퇴하고 있다. 1960~1980년대 황금기와 비교하면 삶의 질이 떨어지고 있다는 걸, 보통 일본인도 일상에서 쉽게 체감하고 있다. 일본인에게 더 기분 나쁜 건, 일본보다 두세 수 아래로 여겨지던 한국, 그리고 싱가포르, 대만 등의 아시아 이웃의 삶의 질과 비교해도 일본이 우위에 있지 않다는 것. 점점 더 많은 일본인이 깨닫고 있다. 강성하던 나라의 경제와 문화가 쇠퇴하면, 필연적으로 극단적 애국주의가 등장한다. 과거 영광의 나날을 떠올리며 현실을 부정한다.

일본 극우는 일본이라는 강대국(언제까지 이어질지 모르겠지만)의 이미지에 개인을 철저히 복종시킨다. 2차세계대전의 일본 제국주의 시대로 회귀하자는 것이다. 개인은 작고 힘이 연약하지만, 일본이라는 강대국의 일원임을 생각하면 없던 자부심이 생길 수 있다는 것이다. 단체가, 소속된 개인에게 제공하는 고양감을 더 키울 수 있다면, 개개인의 불만을 어느 정도 잠재울 수 있다. 차별하기 쉽고, 혐오하기 쉬운 대상을 찾아내 그들을 욕하고, 할 수 있다면 폭력까지 동원하는 방식은 극우 단체 소속원의 고양감을 더욱 상승시킨다. 분노를 마음껏 표현하며 우월감을 느끼고 동시에 스스로 정당화할 수 있다. 이것이 재특회를 비롯한 일본 극우의 전략이며 생존법이다.

한국의 극우는 다르다. 한국은 여전히 미개하고 열등하니 고유의 정체성을 버리고 일본이라는 강대국을 흠모하며 동경한다. 심지어 일본에 반대하는 것이 한미동맹을 위태롭게 만든다는 주장까지 한다. 논리와 상식에서 벗어난 이야기를 버젓이 외치는 한국인 중에는 고학력 엘리트가 다수 있다. 명문대 출신의 사회 고위 인사도 있다. 이걸 보면, 명문대를 졸업했거나, 고등고시처럼 어려운 시험을 통과했거나, 사회적으로 선망받는 전문직이라고 모두 멀쩡한 정신은 아니라는 걸 알 수 있다. 일본과 한국 극우의 공통점도 있다. 둘 다 파시즘 찬양 집단이다.

카운터스

일본에 한국인이 가면 바로 차별을 당하고, 혐한 테러에 노출될까? 그럴 리 없다. 대다수의 보통 일본인은 타인에게 폐를 끼치는 것을 극도로 싫어한다.

평범한 일본 시민들이 있다. 대단한 신념이나 비범한 능력은 없는 보통 사람들이다. 우리와 별다를 것 없는 사람들이다. 2011년 동일본 대지진이 불러일으킨 후쿠시마의 원전사고로 소수의 일본 시민이 각성한다. 동일본 대지진은 '일본이 전 세계에서 가장 안전한 나라'라는 신화를 깨뜨렸다. 그리고 소수 권력자의 입맛대로만 세상이 움직이면, 대다수 시민이 불행해진다는 것도 깨닫게 했다.

소수 일본 시민의 첫 번째 선택은 원전 반대 시위였다. 원전 반대 사회운동에 뛰어든 몇몇 시민들은 2013년 혐한 시위를 거리에서 직접 목격하고 큰 충격에 빠졌다. 그들은 결심했다. 혐한 시위는 반드시 없어져야 한다고. 일본 사회의 공정성을 지키기 위해서라도 혐한 시위는 반드시 없어져야 한다고 생각했다. 어느 날 한 시민이 트위터에 글을 올렸다. 말만 하지 말고 우리가 거리에 나가 혐한 시위를 막아보자 주장했다. 놀랍게도 많은 일본인이 그의 트윗에 찬성과 지지를 보냈다. 한국인에게는 낯설지 않은 성격의 공감이다. 현재의 대한민국은 지난 100년간 시민의 힘으로 만들어진 공동체이니까.

일본은 다르다. 의견을 내는 것과 그 의견에 찬성하는 것, 그리고 뜻을 이루기 위해 직접 행동에 뛰어드는 것의 간격이 정말 큰 사회가 일본이다. 그런 일본에서, 행동력을 보여주자는 이야기에 의외로 많은 일본인이 공감하고 결심했다. 그들은 곧 거리에 나갔다. 그리고 깨달았다. 혐한 시위를 멈추려면, 시민 개개인의 힘으로는 어렵다는 것을. 그들은 혐오를 멈추기 위한 시민모임을 만들었다. 그렇게 헤이트 스피치에 대항해 인종, 민족 차별주의에 반대하는 시민모임인 '카운터스'가 탄생했다. 거리에 나온 우익의 차별과 혐오 발언이 도를 지나쳐도 너무 지나쳐, 그따위 끔찍한 소리를 한국인은 물론 일본인에게도, 특히 자신의 자녀들에게 들려줄 수 없다는 사람들이 카운터스를 만들었다.

2014년 도쿄 롯폰기의 우익 시위에 반대하는 시민모임 CRAC 활동은 우리 생각보다 오래됐다. 넷 우익이 인터넷 한구석에서 거리로 몰려나오기 시작한 시기와 거의 같다. 거리로 나온 넷 우익의 구호는 과격함을 넘어 반인륜적 반사회적이다. 구호가 아니라 범죄 그 자체다.

"조선인을 죽이자."

"조선인을 강O하자."

평소 한국에 대해 좋은 감정이 없는 일본인도 충격을 받았다. 대낮 대로를 활보하며 범죄와 다름없는 말을 서슴없이 외치는 모습에 처음에는 충격을, 그다음에는 분노를 느꼈다.

"넷 우익의 구호가 너무 끔찍해요."

"저런 구호를 우리 아이들이 듣지 않았으면 좋겠어요."

지극히 상식적 감수성을 지닌 트윗은 사방으로 퍼져나갔다. 행동력 있는 시민 몇몇이 거리에 모이자고 약속했다.

"우리가 끔찍한 구호를 외치는 그들을 막아보자!"

마치 우리 문화의 오프라인 번개처럼 시작된 반혐오 시민모임이 시작됐다. 처음에는 "혐오를 멈춰라" "차별을 멈춰라" 정도의 작은 피켓을 드는 게 고작이었다. 이렇게 탄생한 모임이 '대레이시스트 행동 단체'다. 일본어로는 '다이레이시스토코도슈단(対レイシスト行動集団)', 우리말로 직역하면 '인종차별 반대 행동 단체'다. 영어 약칭 CRAC(Counter-Racist Action Collective)가 탄생한 순간. 그냥 줄여서 카운터스라고 한다.

바보 단체의 혐오와 증오

차별하지 않고 살아갈 수 없다

재특회가 일본 극우에서 차지하는 지분은 생각보다 미미했다. 일본의 보통 사람들에게 재특회의 존재란 '아무래도 좋을 단체' 정도다. 일본에서도 바보 취급을 받는, 이른바 컬트 종교화한 단체였다. 그런데도 재특회는 한국에서는 일본 넷 우익의 표상 같은 느낌이다. 그 이유는 이들이 생각보다 바보들이고, 생각보다 조직적이고, 생각보다 시끄럽기 때문이다. 그중 가장 큰 확성기를 지닌 바보 한 명이 있다. 바보 세계의 명언이자, 보통 세계의 망언을 남겼다.

"인간은 차별하지 않고는 살아갈 수 없다."

재특회 회장 사쿠라이 마코토가 한 말이다. 본명은 다카다 마코토(高田誠). 사쿠라이 마코토(桜井誠)라는 필명으로 주로 활동했다. 사쿠라이 마코토는 문제를 일으키기 좋아하는, 문제적 인간의 전형이다. 자신의 주장을 위해서라면, 어떤 혐오와 증오도 서슴지 않았다. 사람 사는 세상에서 반드시 지켜야 하는 선을 너무도 쉽게 넘어버린다. 이 문제적 인간은 재특회의 초대부터 4대까지 회장을 맡았다. 그는 정치적 올바름과 가장 머나먼 지점에 서 있다. 정치적 올바름, 요샛말로 피시함을 극도로 혐오한다.

사쿠라이는 스스로 정치사상가로 불리길 원한다. 하지만 모든 넷우익이 그렇듯, 시작은 인터넷 게시판의 혐오 댓글이었다.

괴물의 탄생

2000년대 초반, 한국과 일본의 네티즌이 스레드와 댓글로 서로 교류하던 온라인 사이트가 열렸다. 〈중앙일보〉의 일본어판 게시판, 그리고 지금은 사라진 네이버의 인조이재팬의 게시판이다. 수많은 한국인과 일본인이 한국과 일본의 일상생활, 여행, 문화, 취미 등의 콘텐츠를 교류하던 곳이었다. 댓글로 정보를 주고받다 실제 서로의 나라를 여행하며, 서로의 집을 방문하기도 했다. 맘에 맞는 사람들이 나이와 국적을 떠나 친구가 되기도 했다. 아직도 나고야 도시바에서 일하던 또래 일본인과 연락을 주고받는다. 그 친구가 한국에 오면 닭갈비를 사주며 집에 재웠고, 일본에 가면 그 친구의 집에서 밤늦게까지 피자를 먹으며 위닝 일레븐을 즐겼다.

모든 종류의 동호회, 커뮤니티의 평화는 오래 지속할 수 없는 것 같다. 온라인 커뮤니티에 정보가 축적되고 이용자가 늘어나기 시작하면, 필연적으로 악성 유저와 악성 콘텐츠가 등장한다.

두 사이트 모두 짧은 평화기가 저물고 전쟁터로 변했다. 일본 유저 누군가 한국 비하와 혐한 스레드를 올렸다. 대다수 일본 유저는 "한일 우호를 깨뜨리지 말라!"며 꾸짖었다. 어떤 일본 유저는 "저 바보에게 먹이를 주지 마세요"라며 어그로에 말려들지 말라는 현실적 조언을 했다. 일본에 바보가 있듯 한국에도 바보는 얼마든지 있다. 한국 어그로꾼 누군가 "오늘은 히로시마에 원자폭탄이 떨어진 날이네요. 일본인 불고기 파티일을 축하합니다"라는 반인륜적 발언을 태연하게 했다. 패륜적 발언은 한국 바보 유저 사이에서 밈처럼 퍼졌다.

갈등을 먹고 사는 양국의 극단주의자들이 딱 원하던 그것, 온라인 전쟁이 벌어졌다. 양국의 극단주의자들만 남아 매일매일 수십 수백 개로 쪼개진 작은 전투를 벌였다. 이슈에 따라, 온라인 게임 레이드 뛰듯, 팀플로 싸우기를 밥 먹듯 했다. 우호와 정보 교류를 원하던 상식적 한일 유저는 전쟁터를 떠나 난민이 돼버렸다. 후일, 양국 키보드 배틀러의 상당수는 한국의 일베와 일본의 투채널러가 됐다. 우리에게 일베라는 괴물을 낳은 '일간베스트 저장소'가 있다면, 일본에는 니찬네루(2ch, 투채널)라는 패륜 집단이 있다.

단언컨대 이 전장에서 싸우던 네티즌은 양쪽 극우 사이트에 상당한 양분을 제공했다. 일본의 일베나 마찬가지인 투채널은 넷 우익 양산의 사관학교인 셈이었다. 일베가 그렇듯. 일본에서 넷 우익은 주류 정통 우익에게도 바보 취급을 당했다. 논리가 부족하기 때문이다. 사쿠라이는 그중에서 나름의 논리를 전개한 댓글러로 유명세를 얻었다. 생각보다 독서량이 많고, 특히 한국에 대해 매우 집요하게 공부했다.

의외로 지적 수준이 높고 교묘한 설득력을 기반으로, 혐오를 정치적 주장으로 포장하는 뻔뻔함까지 지녔다. 이 바보가 사회에 뿌리는 해악 중 무시무시한 말이 있다.

"인간은 차별하지 않고는 살아갈 수 없는 존재다."

"차별은 이 세상을 진화시키고 있다."

스스로 파시스트라고 고백하는 바보들은 의외로 많다. 일본뿐 아니라 한국에도 있다. 하지만 파시즘이 세상을 진화시킨다고 주장하는 것은 전혀 다른 성질이다. 나치즘의 인종혐오와 인종차별이 세상을 진화시킨다고 주장하는 것과 같으니까.

사쿠라이는 일본에서 열린 일본군 성노예 할머니들의 증언회에도 모습을 드러냈다. 피해자들이 용기를 내 가해자들의 나라로 갔는데, 가해자의 후손이 반성은커녕 확성기를 들고 욕설과 폭언으로 피해자를 맞이했다. 사쿠라이는 평화의 소녀상을 비웃는 퍼포먼스까지 서슴지 않았다. 사람이 대체 어느 정도로 악랄해야 이런 짓을 할 수 있을까.

사쿠라이의 망언에는 이런 것도 있다.

"차별이 없는 세상이 있다면, 나는 그곳을 지옥이라 부를 것이다."

혐오와 차별은 호모사피엔스의 본성 중 하나라고 한다. 그럴지 모른다. 인간은 한없이 이타적이면서도, 한없이 잔인하니까. 그래서 학습이 필요하다. 나와 다른 사람과 함께 살아가는 법을 배워야 한다. 스스로 존중하며, 다른 이를 존중하며 함께 살아가는 법을 포기한 사쿠라이. 그가 한심하고 또 불쌍하다.

괴물의 출마

사쿠라이는 의외로 조직을 장악하고 이끌어가는 카리스마를 지녔다. 바보 단체인 재특회의 회장 정도로 만족할 인물이 아니었다. 2016년 정당을 만들더니 무려 도쿄도지사 선거에 출마했다. 민주주의 국가라면 누구나 정치결사체를 조직하고 정당도 만들 수 있다. 다만, 정당 창립은 정치 동호회 수준이 아니다. 선관위에 등록할 정당을 만드는 것은 매우 큰 에너지가 필요하다. 중앙당 창당 준비위원회, 이른바 창준위를 결성하기는 비교적 쉬워도 시도당의 지역위원회를 만들고 일정 수의 당원을 모집해야 한다. 시도당 창당대회 후, 중앙당 창당대회까지 마쳐야 한다. 일본의 선관위 등록 정당 결성 프로세스도 거의 마찬가지다. 사쿠라이는 일본제일당을 창당하고 2016년 무려, 도쿄도지사 선거에 출마했다. 아찔했다. 일베에서 벼락 인기를 얻은 바보가 서울시장 선거에 출마한 셈이다. 물론 사쿠라이는 당선 가능성을 이야기하는 것이 의미 없을 만큼 참패했지만. 이런 일이 우리에게 생기지 않으리란 보장이 있을까?

왜 사쿠라이는 정당을 만들고 일본 최대의 지방선거에 출마한 걸까? 세계적 기준으로 이미 충분히 극우에 해당하는 아베류의 자민당으로는 만족하지 못하기 때문이었다. 사쿠라이처럼, 거리로 나온 넷우익들이 보기에는 전 아베 총리도 순한 맛에 불과하기 때문이었다. 당시 아베 정권의 한국 경제 때리기와 코로나19를 빙자한 한국인의 무비자 일본 입국 금지 정도로 만족하지 않았다.

사쿠라이는 일본이 한국과 단교하길 원한다. 한일 국교단절은 일본

제일당의 주요 정책 중 최상위에 위치한다. 물론 실현 가능성은 거의 없다. 일본이 무엇보다 두려워하는 미국 큰형님이 인정할 리 없다.

2020년 7월에 사쿠라이는 다시 도쿄도지사 선거에 출마했다. 낙선했지만, 2016년보다 무려 두 배 늘어난 득표율을 보였다. 2016년 총 11만 4,000 표(1.7%)에 그쳤는데, 2020년에 총 17만 8,000 표(2.9%)를 얻었다. 사쿠라이 같은, 거리의 우익 출마자는 도쿄도 같은 일본 최대급의 광역단체장은 물론 어느 기초단체장에도 당선되기 어려울 것이다. 하지만 이런 거리의 극우가 자민당이라는 기존 정치 세력과 합세한다면 어떨까? 적어도 자민당 중진 출신의 거물 정치인이 새로운 정당을 만들고 거기 합류한다면?

일본의 한국 때리기가 지속하면 이런 혐한 단체는 지지세를 더 얻을 것이다. 그러면 지방의회 또는 일본 국회에도 비례대표 당선자를 충분히 낼 수 있을 것이다. 실제 2021년 가을 중의원 선거에서 또 다른 극우 세력인 일본유신회가 간사이 지역에서 다수 당선자를 냈다.

아파 호텔

사쿠라이의 일본제일당 창당대회는 아파 호텔(APA Hotel)에서 열렸습니다. 혐한과 혐중의 최전선에 나선 그 아파 호텔이 맞습니다. 일본 여행을 하실 때, 혹시라도 아파 호텔은 꼭 피해주셨으면 합니다.

채널 사쿠라

우리나라 극우 유튜브 대표 채널이 '가로세로연구소'라면 일본은 단연코 '채널 사쿠라'입니다. 채널 사쿠라의 슬로건이랄까 대표어는 '초망굴기(草莽崛起)'입니다. 문자 그대로 해석하면 '먼저 깨달은 민초(草莽)들이 떨쳐 일어나라(崛起)'는 뜻이죠. 일본 막부 말기의 사상가 요시다 쇼인(吉田松陰)의 어록입니다. 그는 조선을 일본의 휘하로 복속시켜야 한다는 정한론을 주장했죠. 요시다 쇼인의 제자 중 한 명이 바로 이토 히로부미입니다. 이 주장은 후일 메이지유신의 주역들에게 조선을 식민지로 만들고 중국 대륙에 진출하려는 영감을 주는 말로 쓰였죠

요시다 쇼인

채널 사쿠라의 풀네임은 일본문화채널 사쿠라(日本文化チャンネル桜). 이름만 보고 J-POP이나 일본 드라마 소개 채널로 오해했다가 화들짝 놀랄 수 있습니다. 흔히 사쿠라 채널이라고도 불리는 이 유튜브는 극우 신문인 〈산케이〉마저 온건하게 만들 정도로 과격합니다. 혐한의 최전선에 있

는 그 〈산케이〉마저도요. 재미있는 건, 〈산케이〉 계열인 후지TV가 아이러니하게도 한국 드라마 방영에 열심이었습니다. 바로 이 후지TV의 한류 드라마 방영 저지를 목적으로 대규모 시위를 주동한 단체가 채널 사쿠라입니다. 한국과 한국인의 차별과 혐오가 주요 콘텐츠인데, 그 수준이 상상을 가뿐히 뛰어넘습니다. 사실 상상을 뛰어넘는다기보다 과대망상으로 보는 게 맞겠죠. 그렇게 생각하면 이 집단이 어쩌면 개그를 하고 있다는 생각마저 듭니다. 몇 가지 주장을 볼게요.

1. 북한의 김정일이 죽자, 이들은 "지금이 기회다" 외칩니다. 뭔 기회냐고요? 일본이 북한으로 침공할 기회요. 심지어 일본이 핵무기를 보유하고 평화 헌법을 개정해 자위대를 정규군으로 전환해 북한으로 침공하자는 겁니다.
2. 한류에는 무시무시한 계략이 숨어 있다고 합니다. 일본을 문화적으로 침략해 일본의 전통적 가치관을 해체한다. 이것이 한류의 계략이라는 거죠 (그런데 일본은 우리처럼 미국 팝과 영화를 더 많이 보고 들었는데?).
3. 미국에도 종군위안부라는 전쟁범죄를 잊지 않기 위해 기념비와 평화의 소녀상이 이곳저곳에 건립됐습니다. 채널 사쿠라는 미국 지방정부와 시민사회의 선행을 이렇게 규정합니다. "이것은 한국과 미국의 일본 간접 침략이다."
4. 한국은 미국의 식민지가 됐답니다. 뭘로요? 한미FTA로요.
5. 이들은 한국인 입국을 막는 정도가 아니라 단교를 해야 한다 주장합니다 (한일 국교단절은 일본 극우의 사골 레퍼토리입니다).

어느 의로운 야쿠자

공포를 이기는 분노

모든 집회는 메시지가 있다. 모든 집회는 목적이 있다. 공공선을 위한 집회도 있고, 자신이 속한 집단의 이익을 관철하기 위한 집회도 있다. 선명한 메시지로 울림을 주는 집회도 있고, 억지 주장으로 눈살을 찌푸리게 만들기도 한다. 또 어떤 집회는 증오와 혐오만을 양산한다. 일본의 혐한 집회에는 차별과 혐오만이 존재한다.

"조선인을 죽여라. 조선인을 강O하자!"

혐한 시위대가 흔히 뱉는 구호다. 일본의 일베인 투채널 같은 인터넷 게시판이 아니라, 평일 오후 대도시의 거리에서 플래카드로, 피켓으로, 확성기를 통해 육성으로 터져 나오는 혐오 발언이다. 혐한 시위는 대부분 기세등등하다. 우리가 일장기라고 부르는 히노마루(日の丸)와 나치의 전범기와 같은 욱일기를 들고 목청껏 소리를 외친다. 혐한 시위

대는 거리로 나온 넷 우익이 주류다. 위세 등등해 보이지만 사실 소수다. 일본의 황금기를 거친 중장년 세대가 주류다. 모든 나라와 조직은 필연적으로 쇠퇴기를 맞이한다. 조직이나 나라가 쇠퇴기에 접어들면, 극단적 혁신을 외치는 혁명가 그룹과 극단적 반동을 외치는 수구 세력이 발흥한다. 현재 일본의 경우는 불행히도 후자 쪽이다. 일본 정치의 주류는 우익을 넘어 이미 충분한 극우다. 거리로 나온 넷 우익은 정치 주류 극우보다 심하다. 이걸 대체 무어라 불러야 할지 모르겠다.

'극우(極右)'는 우익 성향이 극도로 심하니 극우라고 한다. 극우를 넘어선 자들은 무어라 불러야 할까. 슈퍼 극우? 울트라 극우? 초극우? 그냥 반인륜 집단으로 부르고 싶다. 이들의 주장은 하나같이 반인륜적이니까. 수십 수백 명의 반인륜 집단이 깃발을 들고 험악한 표정으로 그보다 더 험한 소리를 외친다. 평범한 일본 시민에게 혐한 시위대의 주장은 한마디로 경악과 공포다. 보통 사람이라면 누구나 두려움을 느낀다. 한국이나 일본이나 마찬가지다. 많은 수의 일본인이 시위 행렬을 피해 걸음을 옮긴다. 무서워서 피하는 사람도 있고, 더러워서 피하는 사람도 있다. 그렇다고 눈앞에서 벌어지는 일은 사라지지 않는다.

누가 누구를 때리는 장면을 목격한다. 처음에는 흠칫 놀란다. 폭력이란 절대 일상적인 것이 아니니까. 자세히 보니, 폭력이 도에 지나친 걸 깨닫는다. 보통의 감수성을 지닌 사람이라면 본능적인 두려움을 느낀다. 몇몇은 두려움을 이겨내는 특별한 감정, 분노가 생긴다. 정의감이라 말할 수도 있지만, 근원적 감정은 분노다.

아무리 생각해 봐도, 누구를 죽이자는 목소리가 여과 없이 거리에 퍼지는 것, 그것에 대한 분노다. 자신들이 태어나서 살고 있던 일본이라는 나라의 수도 한복판에서 들려서는 안 될 소리다. 그 소수의 사람 중에 또 소수의 사람이 결심한다. 내가 목소리를 막아보겠다고.

일본 경찰, 혐한 시위대 보호

평범한 시민 몇몇이 이들 시위를 막아보려 했다. 혐한 시위대가 주요 도심에 나타나면, 그들이 같이 걸으며 큰소리로 "혐오를 멈춰라!" 반대 구호를 외쳤다. 구호를 피켓에 써서 같이 다니기도 했다. 이들은 소수였다. 다수인 혐한 시위대에게 금세 둘러싸였다. 크고 작은 물리적 충돌이 일어났다. 대낮 거리에서 "조선인을 죽여라"라고 기세등등 외치는 자들이니, 같은 일본인에게 폭력도 서슴지 않았다. 당연히 현장 폭행범이었다.

진짜 문제는 여기서부터였다. 현장에 출동한 일본 경찰은 오히려 혐한 시위대를 보호했다. 오해하지 말자. 일본 경찰이 혐한에 동조하는 건 아니다. 혐한 시위대는 집회 신고를 했고, 담당 경찰서의 허가를 받았는데 반혐한 시위대는 집회 신고를 하지 않았기 때문이라 한다. 일본은 집회와 시위의 자유가 있는 나라고, 일본 정부는 혐한 주장에 동의하지 않아도 집회를 보호할 의무가 있다는 논리였다. 전형적인 기계적 중립의 폐해, 그리고 차별금지법이 없는 나라의 폐해다.

이런 크고 작은 사건 사고 이후, 평범한 일본 시민들이 각성하기 시작했다. 반혐한 시위를 조직적으로 전국적으로 만들어보자는 각성이었다. 반혐한 집회 신고도 미리미리, 시민마다 전공을 살려 다양한 활동을 해보자는 모임, 그중 하나가 카운터스라는 그룹이었다. 카운터스는 그렇게 탄생했다.

오토코구미

일본판 깨어 있는 시민인 카운터스의 소모임 중 특이한 그룹이 있다. 조직명이 '오토코구미(男組)'. 시민모임인데 야쿠자나 쓸 것 같은 조직명을 사용했다. 실제 오토코구미는 매우 거친 조직이었다. 혐한 시위대를 향해 인상을 쓰고 거침없이 심한 욕을 했다. 혐한 시위대가 시민들을 위협하면 그보다 몇 배는 더 심하게 그들을 위협했다. 생김새도 말투도 일본 영화에 흔히 등장하는 야쿠자와 별 차이가 없었다. 카운터스에서 물리적 폭력을 담당했던 오토코구미는 혐한 시위대가 물리적 폭력을 행사하면 그냥 당하지 않고 맞서 싸우는 조직이었다. 물리적 폭력이 필요 없는 시위 현장도 있었다. 그럴 때 오토코구미는 혐한 시위대에게 중지를 모았다. 말 그대로 가운뎃손가락, 중지를 모아 혐한 시위대에게 보여줬다. 그 정도로 화끈한 사람들이었다.

오토코구미를 우리말로 직역하면 '남자파'다. 일본어의 어감으로는 '사나이파' 정도가 정확한 해석이다. 오토코구미는 일본에서 남성끼리의 모임을 말할 때 흔히 사용하는 단어이기도 하다. 1970년대 열혈 학원 만화에서 유행하기 시작했다. 일본어로 '구미'는, '학급' 또는 '모임'을 뜻하기도 하고, 범죄 조직을 말할 때의 '조직'의 뜻으로도 쓰인다. '2학년 A구미'라 하면, '2학년 A반'이란 뜻이다. 범죄 조직을 말할 때는,

우리말로는 'OO파'에 해당하는 무시무시한 뜻으로 변한다.

오토코구미의 행동강령은 단순했다.

"물리적으로 인종 혐오자들을 제압한다."

오토코구미를 만든 남자는 이렇게 말했다.

"혐오 단체는 사람을 찔러 죽이는 행동을 하는 거야. 우리가 그 행동을 막으려면 물리력을 쓸 수밖에 없어."

아무리 좋은 일을 한다고 이 정도 말을 태연스럽게 하는 사람은 대체 어떤 사람일까? 이 사람은 야쿠자다. 정확히는 전직 야쿠자, 손을 씻었지만, 머리부터 발끝까지 야쿠자 물이 단단히 든 이 사람은 다카하시 나오키(高橋直輝)다.

카운터스

차별에 반대하는 오타쿠

카운터스(Counters), 반혐오 모임 카운터스는 금세 시민단체로 성장했다. 이들도 집회 신고를 하고 생업에 따라 모임의 직능을 구분하기 시작했다. 혐한 시위가 조직적으로 세를 불리면서, 자연스레 카운터스도 조직화, 세분화의 길을 걸었다. 혐한 시위대와 나란히 걸으며 큰소리로 꾸짖는 훈계 부대, 시민들에게 혐오 발언과 집회의 금지를 촉구하는 서명을 받는 서명 부대, 혐오 낙서와 게시물을 철거하는 혐오 낙서 제거 부대, 여성들로만 이루어진 여성 부대, 변호사로 구성돼 경찰에 체포됐을 때 불이익을 받지 않게 도와주는 변호사 부대, 우리 풍물패처럼 음악과 공연을 동원한 문화 부대가 있다.

이건 정말 신기하다. 우리의 시위 문화는 기본적으로 문화제를 동반한다. 음악과 공연이 없는 대규모 집회는 상상하기 어렵다. 일본은 그렇지 않다기보다 시위나 집회 자체가 거의 없다. 그러다 보니 시민의 시위와 집회로 민주주의를 성숙시킨 우리 한국의 모습을 이질적으로 생각한다. 오히려 '왜 한국인은 툭하면 거리에 모여 사회를 불안하게 하는 일에 몰두할까'라 생각한다. 일본의 민주주의가 시민의 힘으로 얻어낸 것이 아니기 때문이다.

일본에서 집회에 공연과 음악, 그것도 랩퍼가 등장하는 모습은 흔하지 않다. 일본인은 동의하지 않을지 모르지만, 우리의 집회 문화가 어느 정도 일본에도 영향을 미쳤으리라 생각한다. 2019년 홍콩 민주화 시위에서 '임을 위한 행진곡'이 광둥어로 불렸던 것을 생각하면 일본에서도 누군가 영감을 받지 않았을까?

놀랍게도, 인터넷에서 혐오 발언에 댓글로 싸우는 오타쿠 부대도 있었다. 좀처럼 실물 세계에 등장하지 않는 것이 오타쿠의 철칙이다. 그런 오타쿠들이 '인종차별에 반대하는 오타쿠(OTAKU AGAINST RACISM)' 티셔츠를 입고 거리에 나섰다. 그들이 일본 아마존에서 한정 판매 티셔츠를 제작했다. 한 벌 구매하지 않았던 건 여전히 후회된다.

한마디로 카운터스는 거리로 나선 일본판 '깨어 있는 시민모임'이다. 평화로운 시민모임이기도 하다. 혐한 시위대의 물리적 폭력에 무방비로 노출될 수밖에 없었다.

전직 야쿠자

이 모습을 지켜보던 전직 야쿠자가 있었다. 그는 결심했다. '내가 저들을 위해 대신 폭력을 휘둘러주겠어.' 오토코구미의 창설자 다카하시

나오키는 "나야말로 진정한 우익이야"이라고 태연스레 말하는 전직 야쿠자다. 전직 야쿠자는 "우리는 가부키초가 어울리는 남자들이지"라고 곧잘 말했다. 가부키초는 도쿄 최대 상업 지역 신주쿠 한복판에 있는 최대 유흥 지역이다. 단지, 최대 유흥 지역만이 아니다. 일본 최대이자 최악의 환락가이며 요지경 세상이다. 인간의 욕망이 현행법이 정한 테두리를 지키는 듯 어긋나며 발현되는 곳이다.

무서운 곳이다. 도쿄 여행 초심자는 말할 것도 없이 누구라도 가부키초에서는 겸손한 마음을 지녀야 하는 곳이다. 이런 곳에 어울리는 사람들은 역시 어두운 사람들뿐이다. 심지어 이곳에 주재하는 경찰도 하나같이 거칠기 짝이 없다. 제복을 입고 있어 경찰인지 알 수 있을 뿐이다. 경찰의 말투도 딱 그 동네 야쿠자들의 말투다.

다카하시는 가부키초를 배경으로 살던 전직 야쿠자였다. 좋게 말하면 운송업 (배달업이라 쓰고 주류 전매 또는 독점이라 해석해야 한다) 심지어 유사 성매매 업소도 조직했었다 전해진다. 과거, 경찰에 체포돼 실형을 살았던 건 당연한 결과였다.

가부키초 인근에 일본 최대의 코리아타운, 신오쿠보가 있다. 신오쿠보는 혐한 시위대가 신주쿠와 함께 가장 많이 혐한 시위를 벌이는 장소다. 다카하시는 한국인 할머니가 신오쿠보에서 운영하는 한국 식당의 단골이었다. 다카하시가 가게를 찾았던 어느 날, 펑펑 울고 있는 주인 할머니를 봤다. 알고 보니 그날 오후 혐한 시위가 있었다. 할머니는 그들이 거리에 쏟아낸 차마 말로 전하지 못할 혐한 욕설과 증오에 북받쳐 울고 있었다. 다카하시는 궁금했다.

‘대체 얼마나 심하길래 시위가 끝난 지 한참 지났는데도 할머니는 울고 있는 걸까.’

시위를 구경해 보기로 맘먹었다. 실제 시위를 보고 다카하시도 충격을 받았다. 앞뒤 가리지 않는 성격, 전직 야쿠자 출신인 그는 바로 혐한 시위대에 돌격해 외쳤다.

“이 똥 같은 차별주의 놈들아!”

보통 사람이 실제 야쿠자를 보면 기가 죽는다. 평생 타인을 위협하며 살아온 세월의 무게가 표정에 그리고 온몸에 묻어 있기 때문이다. 일본 영화에 흔히 나오는 야쿠자 연기를 상상하면 곤란하다. 연기는 연기일 뿐이다. 레플리카가 아무리 정교해도 실물이 주는 박력감은 없다. 격투기를 연습한 연기자와 프로페셔널 격투기 선수가 주는 위압감은 비교할 수 없는 것과 마찬가지다. 혐한 시위대는 대부분 넷 우익이다. 험한 말을 숨처럼 내뱉는 그들도 다카하시 같은 전직 야쿠자 출신의 물리적 위협은 진지하게 만나보지 못했다. 경찰 뒤에 숨어 고래고래 소리를 지를 뿐이었다. 다카하시는 금세 유명 인사가 됐다. 폭력에 매력을 느끼냐는 누군가의 질문에, 다카하시는 이렇게 말했다.

“그놈들(혐한 시위대)이 진짜로 무서운 경험을 당하게 되면, 다시는 헤이트 스피치를 하지 못해. 시위에 못 나와.”

“폭력을 쓰고 쿨하게 체포당해 버리면 그만이야!”

다카하시가 어떤 계기로 영성이 맑아지고 선한 깨달음을 얻었던 것도 아닌 것 같다. 다카하시는 약한 사람이 누군가에게 집단 린치를 당하는 모습이 싫었고, 그건 남자로서 그리고 인간으로서 그대로 두면 안 된다고 생각했을 뿐이다.

"정의를 착하게만 말할 수 없잖아."

"정의는 별거 아니다. 인간이라면 당연하게 느끼는 감정이 정의다."

사카즈키, 그리고 교다이

야쿠자는 '사카즈키'라는 독특한 맹세 의식을 맺는다. 사카즈키는 술잔이라는 뜻이다. 한자로 '술잔 배(杯)'를 일본어로 사카즈키라 읽는다. 야쿠자의 세계에서는 두목을 계승하거나 의형제를 맺는 것은 중요한 행사다. 주요 행사에 야쿠자끼리 술을 잔에 나누어 마시는 사카즈키라는 의식을 통해 폼을 잔뜩 잡는다. 원래 정당성이 부족한 조직일수록 정교한 의식을 통한 형식미를 강조하는 법이니까.

다카하시와 사카즈키의 연을 맺은 교다이(형제)가 있다. 그러니까 다카하시의 야쿠자 동료인 셈이다. 다카하시의 교다이, 기모토라는 남자도 형제를 돕기로 결심했다. 기모토에게도 특별한 사연이 있었다. 기모토의 전 부인은 재일한국인이다. 그는 차별반대 시위에 나가기로 하고 남편에게 이 사실을 알렸다. 남편 기모토는 도무지 걱정을 멈출 수 없었다. 조심조심 아내의 뒤를 쫓았다.

헤이트 스피치 데모의 행패에 분노를 터뜨렸다. 그리고 바로 카운터스 활동을 하기로 결심했다. 다카하시처럼 기모토도 담백한 남자였다. 다카하시가 대놓고 "나는 오늘만 사는 남자야"라며 허세를 부릴 때, 기모토는 오토코구미 동료들에게 이렇게 얘기했다. "(혐한 시위를 막기 위해) 모두가 조금씩 화내면 될 일이야. 진심으로 화내면!" 주목할 점은 '진심으로 화낸다'다. 우리 같은 보통 사람이 아니라, 다카하시나 기모토 같은 전직 야쿠자들이 말이다. 오토코구미의 상당수가 전직 야쿠자 다카하시와 기모토처럼 온몸에 화려한 그림이 넘쳐나는 사람들이었다. 실제 과거가 의심스러운 사람이 많았고, 일부는 야쿠자 출신이었다. 이런 사람들이 모여 "진짜로 무서운 걸 보여주고, 다시는 헤이트 스피치에 나오지 못하게 하자" 외쳤다.

복잡한 층위

극우 중에서도 최악의 극우인 혐한 시위대와 맞서 싸우는 다카하시. 그의 정치적 성향은 어땠을까? 진보? 최소 리버럴? 다카하시는 야쿠자였다. 일본 야쿠자의 뿌리를 거슬러 올라가면 국수주의 우익 세력과 만나게 된다. 야쿠자의 기원을 막부 말기부터 메이지시대까지의 낭인 무사 집단에서 찾든, 태평양 전쟁 패전 후의 생계형 조직범죄에서 찾든, 야쿠자라는 집단은 기본적으로 국수주의적이다. 실제 다카하시는 야스쿠니 신사에 참배를 하러 갈 정도의 우익이었다. 일본 국수주의의 상징인 야스쿠니 신사에 아침 참배를 하고 오후에는 혐한 시위대에 맞서 물리적 폭력을 사용했다. 이게 다카하시의 삶이었다.

정의로운 일, 사회운동을 하는 사람 모두가 진보와 리버럴은 아니다. 이들은 선한 인생을 살아가려 노력하고 정의로운 세상을 꿈꾼다. 야쿠자 출신의 우익 청년도 정의로운 일을 실천할 수는 있다. 자신의 우익적 뿌리와 배경은 포기하지 않은 채, 차별과 혐오에는 반대할 수 있다. 그는 이렇게 말했다.

"일본이라는 나라가 조선을 침략해 식민지로 만들고도 그에 대해 책임지지 않았다."

"위안부와 징용노동자 문제를 정부나 정치가가 해결하고 싶어 하지 않는다. 그러니 매스컴에서 조선과 한국 사람들을 나쁜 사람으로 만들고 있는 것."

그러면서 덧붙였다. "정말 용서할 수 없는 일이야!" 다카하시는 "일제의 조선 침략은 사과해야 한다"면서도, 야스쿠니 신사 참배는 멈추지 않았다. 다카하시라는 문제적 인물을 통해, 일본의 현재 모습, 그리고 보통 일본인이 얼마나 복잡한 층위를 지닌 채 살아가는지 조금은 짐작할 수 있다. 정의란 결코 단 하나의 선명하고 올곧은 얼굴을 하고 있지 않다는 사실을.

다카하시를 영웅시하는 것은 곤란하다. 활발하게 카운터스 활동을 하는 도중 성희롱 사건에 연루되기도 했다. 정황증거를 보면 성희롱을 한 것이 분명해 보인다. 이건 이것대로 비난받고 처벌받아 마땅하다. 그렇다고 그의 정의로운 행동까지 폄하당하는 것도 옳지 않다고 생각한다. 악인의 선행이라도 선행 자체는 선행이다.

에필로그

2013년, 다카하시는 오토코구미를 결성했다. 2015년, 일시적 해산 후 2016년 다시 재결성했다. 2017년 5월, 오토코구미를 다시 해산했다. 2018년, 다카하시는 사망했다.

다카하시의 죽음

다카하시는 생의 마지막 날까지 일본 경찰에게 여러 차례 표적 수사를 당했습니다. 일본 경찰의 다카하시 체포 사유는 반혐한 시위 조직과 활동은 아니었습니다. 야쿠자 시절의 범죄와 카운터스 활동 당시의 불법 정황들이었죠. 다카하시는 체포와 석방을 반복합니다. 2016년, 다카하시는 오키나와의 차별 문제에 관심을 보이고 오키나와로 건너가 반차별 집회에 참여합니다. 그 과정에서 오키나와 방위국 직원을 폭행해 전치 2주의 상해를 입혔죠. 현행법으로 체포 후 구금됩니다. 재판을 받던 중인 2017년, 다카하시는 오토코구미 해산 선언을 합니다. 보석으로 석방된 지 얼마 지나지 않은 2018년에 다카하시는 자신의 숙소에서 사망한 채 발견됩니다. 사인은 질병이라고 밝혀졌습니다. 향년 45세였습니다. 다카하시가 주인공인 다큐멘터리 영화도 있습니다. 이일화 감독의 〈카운터스(2018)〉입니다.

거지 의원

일본의 박주민 의원

오토코구미, 혐한 시위대에 몸으로 부딪쳐 맞서 싸운 남자들, 오토코구미의 리더 다카하시, 문제적 인물인 다카하시 이야기는 재미있다. 하지만 재미있는 이야기만으로 정의가 실현되는 건 아니다. 주목하고 싶은 사람은 카운터스와 함께 행동했던 일본 국회의원, 거리에서 시민과 함께 혐한 시위대에게 협박과 욕설과 폭력에 시달렸던 장년의 정치인. 일본 입헌민주당 의원 아리타 요시후(有田芳生)다.

아리타 의원은 아베나 아소 또는 고노 같은 스테레오타입의 권위적 극우 정치인과는 정반대다. 아리타 의원은 딱 이렇게 설명할 수 있다. 일본의 박주민 의원. 박주민 의원은 참 멋있었다. 같은 중년의 시선으로도 정말 멋진 사람이었다. 한때는 거지 변호사, 거지 박주민이라는 애정 듬뿍 담긴 애칭으로도 불렸다. 세월호 유가족들과 거리에서 천막에서 지내는 시간이 많아서 생긴 별칭이었다. 권력욕에 찌든 탐욕스러움과 가장 머나먼 지점에 선 정치인으로 남아주길 바란다.

일본의 아리타 요시후 의원을 보면 아마 박주민 의원이 장년이 되면 이런 모습이 아닐까 싶다. 아리타 의원도 박주민 의원처럼 거리에 눕는 것을 마다하지 않는 사람이다. 아리타 요시후 의원은 카운터스 같은 시민단체와 거리에서 지내는 것으로 유명하다. 다만, 박주민 의원보다 한참 연상의 후덕한 아저씨 모습이다. 국회의원 배지를 떼면 지극히 평범한 동네 아저씨처럼 보인다. 도쿄 주택가 어느 골목에서 흔히 만나는 전형적 일본 아저씨의 모습이다.

이런 사람이 거리에서 혐한 시위대와 만나 맞설 정도로 강단까지 있다. 수수하고 평범한 동네 아저씨 같은 아리타 의원은 오랜 시간 차별 금지를 위해 법안을 발의했다. 아리타 의원은 민주당 소속의 법무위원회 참의원이었다. 그는 그동안 꾸준하게 국회에서 '헤이트시위억제법'을 발의했다. 마침내 2016년 헤이트시위억제법이 일본 국회를 통과했다. 혐한 시위를 제재할 법적 근거가 마련된 것이다. 위반에 따른 법적 강제 처벌 조항은 없는 결의안 수준이지만, 나름 의미는 있다.

먼저, 혐한 시위와 집회의 허가를 담당 경찰서에서 거부할 명분이 생겼다. 무엇보다 혐한 시위가 자유로운 의사 표현이 아니라 불법의 영역이라는 사실을 일본 국회가 인정했다는 사실이다. 정부가 결정한 정책에 일단 따르고 보는 일본인의 정서를 고려해 보면, 상당히 의미 있는 일이다.

헤이트시위억제법

일본판 차별금지법인 헤이트시위억제법이 일본 국회를 통과했을 당시. 우리 일부 언론이 처벌 조항이 없다는 점을 들며, 종이 쪼가리에 불과하다는 의견을 냈다. 헤이트 시위를 하는 것을 법률로 금지했는데, 이를 어겨도 구체적 처벌 조항이 없는 것을 비꼰 것. 정말 헤이트시위억제법이 아무 의미 없기만 할까? 반은 맞고 반은 틀린 얘기다. 국회가 결정하면 지자체도 조례를 만들어 혐오 시위에 대응하기 쉬워진다. 도쿄특별도는 2018년에 인권조례를 만들었다. 증오 연설을 규제하고 성적소수자(LGBT) 등 모든 소수자에 대한 차별 해소를 목표로 한 인권조례다. 일본 광역단체 최초의 혐오 시위 규제 조례라는 의의도 돋보인다.

도쿄도의 기초단체인 세타가야(世田谷)구도 외국인에 대한 차별을 금지하는 조례를 만들어 발표했다. 세타가야구는 '다문화공생추진조례'를 만들어, 혐한 시위 억제에서 한발 더 나갔다. 세타가야구에서 누군가 차별을 받았다면, 구청장의 자문 기관 '고충처리위원회'를 통해 공적으로 구제할 수 있는 기초를 마련했다. 다문화공생추진조례는 온갖 종류의 차별과 혐오에 반대하는 내용을 담고 있다. 다양성을 인정하고 남녀 공동 권리를 보장하며, 다문화 공생을 추진한다는 내용이다. 여기에도 벌칙 조항은 없는 것은 안타깝다.

하지만 한국인을 포함한 외국인 차별과 심지어 성소수자에 대한 차별을 국회에서도 광역단체에서도 기초단체에서도 공적으로 금지했다. 일본인은 정부의 방침이 무엇이든 일단 잘 따른다. 보통 일본인은 혐오주의자들이 기초단체와 광역단체의 조례를 넘어 국회 제정법까지 어겼다는 사실을 알게 되는 것이다. 이건 의미가 크다. 구체적 처벌 조항이 빠져, 혐오주의자들을 처벌하지 못한다 해도 혐오와 차별이 범죄가 된다는 사실에 일본 전 국민이 동의하게 된다는 뜻이니까.

일본의 법률상 동성혼이 성립될 수는 없지만, 기초단체의 조례로 적어도 동성 커플의 법률상 차별을 최소화하는 정책을 실행했다. 세타가야와 시부야는 도쿄 내에서도 진보적으로 유명한 동네다. 도쿄에서도 손꼽히는 부동산 지가를 자랑하는 곳이기도 하다. 중상류층 이상의 도쿄 도민이 많이 거주하는 곳이기도 하다.

이 점을 생각하면 우리의 중상류층의 정치 성향과 비교된다. 씁쓸하다. 타인의 권리를 존중하지 못하는 정치 세력 지지의 근거가, 자신이 거주하는 지역의 부동산 지가라는 사실이니까. 우리는 일본의 민주주의 수준을 낮춰보지만, 이런 점에서는 우리보다 한발 앞서 있다. 세타가야처럼 중상류층 지역이 아닌 도쿄의 다른 서민 지역은 어떨까?

우에무라 가즈코 의원

도쿄는 행정구역상 시가 아니다. 23개의 특별구와 16개의 시가 모인 광역단체 도쿄특별도로 한국인에게 유명한 도쿄는 모두 23구 중 일부에 집중해 몰려 있다. 신주쿠구, 시부야구, 세타가야구, 미나토구 등. 유명 관광지인 긴자는 긴자구가 아니라 추오구에 있는 동네다.

도쿄 중심에서 서쪽으로 급행 전철을 타면 30분 이내, 보통을 타면 40분이 걸리는 곳에 구니타치(国立)라는 시가 있다. 도쿄도의 16개 시

중에서도 유명한 곳이 아니다. 그냥 평범한 도쿄라는 느낌이다.

일본 애니메이션과 드라마에 나오는, 단독주택단지가 몰려 있는 풍경을 생각하면 딱 맞다. 그곳에 우에무라 가즈코(上村和子)라는 현역 시의원(우리의 구의원)이 있다. 헤이트 스피치 반대 집회에 자주 참여하는 지역 정치인이었다. 일본 정치인은 일본 국회에나 지자체의회에나 우익만 득시글하다고 생각하기 쉽지만, 꼭 그런 것도 아니다.

우에무라 시의원은 인권에 특화된 의정 활동에 집중했다. 사람이라면 누구에게나 주어진 권리, 인권에 집중하면 어떤 종류의 차별과 혐오가 얼마나 쉽게 범죄로 이어지는지 잘 알 수 있다. 당연히 혐한 등의 헤이트 시위에 반대할 수밖에 없다. 다만, 유력 정치인이 되기는 어렵다. 우에무라 시의원처럼 무소속 의원이라면 더욱 그렇다. 우에무라 시의원 홈페이지에는 이렇게 써 있다.

"살아갈 권리를 시민의 손에!"

이것보다 더 간명하게 인권을 설명하는 말이 있을까? 도쿄에만 이런 지방의원이 있는 걸까?

교토 vs 오사카

일본인은, 일본을 크게 동서로 구분한다. 동서의 각 대표선수는 간토(関東)와 간사이(関西) 지역이다. 도쿄가 있는 수도권이 간토, 천년 고도 교토와 오사카가 속한 간사이. 간토와 간사이 사람들의 기질과 말투는 다른 나라처럼 보일 정도다. 서로 멀리 떨어졌으니, 사투리의 차이는 당연하겠지만, 기질도 다르다. 우리가 '서울깍쟁이'란 말을 쓰는 것처럼, 도쿄도 비슷한 느낌이다. 간토 사람에 비해 간사이 사람은 직설적이고 유머를 좋아한다는 이미지가 있다. 재밌는 건, 같은 간사이 내에서도 교토와 오사카 역시 말투와 기질이 다르다는 것. 오사카 사람들은 천성적으로 활달하고 개그를 좋아한다(는 이미지가 강하다). 솔직하고 시원시원하다. 일본인이 생각하는 간사이 사람의 전형이다. 같은 간사이 지역이지만, 교토 사람은 오사카 사람에 비해 점잖고 좀처럼 속내를 잘 비추지 않는다. 도쿄깍쟁이와는 또 다른 느낌이다.

이런 식이다. 교토 어느 동네에서 밤마다 이웃집 아이가 피아노를 친다. 시끄럽다. 오사카라면 당장 옆집으로 가서 항의한다. 교토 사람은 다르다. 며칠 후 길에서 우연히 만났을 때 점잖게 한마디한다.

"아드님 피아노 실력이 나날이 늘어가네요. 감상 잘했습니다. 훌륭한 아드님을 두셔서 얼마나 자랑스러우시겠어요?"

이 말을 들은 사람이 타지역 사람이라면, 잠시 칭찬으로 오해할 수도 있다. 교토 사람이라면 단박에 이렇게 말할 것이다.

"정말 죄송합니다. 우리 집 아이가 밤에 또 실례를 끼쳐드리기 전에 단단히 일러두겠습니다"

교토 사람들은 속마음을 바로 말하지 않는다. 체면을 차린답시고 빙빙 에둘러 말하는 게 교토 스타일이다. 이런 교토 스타일을 가장 싫어하는 건, 도쿄가 아니라 오사카인 것도 의외다. 교토 스타일을 틈만 나면 욕하는 것도 오사카, 그만큼 교토와 오사카는 묘하게 라이벌이다.

의외로 두 도시가 합의한 지점도 있다. 일본 기초자치단체의 정치인과 시민의 혐오 반대 집회 전통은 생각보다 오래되고 뿌리 깊다. 일본 국회와 도쿄에서 시작한 차별과 혐오 반대의 물결은 거의 동시에 일본 전국으로 퍼져나갔다. 일본의 천년 고도인 교토가 속한 교토부도 헤이트 스피치 방지를 위해 공공시설에서의 혐오 연설을 규제하는 조례를 만들었다. 이름이 조금 길다.

'교토부 공공시설 사용 절차 지침'

한마디로 혐오 시위 방지를 위해, 공공시설에서의 증오 연설을 사전에 규제한다는 지침이다.

"차별적 언동이 구체적으로 예측되는 경우, 그리고 시설 관리상 지장(평범한 시민들과의 물리적 충돌)이 있을 것으로 예상하는 경우."

조례 표현도 교토답게 에둘러 젠체한다. 내용은 간명하다. 혐한 시위대의 차별적 발언과 손팻말 등 선전물 표현이 이에 해당하는 구체적 정황이 보이는 경우, 보통 시민과 혐한 시위대와의 물리적 충돌이 예상되는 경우다. 이 두 가지 중 어느 하나에 해당하리라 판단하면 공공장소와 시설 이용을 제한한다는 조례다.

교토와 묘한 경쟁 관계에 있는 도시 오사카의 증오 연설 방지책은 교토보다 심지어 일본 국회보다도 빨랐다. 직설적이고 성격이 화끈한 지역인 오사카답게, 교토의 '교토부 공공시설 사용 절차 지침'처럼 이리저리 말을 돌리지 않는다. 화끈하게 조례명을 정했다.

'오사카시 증오 연설 방지 조례'

오사카의 조례는 일본 전국에서 최초로, 혐오 발언의 정의와 방지 방법을 정했다는 점에서 의미가 남다르다. 심지의 아리타 의원의 국회 법안 발의보다 빠른 2016년 1월에 제정, 그해 7월에 전면적으로 시행했다. 증오와 차별, 혐오로 위협을 느끼게 하는 언동을 '증오 행위'로 정의했다. 거리 시위 또는 유인물과 피켓을 드는 행위뿐 아니라, 시민에게 혐한 활동의 기록물 배포와 온라인 게시까지 금지하는 조례다. 도쿄 못지않게 혐한 시위가 극성이던 오사카 중심가에서의 혐한 시위 감소에 큰 역할을 했다. 적어도 혐한 시위대가 시내에서 통근·통학하는 오사카 시민을 향해 직접 표현을 할 수 없도록 만들었다.

역시 오사카 사람들처럼 조례 시행도 내용도 화끈하다. 증오 행위를 했다고 인정되면 개인이든 단체든 이름을 공표한다. 다만 아쉬운 점은, 혐한 집회를 사전에 제한하는 규정은 마련되지 못했다. 여기까지 가려면 일본의 집권 세력이 구조적으로 바뀌어야 한다. 그래도 오사카는 오사카였다. 온라인에서 혐오 발언 또는 증오 행위가 인정되면 시당국 권한으로 과감하게 삭제하고 있다. 도쿄, 교토, 오사카 각 자치단체의 조례 제정은 다른 지역에 큰 영향을 주고 있다.

일본의 우경화가 가속화되는 건 분명하다. 그럴수록 용기를 내 일본 우익에 반대하는 시민의 목소리도 높아지고 있다. 우리가 그 사실을 모르는 건, 일본 미디어도 한국 미디어도 관심을 두지 않는 이유가 크다. 양국의 시민들이 연대해야 하는 중요한 이유다.

청년 정치인

정치 복원력

자연에는 놀라운 복원력이 있다. 자연을 등지고 살아갈 수 없는 인간에게도 놀라운 복원력이 작용한다. 정치계도 그렇다. 한 줌의 극우 세력이 1억2천만 일본인의 미래를 손바닥 위에 올려놓고 쥐락펴락하는 모습에 진저리 난 사람들이 있다. 이들이 일본 정치에 복원력으로 작동한다.

이들은 2016~2017년 겨울 광화문을 가득 메웠던 촛불에 강한 영감을 받았다. 처음에는 '옆 나라인 한국이 하는 것을 왜 일본은 하지 못할까'라는 작은 자괴감이었다. 일본 시민사회의 레벨은 한국보다 늘 앞서 있다고 생각했는데, 어느새 한국 시민사회의 성숙도와 행동력이 일본에 앞서 있음을 깨달았다.

1980년대 한국은 명백한 독재국가였다. 1980년 광주민주화운동,

1986년 6.10민주항쟁을 일본 시민사회는 안타까운 마음으로 지켜봤다. 한국의 민주화를 걱정했고 죽고 다치고 수배당하고 투옥당하는 한국의 시민들을 걱정했다. 한국은 스스로의 힘으로 민주주의를 정착시켰다. 일본처럼 어느 날 미국이 툭 던져준 민주주의가 아니다. 보통 일본인은 몰라도 일본 시민사회 활동가와 개혁적 정치인들은 이 사실을 잘 알고 있다. 하지만 입 밖으로 꺼내서 말하는 것은 좀처럼 쉬운 일이 아니다. 다수의 일본인은 마음속으로 '일본은 한국보다 한참 앞서 있는 나라. 일본에서 태어난 게 참 다행이야'라고 생각하고 있다.

자연이 놀라운 복원력을 보여주는 것처럼, 일본 시민사회도 정치인도 복원력을 보여주기 시작했다.

사토 아즈사 의원

2018년 도쿄의 최대 번화가 신주쿠 이세탄 백화점 앞. 도쿄 하치오지(八王子)시의 사회민주당 소속 시의원이 거리의 연단에 올랐다. 일본 사민당은 유럽식 복지를 강조하는 정당이다. 이름에 사회주의가 들어 있으니, 사회주의를 표방하는 정당으로 오해하기 쉽지만, 세계적 신보수주의에 반대하는 진보 정당 중 하나다. 연단에 올라선 사민당 지역 의원은 사자후를 내뿜기 시작했다.

사토 아즈사(佐藤あずさ), NHK의 사회부 기자 출신으로 2015년 사민당 공천을 받아 도쿄 하치오지 시의원에 당선됐다. 당시 일본의 반응은 별거 없었다.

'자객 공천으로 기자가 의원나리로 벼락출세했네. 흔한 얘기지.'

자객 공천은 유력 정치인을 낙마시킬 목적으로 유명인, 대중 인지도가 높은 연예계 등의 인사를 공천하는 것을 뜻한다. 자객 공천은 일본 정계의 오래된 악습이다. 자객 공천은 우리 정치에서도 가끔 볼 수 있었다. 문재인 전 대통령이 19대 총선에서 부산 사상구에 출마하자, 당시 여당인 새누리당은 명문 여대 출신의 20대 여성을 전략 공천했다. 야당 유력 대선주자의 상대로 20대 신인을 매칭시켜 중량감을 깎으려는 전략이었다.

연단에 오른 사민당 사토 아즈사 의원은 아베 내각의 실정과 부패, 무능함에 대해 조목조목 따지기 시작했다. 특히 모리토모 학원 비리를 성토했다. 모리토모 학원 비리는 일본 족벌 정치 폐해의 교과서 같은 느낌이다. 정치에 무관심한 일반인도 분노할 수밖에 없는 주제였다. 아즈사 의원은 "아베를 시민의 힘으로 몰아내자!"고 목소리를 높였다. 그리고 이웃 한국의 사례를 매우 구체적으로 말했다.

"이웃 나라인 한국은 박근혜 전 대통령에 대해, 100만 명의 시민들이 국가권력을 사유화하지 말라며 대규모 시위를 했습니다. 국민을 우습게 보지 말라고 모두가 외쳤습니다. 다음은 일본 차례가 아니겠습니까!"

이 이야기를 도쿄의 현역 시의원이 거리에서 시민들에게 외쳤다. 생각해 보면 당연한 일이다. 2019년 홍콩의 시민집회에서도 '임을 위한 행진곡'이 거리를 뒤덮었다. 2021년 미얀마의 군부 쿠데타를 참담하게 바라본 미얀마 시민들은 1980년 광주를 겪고 일어선 한국의 민주주의에서 희망을 봤다. 한국 시민들이 만들어낸 민주화는, 우리 생각보다 이웃들에게 강렬한 영감을 준 모양이다.

일본이라고 왜 영감을 받은 사람이 없을까. 일본 사회는 생각보다 보수적이다. 우리가 생각하는 것보다 그리고 일본인이 체감하는 것보다 보수적이다. 보수적인 일본 시민들은 이웃 국가 한국의 민주화가 어떻게 만들어진 것인지 크게 체감하고 있지 못할 뿐이다.

야마조에 다쿠 의원

일본에는 공산당도 있다. 일본공산당이다. 공산주의 체제로의 전환을 위해 혁명을 준비하는 당이 아니다. 자본주의 체제 안에서 넓은 형태의 사회복지를 강조하는 유럽식 진보 정당이다. 일본은 물론 유럽 여러 나라에 공산당이 꽤 있다. 일본공산당 초선의원 야마조에 다쿠(山添拓)는 1984년생의 젊은 의원이다. 도쿄대 법학부와 와세다 대학원을 졸업한 엘리트 변호사로, 정치 입문 전에는 수도권 청년 유니온 고문 변호사로 활약하는 등 다양한 시민사회 활동 경력이 있다.

야마조에 의원은 한국에서도 유명하다. 몇 번이고 한국을 방문해 위안부 피해자 할머니를 만났다. 그분들의 이야기에 진지하게 귀 기울인 아주 드문 일본 정치인이다. 나눔의 집도 방문했다. '위안부'가 아니라 '성노예'라고 바꿔 불러야 한다는, 아무리 진보적인 일본 정치인이라도 선뜻 받아들이기 힘든 주장까지 겸허하게 수용했다. 야마조에 의원은 이렇게 말했다.

"역사를 진지하게 마주 봐야 합니다. 움직일 수 없는 사실을 날조하거나 개편하는 것은 정치가 가장 해서는 안 되는 일입니다."

일본 우익에게는 두 가지 역사적 수치가 있다. 종군위안부 그리고 남경대학살. 이 두 가지를 구 일본제국의 가장 큰 수치라고 생각한다. 그래서 그런 일은 결단코 없었다 주장한다. 종군위안부와 남경대학살은 일본을 미워하고 시기하는 한국과 중국이 중심이 돼 일본의 체면을 깎아내리려는 음모라 주장한다.

종군위안부와 남경대학살을 부끄러워하고 반성하는 일본인은 우리 생각보다 많다. 역사 지식이 부족한 사람이라면 모를까 상식적인 일본인이라면 진실을 어느 정도 알고 있고 부끄러워한다. 우익은 여기에 공감하는 일본인이 있는 것까지 부정하지는 못한다. 대신, 전후의 일본 역사관이 자랑스러운 일본제국의 역사를 부정하는 자학 사관이었고, 그런 교육 때문에 남경대학살과 종군위안부를 인정하는 일본인이 있는 것이라 주장한다.

일본 우익의 표현대로 '역사수정주의', 한마디로 역사 왜곡을 위해 교과서를 개정해야 한다 주장한다. 그렇게 탄생한 게 새로운 역사 교과서, 즉 역사 왜곡 교과서다. 안타깝게도 현재 일본 청소년은 이 교과서로 역사를 배운다.

"일본이 조선반도를 비롯한 아시아 식민지배를 한 것은 사실이지만, 침략 전쟁은 아니었다. 식민지배는 일본의 자본과 기술을 전수해 준 평화로운 것이었다."

이렇게 배우는 일본 청소년이 늘고 있다. 조금 덜 과격한 교과서는 한일 간의 역사 갈등 요소, 종군위안부, 강제징용 피해자 등을 일부러 누락시켰다. 우익의 수정주의 역사관에 가장 강력하게 반대하는 정당이 일본공산당이다. 야마조에 의원은 말했다.

“한국은 가장 가까운 이웃 나라입니다. 좀 더 사이좋게 지내며 많은 일이 있더라도 극복해 나가는 것이 이웃 나라로서 당연한 태도가 아닐까요?”

“군국주의 일본이 추진한 침략 전쟁과 식민지지배로 인해, 국내외에서 희생된 모든 분께 깊은 애도를 표합니다.”

“아시아에서 2천만 명, 일본에서 3백만 명 이상의 희생자를 내고, 인간을 인간으로 취급하지 않는 고통의 체험을 통해 얻은 깨달음입니다.”

“일본공산당은 평화헌법 개정을 불허하고, 헌법에 근거한 평화로운 일본을 원합니다.”

“과거에 대한 반성 없이 평화헌법을 이해하려 하지 않는 정치가 지금 동북아에 심각한 모순을 만들어내고 있습니다.”

야마조에 의원은 일본 제도권 교육의 한계를 깨부순 사람이다. 스스로 의문을 던지고 스스로 해답을 끊임없이 찾고 있는 사람이다. 이런 인물은 일본은 물론 한국에서도 드물다. 사토 아즈사 의원, 야마조에 다쿠 의원에게 희망을 걸 수 있을까? 걸어야 한다 생각한다. 사회민주당과 일본공산당이라는 일본의 희귀한 진보 정당이 실제 일본 서민의 삶을 바꾸어줄 수 있다는 믿음, 그 믿음은 아베 정권이 망가뜨린 한일 관계 복원과 함께, 한국과 일본이 공존공영할 수 있다는 믿음과 증거가 돼야 한다.

민주주의 독재국가

작은 악마의 죽음

2022년 2월, 일본의 작은 악마가 세상을 떠났다. 일본 극우 정치인 중 한국인에게 가장 잘 알려진 인물 중 하나였던, 전 도쿄도지사 이시하라 신타로(石原愼太郎)가 2022년 2월 1일 사망했다. 그는 일본의 최상위권 명문대인 히토쓰바시 대학 재학 중에 발표한 《태양의 계절》로 일본 문학계 최고 권위를 자랑하는 아쿠타가와상까지 받았을 정도로 촉망받던 문인이었다. 1956년 아쿠타가와상을 받았던 문학 청년은 12년 뒤, 참의원 선거에 자민당으로 출마 무려 9선 의원 경력을 자랑하는 자민당의 중진의원이 됐다. 1999년 도쿄도지사에 당선된 이후, 13년 동안 도지사 연임에 성공하며 쏟아낸 망언은, 아베나 아소 다로, 고노 다로의 망언조차 가볍게 보일 정도로 극한의 수준이었다. 한국인에게 가장 유명한 망언은 역시 종군위안부 존재를 부정하는 주장

이었다

“위안부를 알선한 것은 민간인 상인들이다. 그런데 이것을 국가가 했다고 인정하는 것이 바로 고노담화의 핵심이다.”

이시하라 신타로가 언급한 고노담화(談話)는 고노 다로의 아버지 고노 요헤이(河野洋平)가 1993년 발표한 담화를 말한다. 고노 요헤이는 1993년 내각 관방장관(우리의 청와대 비서실장에 해당) 재임 시절 ‘과거 일본제국 육군이 위안부를 강제로 동원했다는 사실’을 인정한 담화, 고노담화를 발표했다. 고노담화의 위안부 관련 핵심은 세 가지다.

1. 구 일본군이 직접 또는 간접적으로 매춘소의 설치에 연관됐다.
2. 일본군의 요청을 받은 민간업자의 감언과 강제 등에 의해, 때로는 지방 관리나 주재 군인의 강제에 의해 위안부가 자신의 의사에 반해 모집됐다.
3. 위안부는 위안소의 강압적 환경 아래 비참하게 살았다

이미 30여 년 전에 일본의 관방장관, 즉 우리 식의 청와대 비서실장이 이런 담화를 발표했다. 고노담화는 후일 무라야마 전 총리의 담화인 무라야마담화로 이어졌다. 무라야마담화의 핵심은 “과거 일본제국이 벌인 전쟁은 침략 전쟁이었고, 일본은 이를 깊이 반성하고 내셔널리즘을 경계해야 한다”다.

이시하라 신타로는 일본이 이웃 국가에게 상냥했던 시절을 모조리 부정하고 싶었다. 무라야마담화와 그것의 기초가 된 고노담화를 부정하고 싶었다. 이시하라는 한술 더 떴다. 공식 기자회견 때의 망언이다.

"조선의 식민지화는 일본을 방어하기 위한 수단."

이시하라는 일본의 재무장을 넘어 핵무장을 촉구하기도 했고, 재일 외국인(한국인)의 흉악범죄가 늘어나, 도쿄에 대지진이 다시 닥친다면 이들이 소요를 일으킬 수 있으니 자위대의 수도권 무장 출동을 주장하기도 했다. 도쿄도지사의 막무가내식 혐오와 차별 기조는 이시하라 신타로의 뒤를 이어 도쿄도지사가 된 고이케 유리코에게도 이어지고 있다. 고이케 도쿄도지사는 벌써 5년째 관동대지진 당시 학살당했던 조선인 희생자의 추도문을 거부하고 있다.

이시하라 신타로는 2021년 우여곡절 끝에 개최된 2020도쿄올림픽 유치를 처음부터 기획하고 밀어붙인 장본인이기도 하다. 2012년 돌연 지사직을 사퇴했고 후일 자민당을 순한 맛으로 보이게 만들 정도로 극우 중 으뜸 극우인 일본 유신회와 손잡고 신당을 만들어 중의원에 다시 당선됐다. 왜 이런 인물들이 몇 번이고 반복해서 당선되는 것일까? 왜 이런 인물들이 자민당과 그 주위에 비 온 다음 날 숲에 피는 독버섯처럼 자라나는 것일까?

세계민주주의 지수

1955년 창당해 60여 년 일당독재를 유지한 일본 자민당. 2011년 동일본 대지진의 충격으로 잠시 정권을 내줬지만, 이내 다시 탈환해 현재까지 권력을 유지하고 있다. 의문이 든다. 70년 가까이 사실상 일당독재가 유지되는 나라를 민주주의 체제로 분류할 수 있을까? 이 질문에 답이 되는 좋은 레퍼런스가 있다. 영국 〈이코노미스트〉는 매년 세계 민주주의 지수(Democracy Index)를 발표한다. 평가 항목은 의외로 간단하다. ① 자유롭고 공정한 선거 이행 ② 견제를 받는 정부와 정치 권력의 균형 ③ 시민의 정치참여도 ④ 선출된 권력의 시민지지 ⑤ 표현의 자유와 정치 자유.

세계 민주주의 지수는 전 세계 국가의 정치 체제를 크게 4단계, 세부적으로 9단계로 분류해 발표한다. 총점은 10점 만점이며 8점을 넘어야 '완전한 민주주의(Full Democracy)' 국가로 분류된다. 완전한 민주주의 국가는 우리가 알고 있는 민주주의 선진국이 대부분이다. 오스트리아, 독일, 아일랜드, 핀란드, 아이슬란드, 아일랜드, 네덜란드, 노르웨이, 스페인, 스웨덴, 스위스, 영국, 캐나다, 뉴질랜드, 호주 등이다. 중남미에서는 칠레, 코스타리카, 우루과이 단 3개국뿐이다. 아시아도 사정은 마찬가지다. 완전한 민주주의 국가로 분류된(혹은 됐던) 아시아 국가는 단 세 나라. 한국과 일본, 대만뿐이다.

완전한 민주주의의 다음 단계는 '결함 있는 민주주의(Flawed Democracy)' 국가다. 놀라운 사실은 2015년까지 완전한 민주주의 국가이자, 전 세계 민주주의 전파의 최우선국인 미국이 결함 있는 민주주의 국가로 재분류됐다는 것. 사실 놀라울 게 없다. 트럼프 정부는 민주주의로 선출된 권력이지만, 태생적으로 혐오와 차별을 기반으로 탄생했다. 많은 수의 미국 시민은 선출된 권력, 트럼프를 지지하지도 자랑스러워하지도 않았다. 더구나 공화당이라는 유서 깊은 보수정당에서 해괴망측한 대선후보를 선출한 결과, 트럼프가 자유 세계 최고지도자가 됐다는 사실에 부끄러워했다.

완전한 민주주의와 결함 있는 민주주의 사이를 방황하는 나라는 의외로 많다. 보통 완전한 민주주의 국가이자 선진국이라 생각하는 프랑스, 벨기에가 그 경우다. 프랑스와 같이 G7에 속하는 이탈리아는 아예 15년 넘게 결함 있는 민주주의 국가로 분류되고 있다. 그다음 단계가 독재와 민주주의가 혼성된 '하이브리드 체제(Hybrid Regime)'다. 아르메니아, 키르키스스탄, 타지키스탄, 우즈베키스탄 등의 중앙아시아 국가와 볼리비아, 엘살바로드, 과테말라 등의 중남미 국가, 네팔, 파키스탄, 터키 등의 아시아 국가도 여기에 분류된다.

최악의 단계는 '권위주의 정권(Authoritarian Regime)'이다. 겉으로는 민주주의를 표방하고 있든, 태생부터 공산 독재 체제건 사실상 독재 국가들이다. 말할 것도 없이 중국, 러시아, 북한 그리고 대다수의 아프리카 국가들이 포함된다.

결함 있는 민주주의

〈이코노미스트〉의 2021년 발표는 여러모로 충격적이었다. 우선, 한국은 전 세계 순위 23위로 완전한 민주주의 국가로 분류됐다. 한국이 완전한 민주주의 국가로 재분류된 시점은 2017년이었다. 그 이전까지 한국도 결함 있는 민주주의 국가였다. 2017년의 재평가는 서구 선진국이 침이 마르도록 칭찬했던 촛불혁명의 당연한 결과였다. 2017년 세계민주주의 지수, 한국은 전체 순위 20위로 완전한 민주주의 국가가 돼 한 해 전의 결함 있는 민주주의 딱지를 벗을 수 있었다. 일본은 어떨까? 2021년, 일본은 전 세계 순위 26위로 결함 있는 민주주의 국가로 분류됐다.

아시아 민주주의 국가의 추세를 보자. 한국은 2015~2016년을 제외하면 2007년 이후 계속 완전한 민주주의 국가였다. 대만은 줄곧 결함 있는 민주주의에서 2020년에 들어와서야 완전한 민주주의 체제로 평가받았다. 2021년 발표에서 한국은 여전히 완전한 민주주의 국가, 일본은 일 년 만에 결함 있는 민주주의 국가로 떨어졌다.

일본의 불완전한 민주주의 평가는 처음 있는 일이었을까? 그렇지 않다. 일본은, 2015년부터 2019년까지 무려 5년 연속 결함 있는 민주주의 국가로 평가받았다. 일본 민주주의의 문제는 무엇일까? 가장 약한 고리로 평가받는 부문은 무엇일까? 말할 것도 없이 시민의 정치 참여다. 정치 참여는 단순히 시민의 정치 고관여층이 얼마나 광범위하고 두텁냐만의 문제가 아니다. 정치 입문의 자유로움과 다양한 정치 세력의 진출이 보장돼야 한다. 가장 큰 걸림돌이 자민당이다.

2021년 가을 일본의 중의원 선거가 열렸다. 아베에서 스가로 다시 기시다로 이동한 자민당의 중간평가 성격. 이 시기는 일본인이 진지하게 '일본은 과연 선진국인가'라는 의구심을 가지게 된 때이기도 하다. 민주주의의 핵심은 무엇일까? 적어도 한국 민주주의 고도화는 유권자의 성숙함이 한몫했다. 누군가는 끊임없이 유권자를 지역으로 성별로 나이별로 그리고 자산으로 갈라치려 하지만, 유권자의 수준이 고도화될수록 저급한 정치인이 설 자리는 없어진다. 반대로 유권자의 기준이 저급할수록 저질 정치인이 기승을 부린다. 말할 것도 없다.

유권자의 수준을 높이는 것은 현실적으로 힘든 일이다. 포퓰리즘을 전면에 내세운 정치인과 이에 동조하는 미디어가 끊임없이 유권자의 고도화를 방해한다. 이들의 전략은 '혐오'와 '차별'이다. 특정 집단, 세대, 지역, 성별, 국가를 끊임없이 차별하고 혐오하며 공포를 조장한다. 민주주의 국가의 유권자에게는 최소한의 수준 이하로 낮아질 수 없는 한계선도 분명 존재한다. 일본의 정치학자 시라이 사토시(白井聡)에 의하면 "이 사람에게 권력을 내주면 자신의 목숨이 위험하다"라는 한계점이 분명히 존재한다고 한다. 그에 따르면 이것은 인간의 생존에 관한 문제, 즉 부동산이나 최저임금 교육정책 등의 문제보다 본질적인, "생명의 위험"이라고 말한다. 생명체로서 지닌 기본적 생존본능의 문제다. 이 관점에서 봤을 때, "일본과 일본인은 생명체로서 기본적 기능이 망가진 것은 아닐까 하는 의심까지 든다"라고 말했다. 가장 상징적 사례로 오사카를 꼽았다.

사실상 자민당 독재

오사카는 하시모토 도루(橋下徹)로 대표되는 일본유신회가 장악한 도시다. 일본유신회는 2012년 하시모토 도루가 창당했다. 일본유신회는 당의 로고에 독도를 그려 넣을 정도로 막장 극우 정당이다. 일본의 코로나19 대처는 전국적으로 형편없었다. 오사카의 대처는 일본 중앙정부의 대처보다 한심했다. 결과는 일본 전국 최악의 감염률과 중증환자 발생률이었다. 무엇보다 심각한 점은 오사카의 인구당 사망률이 일본 전국 1위였다. 이 지표만 보면, 오사카에서 산다는 것은 일본 전국에서 가장 생명의 위협이 큰 곳에 산다는 것과 같은 의미였다. 그렇다면 오사카를 일본에서 가장 위험한 지역으로 만든 정치 세력인 일본유신회를 다시 오사카에서 선출한다는 건 말이 안 된다.

그런데도 2021년 가을 중의원 선거 결과는 일본유신회 세력이 오사카를 넘어, 인접 지역인 효고현을 넘어, 교토에서까지 대거 당선되게 만들었다. 교토는 전통적으로 오사카와 대립하는 지역이기도 했고, 교토 시민의 정치의식은 일본 전국 최고 수준이라는 자부심이 있었다. 그런데도 2021년 가을 중의원 선거 결과는 교토마저 유신회에 잠식당했다. 시라이 사토시는 이렇게 평가했다.

"자민당의 코로나19 대책도 한심했지만, 유신회는 그것보다 심했다. 그런데 자민당도 전국적으로 대승리를 거두고 유신회도 정치 영토를 확장한 것을 보면, 일본인은 살아야 한다는 생명체로서의 본능을 잃어버린 것이 아닌가 하는 의심마저 든다."

2011년 동일본 대지진으로 시작한 일본 몰락은 2021년에 치러진 2020도쿄올림픽과 코로나19로 정점을 찍은 모습이었다. 보통 수순이라면 집권 세력이 가루가 되도록 까이고 사라지는 게 당연했다. 그런데도 일본 국민의 선택은 여전히 자민당과 자민당에서 파생된 극우 정치 세력의 재집권과 확장이었다. 사실상 자민당 독재체제가 강화된 셈이다. 대체 무엇이 일본인에게 '생명의 위협'을 무릅쓰고서라도 자민당 독재의 강화를 지지하게 만든 것일까?

문제는 미디어

일본의 '불완전한 민주주의'를 만든 모든 책임이 미디어는 아니다. 하지만 미디어는 주요 원인이다. 시라이 사토시는 오사카, 효고, 교토 등 간사이 지역에서 유신회 확산의 주요 요인을 역시 미디어로 꼽았다. 오사카 지역 TV의 보도와 프로그램을 보면, 현 오사카부 지사인 요시무라가 중앙정부보다 대처를 잘하는 것 같다는 인상을 줬다. 그도 그럴 수밖에 없는 것이, 당시 총리가 '아베노마스크'의 아베에서 아베의 비서실장이었던 스가로 이어졌던 것. 아베와 스가에 비하면 요시무라 지사는 달변가에 꽤 강단 있는 듯한 착각이 들 수 있다. 요시무라 지사가 어느 정도 자신에 찬 태도로 당당하게 말하는 것만으로도 자민당과 중앙정부보다 오사카 지방정부가 대처를 그럭저럭 잘하고 있다고 착각할 수 있었다.

아베가 건강상의 이유로 물러나고 등판한 스가는 아베와 별다를 점이 없었다. 아베의 비서실장 격으로 살아온 스가였다. 스가에게는 대중에게 믿음을 줄 만한 비전이나 마음을 움직이는 연설 능력도 없었다. 스가 총리는 말주변이 없었다. 국회에서 기자회견장에서 거짓말을 당당하게 외치던 아베에 비하면, 종이 인형이 서 있는 듯한 느낌을 줄 뿐이었다. 이에 비해 궤변이지만 당당하게 주장하는 요시무라 오사카 부지사가 상대적으로 믿음직하게 보일 수 있었다.

이 이미지를 반복 재생산한 건 미디어였다. 실제 아베는 무능했고, 스가도 무능했다. 국회에서 야당 의원에게 추궁을 당하면, 특유의 유체이탈 화법과 주제 돌리기 화법으로 변죽만 울리던 아베에 비해, 요시무라의 화법은 꽤 직설적이었다. 정치인의 호언장담을 그대로 믿어선 곤란하다. 특히 그것이 나와 내 가족의 생명과 직결된 문제라면 더욱 그렇다. 엉터리 정치인일수록 "반드시 해결한다" "정부의 총력을 기울여 집중한다" "국민과 한 약속이다" 등의 수사를 먼저 던진다. 그런데 구체적 이행 계획은 말하지 않는다. 아베가 대표적이었다.

2020년 아베 전 총리는 그 말 많고 탈 많던 '아베노마스크'의 전국 배포를 시작했다. 형편없는 품질로 악명 높은 주제에 언제 도착할지도 몰랐던 아베노마스크. 우여곡절 끝에 시작된 전국 배포를 발표하고 아베 자신은, 거리 두기를 한답시고 집에 틀어박혀 애견과 한가로운 시간을 보내는 사진을 트위터에 올렸다. 참을성 좋은 일본인도 분노했다. 아베노마스크는 주소당 두 개를 배포했는데, 약 100여 명의 학생이 모여 사는 교토대의 기숙사에도 단 두 개만 배송됐다. 열 받은 교토대 학생들이 배송된 마스크를 기숙사 정문에 항의문과 함께 걸어둔 사진이 SNS에 재배포되는 등 해프닝이 잇달았다.

아베 같은 엉터리 지도자의 진정한 해악은 국력을 쓸데없이 갉아먹는다는 점이다. 새로운 일을 위해서는 에너지를 집중해도 모자랄 위기의 시기에, 엉터리 지도자들이 벌이는 바보짓을 막기 위해서 국력이 낭비된다. 그들이 하는 거짓을 증명하기 위해 더 많은 에너지가 낭비된다. 아베 집권기의 일본 정부와 자민당은 거짓말을 반복했다. 아베 개인과 주위에서 추악한 스캔들이 터지면, 아베와 그 호위 세력은 우선 거짓말을 했다. 그런 일이 없었다고. 모함이라고. 시간이 얼마 지나지 않아 거짓말의 새로운 증거가 나타난다. 증거를 입증하기 위해 소수의 미디어, 야당, 시민사회는 에너지를 과도하게 쏟아야 했다. 아베는 다시 거짓말을 했다. 그 증거는 조작된 것이라고. 정치적 반대를 위한 음해라고. 이 거짓말을 뒤집기 위해 새로운 증거가 다시 필요하다. 그 증거를 찾는 동안, 아베의 다른 스캔들이 터진다. 그리고 아베는 다시 거짓말을 한다. 소수의 미디어와 시민사회가 여기에 집중하는 동안 최초의 거짓말은 잊힌다. 악순환이다. 이런 아베가 일본 최장수 총리를 했다. 일본 메이저 미디어는 이 과정에서 아무런 역할이 없었다. 왜 일본만의 이야기로 느껴지지 않는 것일까.

자민당은 무엇일까?

2022년 한국 대선은 정권교체가 화두였다. 정권교체. 말 그대로 집권세력의 교체를 뜻한다. 일본의 정권교체는 집권 정당이 교체되는 것이 아니라, 자민당 내 계파 간의 권력 이동에 가깝다. 자민당은, 같은 이념으로 모인 세력의 정치결사체가 아니다. 각 계파의 수장들이 밀실에서 정책을 결정하고, 권력을 결정하는 등, 이익에 따라 이합집산을 거듭하는 파벌 정치형 이익연합으로 보는 것이 옳다.

자민당의 아베가 물러나고 같은 당의 스가가 총리로 선임됐다. 그 후에 역시 같은 당의 기시다가 정권을 잡았다. 일본인에게는 이것이 정권교체다. 이것을 섬나라 특유의 와(和), 갈등이 드러나는 것을 싫어하고, 될 수 있는 한 전통을 유지하려는 마음으로 해석하기도 한다. 동의할 수 없다. 만일 전통 체제가 순기능을 잃었다면 고쳐야 한다. 동력이 정치 집권 세력에서 나오지 못한다면, 시민의 힘으로라도 만들어야 한다. 안타깝게도 현재의 일본에 기대하기 어려운 힘이다.

자민당의 지지율이 매년 하락하는 것은 분명한 경향이지만, 일본인의 투표율과 정치에 대한 시민의식도 더불어 추락하고 있다. 투표율이 절망적이다. 서유럽 선진국의 투표율이 저조하다고 알려졌지만, 최근 수년간 독일, 영국, 프랑스, 이탈리아의 평균 투표율은 60%를 넘었다. 일본은 G20 최저치인 48%대에 불과하다. 저조한 투표율과 시민의식은, 자민당과 자민당에서 파생한 극우 정치 세력이 전체 일본인 유권자의 20~30%만 득표해도 중앙정치와 지방정부까지 장악하게 했다. 여기에 분노하는 일본인이 없을까? 그렇지는 않다. 다만 중앙이든 지방이든 내가 행사한 투표권으로 실제 정치 세력의 교체를 경험한 기억이 없다. 대안 정치 세력의 부재도 한몫했다. 일본이라는 나라 전체는 물론, 내가 사는 도시의 미래를 맡길 만한 대안 정치 세력의 부재. 보통 시민들 입장은 지칠 수밖에 없다.

'내가 투표를 하든 포기하든 아무것도 바뀌지 않는 게 일본이야.'

일본의 정치 개혁은 역설적이게도, 어쩌면 자민당 내부에서부터 시작하지 않으면 불가능해 보인다. 일본의 허약한 민주주의를 보며, 어떤 한국인은 뿌듯함을 느낄 수 있다. 경제도 문화도 이제는 정치에서도 우리가 일본을 앞섰다 생각했다. 진지하게 생각해 보자. 아시아에서 단 한 번이라도 완전한 민주주의 국가로 평가받은 나라는 단 3개국, 한국, 대만, 그리고 일본이다. 모두 우리의 이웃 나라다. 이웃 나라의 민주주의가 허약해지는 일은 곧 안보와 경제가 위험한 것과 마찬가지다. 이웃의 위협은 곧 우리의 위협이 될 수 있다. 우리도 마찬가지다. 우리의 민주주의가 허약해지는 건, 이웃에게도 위협이 된다. 민주주의의 비극. 일본의 비극이자, 아시아 민주주의의 비극이기도 하다.

한국과 일본의 문화 역전

5장

한국과 일본의 문화 역전

아이즈원

한국과 일본을 통틀어 가장 많은 사랑을 받은 한일합작 문화프로젝트는 무엇일까? 단연코 아이즈원을 꼽고 싶다. 2021년 봄, 아이즈원은 안타깝게 해체됐다. BTS의 빌보드 차트인. 그것도 3연속 핫샷 1위 차트인조차 큰 뉴스가 되지 않는 시대에 한국과 일본의 문화 위상 역전의 가장 큰 상징은 무엇일까? 누구는 영화 〈기생충〉을, 누구는 BTS나 블랙핑크를 떠올릴 것이다. 모두 정답이다. 아이즈원은 어떨까? 아이즈원이야말로 한일 간 문화 역전의 가장 극명한 상징이라 생각한다.

한일 문화 역전 현상은 생각지도 못한 지점을 달리고 있다. 제3차 또는 제4차 한류로 해석하는 시각이 지배적이다. 일본인의 마음을 사로잡은 한류를 시기별로 구분하는 것은 적절해 보이지 않는다. 우리 콘텐츠가 지닌 보편성이 일본인의 일상 속에 부드럽게 살포시 파고드는 현상, 이것의 광범위한 확대 정도로 해석하는 게 더 타당하다.

2000년대 초반 드라마 〈겨울연가〉가 일본 내 유의미한 한류의 시작이었다. 소녀시대, 빅뱅, 카라 등 글로벌 기준으로도 이미 완성형 K-POP 아티스트가 이끈 한류도 만만치 않았다. 도쿄 주요 음반 매대의 중앙에 소녀시대나 카라의 앨범만으로 매대를 채운 모습이 더는 신기하지 않던 시절이었다. BTS와 블랙핑크는 끝판왕이었다. 단순히 일본 내 한류가 아닌 글로벌 K-POP 붐을 일으킨 주인공이니 말할 것도 없다. 배용준, BTS, 블랙핑크 이전에도 K-POP 아티스트의 일본 활동은 존재했다. 1980~1990년대에도 조용필이나 계은숙은 일본의 국민적 스타였다. 현재의 한류는 어느 날 하늘에서 툭 떨어진 게 아니다. 시기별 트렌드가 존재했고, 새로운 파도가 올 때마다 영향을 받는 일본인이 증가했다.

일본의 한류 확산기인 2000년대 초반에는 드라마와 특정 배우를 향한 팬심이 대단했다. 그 시기가 지나자, 일본 팬심은 좀 더 많은 한국 연기자와 K-POP 아티스트까지 확대됐다. 그 후 자연스레 한국 여행과 한국 음식, 화장품과 디자인 용품을 중심으로 한국 공산품을 넘어 한국적 라이프 스타일까지 확대됐다. 이런 해석이 더 타당하다.

일상에 스며드는 한국

2020년 드라마 〈사랑의 불시착〉과 〈이태원 클라쓰〉가 일본에서 뜨거웠다. 2018년까지 일본 전체 뉴미디어 시장에서 넷플릭스가 차지하는 비중은 높진 않았다. 우리에겐 여전히 낯선 아마존 프라임 서비스가

더 보편적이었다. 일본 내 한국 콘텐츠의 인기는 여전히 현재 진행형이다. 정확히 일본 넷플릭스에서 가장 뜨겁다. 넷플릭스는 2015년 일본 서비스를 시작했다. 초반 몇 년 동안 작고 귀여운 사이즈였다. 일본 내에서만 이용하는, 일종의 일본판 유튜브 느낌의 플랫폼인 니코니코동화(ニコニコ動画), 아베마TV(AbemaTV)나 민영 방송사 모바일 연합 플랫폼인 Tver보다 못한 수준이었다. 비교하는 것조차 의미 없을 정도였다.

매년 거북이 성장세를 보이던 일본 넷플릭스였지만, 두 개의 한국 드라마가 넷플릭스를 일본 뉴미디어 플랫폼 시장의 지배자로 만들었다. 〈사랑의 불시착〉과 〈이태원 클라쓰〉. 이 두 작품이 2020년 일본인의 넷플릭스 가입 폭발에 불을 당겼다. 〈킹덤〉과 〈스위트홈〉이 인기 끌며 스타일리시한 'K-좀비 콘텐츠'가 글로벌 시장을 휩쓸었던 것과는 다른 반응이다. 일본만의 특수한 환경이다.

2019년 일본 넷플릭스의 가입자 수는 300만에 불과했다. 2020년 여름이 되면 무려 500만 가입자를 돌파한다. 여세를 몰아 일본 넷플릭스는 일본경제단체연합회(경단련)까지 가입했다. 이건 큰 의미가 있다. 그전까지 넷플릭스는 일본 내 뉴미디어 플랫폼 사업자 생태계 최하위권이었다. 넷플릭스가 경단련 멤버가 됐다는 건, 일본의 주요 가전업체와 통신사업자는 물론 TV 사업자와 동등하거나 우위에 섰다는 인증이나 다름없었다.

〈사랑의 불시착〉과 〈이태원 클라쓰〉의 인기는 해가 바뀌어도 여전하다. 지금도 일본 야후에 '愛の不時着(사랑의 불시착)'과 '梨泰院クラス(이

태원 클라쓰)'를 검색하면, 수많은 리뷰 목록이 TV, 유튜브, 잡지, 도서를 가리지 않고 이어진다. 심지어 일본판 위키피디아에는 사랑의 불시착 방영 당시 한국의 시청률까지 포함돼 있다.

한류 전체가 아닌, K-드라마만을 다루는 전문매체와 평론가도 폭발적으로 늘어났다. 문화전파에서 중요한 대목이다. 이질적 문화권에 전파되는 문화의 양상이 심화할수록, 장르의 세분화가 일어난다.

일본 미디어는 더 이상 '한류붐'이란 말을 쓰지 않는다. 붐이란 특정 문화를 즐기는 특정 향유 층의 일시적 유행을 뜻한다. 그동안 일본 대중매체의 한류 보도는 붐에 집중했다. 5~6년 전까지만 해도 한류와 한류 스타 전체를 다뤘다. 일본인도 우리도 한류 붐으로 해석했다. 일본인 전체에게 어필하기보다는, 확실한 팬층이 열광하는 콘텐츠로 생각했다. 한류 팬층은 더욱 세분화, 전문화되는 동시 광범위하게 확산했다. 현재의 한류는, K-드라마, K-POP, K-뷰티, K-푸드 등 장르가 세분화했다. 일본의 미디어도 이에 맞춰 전문화되고 있다. 그중 감염병 시대, 집콕에 딱 어울리는 콘텐츠, 그리고 일본인의 소소하고 소박한 정서에 어울리는 콘텐츠만을 추천하는 라이프스타일 사이트 이에모네(イエモネ-)가 추천하는 한국 드라마 순위가 눈길을 잡는다.

1 빈센조(ヴィンチェンツォ)
2 이태원 클라쓰(梨泰院クラス)
3 사랑의 불시착(愛の不時着)
4 마인(Mine)
5 스위트 홈(Sweet Home - 俺と世界の絶望 -)

6 사이코지만 괜찮아(サイコだけど大丈夫)

7 도시 남녀의 사랑법(都会の男女の恋愛法)

8 나빌레라(ナビレラ -それでも蝶は舞う-)

9 사랑하면 울리는(恋するアプリ Love Alarm)

10 알함브라 궁전의 추억(アルハンブラ宮殿の思い出)

11 동백꽃 필 무렵(椿の花咲く頃)

12 배가본드(バガボンド)

13 쌍갑포차(サンガプ屋台)

14 청춘 기록(青春の記録)

15 스타트업(スタートアップ: 夢の扉)

16 도도솔솔라라솔(ドドソソララソ)

17 보건교사 안은영(保健教師アン・ウニョン)

18 봄밤(ある春の夜に)

19 슬기로운 의사 생활(賢い医師生活)

20 로맨스는 별책부록(ロマンスは別冊付録)

21 더 킹(ザ・キング:永遠の君主)

22 하이바이 마마(ハイバイ、ママ!)

23 피노키오(ピノキオ)

24 드림하이(ドリームハイ)

25 그녀는 예뻤다(彼女はキレイだった)

26 성균관스캔들(トキメキ成均館スキャンダル)

- 라이프스타일 사이트 이에모네(iemone.jp) 추천 순위

일본인 에디터의 넷플릭스 한국드라마 추천 리스트 중 알쏭달쏭한 드라마가 있다. 추천 순위 18위는 〈ある春の夜に(어느 봄날 밤에)〉. 일본어

제목만 보면 도무지 무슨 드라마인지 알기 어려웠다. 알고 보니 한지민 주연의 인기작 〈봄밤〉. 〈봄밤〉을 그냥 직역하는 대신, 일본 감성을 물씬 느끼게 하는 〈어느 봄날 밤에〉로 의역했다. 이런 것만 봐도 한국 콘텐츠가 일본에 얼마나 자연스럽게 스며들고 있는지 잘 알 수 있다.

전통의 강호 〈이태원 클라쓰〉와 〈사랑의 불시착〉은 여전히 추천 2, 3위에 랭크됐다. 21세기 K-드라마 입문용으로, K-드라마는 물론 한국에 관심이 전혀 없는 사람에게도 추천하기 좋은 작품의 반열에 올랐다는 이야기. 눈에 띄는 작품은 7위에 랭크된 〈도시 남녀의 사랑법〉. 지상파와 종편만 주로 시청하는 세대에겐 익숙하지 않은 작품이다. 이 작품은 카카오TV에서 시작해, 넷플릭스까지 진출한 작품이다. 10~20대 시청자의 폭발적 지지를 얻었다.

이에모네의 추천 작품은 편수도 장르도 다양하다. 로맨스, 호러, 액션, 일상 감성, 판타지, 대체 역사물 등. 의미 있는 변화라 생각한다. 일본인이 다양한 장르의 K-드라마를 좋아한다기보다, 우리 드라마가 세계인에게 사랑받는 다양한 장르물을 제작할 정도로 성장했단 말이다. 지금은 이 분석도 의미 없어졌다. 〈오징어 게임〉 〈지옥〉 〈지금 우리 학교는〉의 3연속 글로벌 메가히트는 일본 콘텐츠 시장에도 똑같이 적용됐으니까.

뒤로 가는 일드

일본 내 한국 드라마의 인기 요인은 의외로 간단하다. 첫째, K-드라마의 높아지는 경쟁력이고 둘째, 일본 드라마의 낮아지는 경쟁력 덕분이다.

2010년대 이전의 일본은 뿌리 깊은 드라마 왕국이었다. 적어도 아시아권에서는 J-드라마가 하나의 독립된 문화 장르였다. 그랬던 일본이 왜 이렇게 된 걸까? 1990년에서 2000년대 초반까지 일본 드라마는 전성기였다. 당시 인기 드라마 소리를 들으려면 평균 시청률 20%는 넘어야 했다. 초호화 캐스팅과 대규모 야외 촬영으로 만들었던 시청률 20%다. 지금의 일본 드라마 제작자들이 도달하기 어려운 머나먼 지점이다. 일드 전성기에 일본 드라마의 장르화는 정말 대단했다. 로맨스 계열의 K-드라마가, 지금은 판타지, 현실파, 대체 역사물, 병맛 등등으로 세분화한 것처럼, 당시 일본 드라마는 일본 특유의 감성물, 병맛물, 통렬한 사회파, 심지어 로맨스 하나 없이도 최고 시청률을 척척 만들어내기도 했다.

대중문화가 지녀야 할 고유의 미덕은 시대를 불문하고 존재한다. 다양한 팬 층의 욕구에 맞춘 다양한 경쟁력이다. K-드라마와 K-POP은 이걸 놓치지 않고 열성 팬들에게 충족감을 주고 있다. 동시에 일반인들에게도 통하는 보편적 매력을 놓치지 않았다. 일본의 문화 콘텐츠는 이걸 잃었다. 이유는 경제력 때문이다. 일본이 아시아를 넘어 세계 최고 수준으로 드라마와 예능과 영화에 투자하던 시기가 끝났다.

홍백가합전

일본을 대표하는 방송콘텐츠는 무엇일까? 질문의 범위를 좁혀, 수십 년간 일본의 연말연시를 대표하는 방송 프로그램은 무엇일까? 말할 것도 없다. 우리에게도 친숙한 〈홍백가합전(紅白歌合戰)〉이다. 보통 일본인은 줄여서 '고오하쿠(紅白)'라고 말한다. 〈홍백가합전〉이란 작명은 고루하다. 헤이안 시대에 두 유력 가문이 전쟁을 벌였는데, 한 가문이 홍기를 들고 다른 가문은 백기를 들고 싸운 것에서 유래했다. 일본인이 전국시대를 비롯해 전쟁 시대에서 영웅을 찾고 삶의 격언을 만드는 태도는 우리의 생각보다 뿌리 깊다.

홍군과 백군이 노래로 싸움을 벌인다는 뜻의 〈홍백가합전〉은 심지어 사회자도 여성과 남성으로 나누어 자신의 편을 응원하는 형식을 오래도 지속했다. 〈홍백가합전〉은 한국인 아티스트의 출연으로도 꽤 유명했다. 1987년 조용필이 최초로 출연한 이후, 무려 4년 연속 출연이라는 대단한 기록을 남겼다. 엔카의 여왕 계은숙은 1988년부터 무려 7년 연속으로 출연했다. 많은 일본인이 자국민으로 오해했던 보아 역시 6연속 출연 기록을 남겼다. 그 이후 동방신기를 시작으로 소녀시대, 카라 그리고 최근 트와이스 등의 K-POP 그룹이 출연했다.

콘텐츠로서의 〈홍백가합전〉은 생각보다 유서 깊다. 그 시초는 무려 1951년. NHK의 대표 연말 예능 프로그램이다. 2017년 기네스북에 '최장수 TV음악 경쟁 프로그램'으로 등재됐을 정도로 역사도 길다. 〈홍백가합전〉은 명실상부한 일본의 국민프로그램이(었)다. 매년 12월 31일 저녁부터 제야의 종소리가 울리기까지 몇 시간을 지속했다. 12월 31일을 다룬 일본 드라마, 소설, 만화 같은 콘텐츠에 반드시 빠지지 않고 등장했다. 한 해를 보내고 새해를 맞는 일종의 국민 시그널이었던 셈.

일본에 있는 일본인은 가족과 함께 〈홍백가합전〉을 시청하고, 새해를 맞이하면 심야에 가까운 신사를 찾아 새해 축원 기도를 한다. 해외에 있는 일본인은 NHK의 월드 라디오나 위성방송으로 〈홍백가합전〉을 보며 새해를 맞이했다. 혹시라도 업무나 집안일로 〈홍백가합전〉을 보지 못한 일본인은 예외 없이 "아 〈홍백가합전〉도 없이 새해를 맞이하네"라며 아쉬움을 토로한다.

그해의 일본 최고의 뮤지션이 누구인가는 그해 〈홍백가합전〉의 라인업을 보면 그만이다. 심지어 방송 두어 달 전인 10월부터, 각종 미디어에서 올해의 〈홍백가합전〉 라인업을 예상하는 특집 기사와 방송이 연이어 쏟아질 정도. 그해의 헤드라이너는 보통 가을에 NHK 본사에서 정식 기자회견을 열어 발표할 만큼 대단한 정성을 쏟았다.

시청률은 어마어마했다. 1980년대 최대 70~80%의 시청률을 자랑했고, 1990년대에도 50~60%의 시청률이 그나마 최저치였다. 1980년대에 일본 방송 산업은 무르익을 대로 익은 고도화 시기였다. NHK도 여러 개의 위성채널을 가지고 있었다. 케이블 채널과 위성 채널을 합치면 수백 개에 달할 정도. 영상 콘텐츠의 홍수 속에서 80%의 시청률을 기록했다는 건, 피치 못할 사정을 지닌 소수를 제외한 전 일본인이 〈홍백가합전〉을 시청했다는 이야기다. 물론 피치 못할 사정에 속하는 사람은 방송국과 출연자 관계자도 포함이겠지.

〈홍백가합전〉의 현장 관람 티켓을 얻는 건 대단한 특권이었다. 어지간한 셀럽이나 연줄 없는 보통 일본인에게는 꿈같은 이야기. 엽서로 신청을 받았을 때는 매년 100만 부 이상의 엽서가 몰려들었다. NHK는 엽서 분류와 정리에 단기 아르바이트만 수십 명을 쓸 정도로 대단한 위세였다.

1부와 2부로 연이어 방송되는 〈홍백가합전〉은 통상 1부의 시청률이 더 높았다. 1990년대까지 1, 2부 통틀어 50% 이상의 시청률을 이어갔는데, 통상 1부의 시청률은 60% 이상. 2부도 50%를 넘는 경이적 시청률을 보였다. 2000년이 되면서. 평균 40% 이하로 떨어졌다. 2010년대에는 2부 시청률이 간신히 30%를 넘기는 정도, 불과 20여 년 만에 80%의 시청률이 반 토막 이하로 떨어지는 참사가 벌어졌다. 대체 무엇이 일본을 넘어 오랫동안 아시아 최고이자 최대의 음악 프로그램을 이토록 망가뜨린 것일까?

일본의 TV 이탈 현상

21세기 이전까지 일본은 뿌리 깊은 TV 왕국이었다. 예나 지금이나 일본을 대표하는 방송사는 NHK다. 세계 제일의 공영방송으로 꼽히던 BBC와도 어깨를 한때 견줄 만큼 위세가 대단했다. 하지만 대하드라마와 일일드라마 그리고 부동의 원탑 콘텐츠였던 〈홍백가합전〉을 제외하면 연예 오락 등 대중문화 콘텐츠는 민영 방송사의 몫이었다. 주요 민영 방송사는 모두 다섯 개사. 도쿄에 본사를 두고, 각 지역민방과 네트워크로 전국을 커버한다. 니혼테레비(NTV), TBS, 테레비아사히, 후지테레비, 테레비도쿄(TV Tokyo)까지가 5대 민영방송다. 여기에 도쿄MX를 합쳐 6대 민방.

미국에 이어 세계 2위의 GDP를 자랑하던 경제 강국. 대중문화에서도 일본을 제외한 아시아 전체보다 일본이 더 큰 영향을 전 세계에 미치고 있었다 해도 과언이 아닌 정도. 그 중심에는 일본의 TV 콘텐츠가 있었다.

과거 일본은 미국과 더불어 TV 시청률이 가장 높던 미디어 대국이었다. 21세기 초반에 발표한 총무성 통계에 따르면 일본인의 TV 평균 시청 시간은 1990년대 이후 증가 추세에 있었다. 프랑스 칸에서 매년 개최되는 TV 프로그램의 국제박람회인 'MIPTV'에서 발표된 통계에 따르면, 일본인의 평균 시청 시간은 5시간 1분으로 전 세계에서 가장 오래 TV를 보던 사람들이었다.

1980년대부터 2000년대 초중반까지 일본 TV 콘텐츠, 특히 드라마는 일본만이 아닌 아시아 전역에서 광범위하게 소비되던 하이엔드급 대중문화였다. 당대 일본에서도 드라마의 자국 최고 시청률이 20%를 넘는 건 흔한 일이었다. 예를 보자. NHK의 인기 대하드라마와 일일드라마는 제외하고, 드라마 맛집으로 칭송받던 TBS와 드라마 제작에 진심인 아사히TV도 제외한다. 일본 민영방송 중에서도 서브컬처로 재미를 톡톡히 봤던 후지테레비가 제작했던 드라마만으로 좁혀보자.

영화 〈박치기〉로 한국에서도 인지도를 얻었던 문제적 인물 사와지리 에리카 주연의 〈1리터의 눈물(2005)〉의 최고 시청률이 20.5%, 국민 아이돌 그룹 SMAP의 멤버이자, 한국에서 김탁구란 애칭으로 불리던 기무라 다쿠야 주연의 열혈 검사 드라마 〈히어로(2001)〉의 평균 시청률은 무려 34.3%(최고 시청률이 아니라 평균 시청률!)였다. 2000년대 초반, 한국의 전국적 초고속 인터넷 보급과 함께, 일본 드라마 붐을 불러일으켰던 전설의 드라마 〈춤추는 대수사선(1997)〉의 최고 시청률은

23.1%, 아마도 일본 드라마에 남은 모든 미덕과 과거의 유산을 버무린 찬란한 황금기의 마지막 작품 〈노다메 칸타빌레(2007)〉를 마지막으로 더는 이런 시청률을 볼 수 없다.

1980년대부터 2000년대 초중반. 일본 드라마 최전성기 시대에 평균 시청률 20%와 최고 시청률 20%. 이 수치는 어쩌다 한번 일어나는 붐이 아니었다. 마치 현재 넷플릭스에 K-콘텐츠가 론칭되자마자 전 세계 1위를 몇 번이고 차지하는 것처럼 신기한 일이 아니었다. 당대의 일본 드라마는 어떻게 이런 수준을 유지할 수 있었을까? 답은 의외로 간단하다. 초호화 캐스팅과 대규모 야외 로케이션이 가능한 수준의 제작비. 그리고 그것을 지탱할 수 있던 일본의 경제력. 2010년을 전후해서 일본의 드라마 제작비는 현저하게 줄어들었다. 편당 1억 엔까지 치솟았던 대형 드라마의 제작비는 경제 침체와 더불어 쪼그라들었다. 최근 한국인에게도 열렬한 사랑을 받았던 드라마 〈고독한 미식가〉의 2018년 편당 제작비는 겨우 300만 엔 수준이었다. 이 드라마는 여전히 일본 최고의 시청률을 자랑한다.

TV 몰락 가속

일본은 우리와 비교해 여전히 신문 강대국이다. 흥미로운 점이다. 일본 최대의 신문사인 〈요미우리〉는 2005년까지 발행 부수가 1,000만 부가 넘을 정도였다. 일본 메이저 신문 중에 우리에게 가장 악명 높은 〈산케이〉조차 200만 부를 넘겼다. 상대적 중립을 비교적 잘 지키는 〈아사히〉도 2005년까지 800만 발행 부수를 자랑했다. 2010년대가 시작되며, 사실상 출구가 없을 정도로 판매 부수가 급감한다. 〈요미우리〉는 800만 부 이하로, 〈아사히〉도 600만 부 이하로, 〈마이니치〉와 〈닛케이〉 〈산케이〉도 각각 10~20% 판매 부수가 급감했다.

신문의 몰락이 일본 민영 방송의 하락세를 가속했다. 일본의 주요 민영 방송사인 TBS는 〈마이니치〉 신문 계열, 테레비아사히는 〈아사히〉 신문 계열. 후지테레비는 〈산케이〉 신문 계열이다. 민방의 모기업 격인 신문사의 몰락이 그대로 TV의 몰락에도 영향을 미치고 있다. 가장 심각한 건, 미래 고객이 사라지고 있다는 점이다. NHK는 매년 일본의 방송 동향을 분석한 〈일본인과 TV〉라는 두툼한 보고서를 발표하는데, 이미 2015년 〈일본 지상파 TV의 미래가 사라지고 있다〉는 충격적 제호의 보고서를 발표했다.

일본인이 가장 TV를 많이 시청하는 일요일(우리도 마찬가지), 10대 남성의 일 평균 시청 시간을 장기간 조사했다. 1995년 무려 3시간 34분의 평균 시청 시간은 2005년이 되면 2시간 45분으로, 2015년에는 1시간 53분으로까지 드라마틱하게 떨어졌다. 글로벌 팬데믹의 영향으로 2020년부터 동영상 콘텐츠의 평균 시청 시간은 급상승했으나, 어디까지나 넷플릭스와 유튜브 그리고 아마존 프라임의 증가세 덕분이었다. 동영상 콘텐츠 소비 시간이 늘어났지만, 지상파 TV의 몫은 없었다. 이게 새로운 조짐은 아니라는 사실이 더 충격적이다. 2010년 시점에서 20대 남녀와 30대 남성 중 10% 이상이 TV를 전혀 시청하지 않았다는 조사가 나왔다. 2000년에 비해 2010년의 20대 여성의 TV 시청 시간은 무려 25% 이상 줄었다. 이미 2013년부터 주간 시청률 20%

를 넘는 프로그램은 존재하지 않았다. 이는 TV 시청률 조사가 시작된 이래 처음 있는 일이었다.

산업이 몰락하면 어떤 일이 벌어질까. 당연히 파생산업의 동반 몰락을 초래한다. 우리는 이미 사라진 TV 정보지가 일본에는 여전히 존재한다. 일본 잡지 협회에 따르면, TV 정보지인 〈더 텔레비전〉과 〈주간 TV가이드〉 등 TV 메이저 정보지의 발행 부수가 약 5년 전보다 절반으로 줄었다.

TV를 보는 절대 시청 시간도 줄고, 설사 TV 오리지널 콘텐츠를 본다고 해도 동영상 서비스를 이용해 화제가 된 장면만 골라보는 형태가 늘고 있다.

놀라운 점은 10~20대의 미디어 소비 총량은 변하지 않았다는 점. 오히려 글로벌 팬데믹을 맞아 더 증가했다. 여기에 TV는 들어가지 않는다. 이 세대가 나이를 먹더라도 TV가 과거처럼 그들의 생각과 행동에 영향을 미치는 주요 미디어는 될 수 없다.

이 점은 TV 콘텐츠의 질적 하락을 낳았다. 지상파 방송은 유튜브와 넷플릭스 콘텐츠에 대항하기 위해 더욱더 선정적 이슈를 재생산 재확대했다. 과거라면 가십에 불과하거나 추문에 불과한 내용을 버젓이 교양 정보프로그램까지 끌어와 인터넷 동향을 자세히 소개하는 짓을 태연스레 한다. 이 불쾌한 장르에 가장 빈번하게 등장하는 소재가, 바로 '혐한'이다. 시청률 저하로 인한 광고와 스폰서의 감소. 이에 따른 제작비의 저하. 그런데도 떨어진 시청률을 더 바닥으로 떨어뜨리지 못하게 안간힘을 쓰는 장르가 차별과 혐오의 결정체, 혐한이다.

오랫동안 아시아 최고 최대의 음악프로그램으로 한국을 비롯해 아시아 각국의 국보급 아티스트를 자주 초청했던 〈홍백가합전〉은 이제 일본만의 집안 잔치로 입지가 줄어들었다. 〈홍백가합전〉은 12월 31일 습관적으로 TV를 틀던 중장년층의 습관으로만 남은 셈이다. 사람들이 TV를 떠나고 있다. 이미 우리에게도 시작된 오래된 미래다.

제작위원회의 저주

일본의 드라마와 영화 또는 애니메이션을 보면, 오프닝 시퀀스가 시작하기 전 반드시 보이는 자막이 있다. OOO 제작위원회. 제작위원회라니 뭔가 근엄하고 진지한 느낌이다. 콘텐츠를 제작하기 위해 각계각층의 전문가들이 TF를 만든 것만 같다. '역시 일본은 드라마를 하나 만들어도 여러 미디어 전문회사와 투자사가 팀을 만들 정도로 대단하구나.' 착각이다. 제작위원회는 콘텐츠 투자 위험을 분산시키기 위한 여러 회사의 공동투자 연합체일 뿐이다.

일본 경제가 내리막길을 걸을수록 콘텐츠 투자에 더욱 신중해졌다. 과거 같은 성공을 기대하기 어려운 시대이니까 여러 회사가 조금씩 투자해 리스크를 낮추는 것이다. 가장 확실하고 쉬운 해법은, 기획 초기부터 확실히 어필할 수 있는 코어 팬만을 겨냥하는 것이다. 그들이 확실히 콘텐츠를 소비하고, 굿즈와 연관 공연 티켓, DVD나 음원 CD 등을 구매하도록 유도하는 데 제작 역량을 집중한다. 코어 팬을 넘어선 대중적 확산, 나아가 해외 팬에게까지의 어필, 쉽게 엄두를 내지 못한다. 이게 문제다. 적자는 확실히 피할 수 있겠지만, 그게 전부다. 대박 콘텐츠는 예외 없이 모험 성격이 강하다. 대중에게 노출되기 전까지는 실패할지 성공할지, 성공한대도 얼마나 성공할지 아무도 모른다.

제작위원회는 얼핏 들으면 투자 위험을 낮추는 선진 시스템 같지만, 사실은 그 반대다. 더는 과거처럼 드라마와 예능과 영화에 대규모 투자를 자신할 수 없다는 말이다. 일단 투자했다면, 투자금을 확실히 회수해야 한다. 과감한 모험은 피할 수밖에 없다. 혁신은 대개 모험과 같은 범주의 말이다. 모험이 없는 콘텐츠는 걸작이 될 수도 없고 메가 히트작이 될 수도 없다.

K-POP 성공의 이유

일본의 콘텐츠는 거의 유료다. 음원은 말할 것도 없고, 홍보용 무료 영상도 거의 없다. 하다못해 프로모션 비디오조차도 유료인 경우가 많다. 말 그대로 프로모션을 위해 제작된 것인데도. 일본 콘텐츠는 유튜브를 비롯해 쉽게 검색해서 듣고 즐길 수가 없는 구조다. 반면, K-POP은 검색만 하면 콘텐츠가 주렁주렁 열린다. "내가 요새 이런 거 보고 듣고 있다" 하며 링크를 친구에게 보내기도, 자랑할 겸 SNS에 올리기도 쉽다. 한국 콘텐츠의 무료 개방 정책이 무조건 좋은 것만도 아니다. 여행 팟캐스트 '탁PD의 여행수다' 제작자인 탁재형 PD는 이런 말을 했다.

"공짜 콘텐츠는 있을 수 있어도, 공짜로 만들어지는 콘텐츠는 없습니다."

공감한다. 우리는 콘텐츠를 무료로 감상하는 게 현명한 소비이며,

현명함을 넘어 당연하다는 인식이 있다. 타인 또는 지인에게 무의식적으로 "당신이 가진 콘텐츠를 무료로 내놓으라" 등의 얘기를 지나치게 편하게 말한다. 이건 불만이다.

아이러니하게 K-POP 성공은 무료 콘텐츠 정책이 큰 역할을 했다. 유튜브를 중심으로 무료로 배포한 MV와 동영상, 이것들이 팬들이 만들어내는 2차 가공 콘텐츠를 광범위하게 만드는 데 이바지했다. 가장 대표적인 예가 BTS다. 신곡을 내면, 하루 이틀이 아니라 몇 시간 내에 영어, 아랍어, 스페인어, 태국어, 인도네시아어 등등으로 번역된 2차 가공 콘텐츠가 넘쳐난다. 콘텐츠 확대재생산의 선순환구조의 완벽한 교과서다.

일본은 이를 허락하지 않는다. 아니 허락할 수 없다. 정확히는, 콘텐츠 기획 단계부터 결성된 여러 투자사의 의사결정기구, 제작위원회가 이를 허락하지 않는다. 만일 일본이 BTS를 제작했다면, 일본의 'BTS 제작위원회'는 BTS의 뮤직비디오를 팬들이 2차 가공하는 것을 허용하지 않을 게 틀림없다. 음원 판매 수익을 기대하는 투자사 A, 공연 티켓 매상에 목숨을 건 투자사 B, 공연 영상 판매 수익을 노린 투자사 C, 굿즈 판매 또는 캐릭터 시장 독점을 노리는 투자사 D 등 하나의 콘텐츠 제작에 각 부문의 투자사들이 각자의 이익을 최우선으로 하기 때문이다. 이들은 음반의 퀄리티와 퍼포먼스의 완성도보다 자신이 투자한 금액의 단기 회수가 우선이다.

일본의 뉴미디어 콘텐츠 시장 자체가 소비자 주도로 형성되기 어려운 이유다. 일본의 제작위원회 시스템은 각 부문 투자자의 이익을 충실히 지켜주는 것 같지만, 더 크고 새로운 시장이 열릴 가능성을 원천적으로 차단했다. 의도치 않은 부작용이다. 일본은 새로운 소비자의 콘텐츠 접근로를 폐쇄적으로 만들었다. 접근에 일정 비용을 지불할 마음이 충분한 일부 적극 지지자에게 머무른다는 이야기다. 전체적 완성도와 혁신보다는 지금까지 흥행에 성공했던 관행을 충실하게 답습할 뿐이다.

K-POP 성공 비결은 물론 월드클래스급 완성도와 퍼포먼스에서 시작했다. 그리고 무료로 즐길 수 있는 콘텐츠가 많았다는 것이다. 한국어를 아는 외국인과 외국어를 잘하는 한국인이 이들의 콘텐츠를 번역하고 올리기도 쉽다는 것이다. 문화 확대재생산의 선순환구조가 중요한 요인 중 하나라 생각한다.

일본의 일부 콘텐츠 제작자가 이걸 따라 하고 싶었다. 유의미한 시도도 나름 있었다. 그런데 모두 실패했다. 왜? 일본은 변화를 싫어하니까. 변화는 모두를 괴롭히니까. 결과가 달라지려면, 생각하는 방식과 일하는 방식 모두 바뀌어야 한다. 혁신을 외치는 사람은 이제까지의 안정적 관행을 모두 버려야 한다. 당연히 여기저기 저항이 따른다. 일본 문화 콘텐츠는 저항을 이기지 못했다.

일본 우익의 질투

일본은 배가 아팠어요. 이웃 나라의 콘텐츠 성공이 배가 아픕니다. 그래서 핑계를 대죠. 우익의 사골 멘트 몇 개입니다.

"한국은 국가에서 정책적으로 지원해 줘서 영화와 드라마, 음악이 뜬 거다. 일본은 그런 비겁한 짓은 하지 않는다."

"한국은 문화를 강압적으로 수출하려는 저열한 나라다."

"한국은 속이기 쉬운 곳에 마케팅하는 전략이야. 악의를 지닌 채 문화 약탈을 목적으로 과대 선전과 강요를 하지. 그렇게 사람들이 속는 거야."

무료 콘텐츠 전략

뉴미디어 플랫폼 무료 콘텐츠 전략은 확실히 K-POP 아티스트를 세계 탑티어급으로 성장시켰죠. 그렇다고, 한국의 모든 콘텐츠가 무료가 돼야 한다는 건 아닙니다. 마치 글로벌 대기업만 살고, 골목상권은 죽어도 좋다는 뜻과 비슷하겠죠. 음식도 마찬가집니다. 골목의 오래된 가게의 음식이 대기업 프랜차이즈 레스토랑보다 비쌀 때가 있죠. 골목 가게 주인이 도둑 심보라서가 아닙니다. 대기업 프랜차이즈는 식자재 구매도 대량으로 하고, 매출도 전국적입니다. 골목 가게보다 가격 경쟁력이 오히려 높은 거죠. 골목 가게는 대기업 프랜차이즈와 같은 메뉴로 경쟁해서는 답이 없겠죠. 프랜차이즈보다 조금은 비싸도, 확실히 차별화된 메뉴를 만들 수 있다면, 손님도 흔쾌히 콘텐츠에 정당한 대가를 지급하겠죠.

NiziU와 트레저

트와이스와 NiziU

한일 대중문화 역전의 사례에 BTS 언급은 의미 없다. BTS는 한국 아티스트만의 정체성으로 표현할 수 없을 만큼, 모든 문화권 청년세대의 상실과 꿈을 상징하는 아이콘이다. BTS는 거인이다. 거인과 같은 시대를 살아간다는 의미는, 거인의 어깨 위에 올라 볼 수 없던 세상을 볼 수 있다는 뜻이다.

한일 문화 역전. 음악 부문에서의 결정타, 적어도 유효타는 트와이스였다. 의도하지 않았지만 일본 아이돌계에 치명타를 날렸다. 트와이스의 일본 데뷔는 일본 청소년의 마음을 단숨에 K-POP 아티스트로 끌어왔다. 일본인이 사랑하는 아이돌의 이미지는 귀엽고 러블리한 소녀다. 한마디로 소녀의 모에화된 이미지, 그러면서도 실수투성이의 미숙한 실력을 한없이 응원하고 싶은 마음. 일본인은, 우리가 이해하기 어려운 이미지를 그들의 아이돌에 투사했다.

트와이스 역시 귀엽고 러블리한 이미지가 강하다. 가창력과 퍼포먼스는 다르다. 데뷔부터 완성형이었다. 일본 아이돌이 넘볼 수조차 없는 수준조차 한참 초월한, 일본 아이돌 팬이 결코 경험해 보지 못한 월드클래스급이다. 트와이스는 '어나더 레벨'의 한류를 몰고 왔다. 한국의 높아진 경제력과 문화 콘텐츠 경쟁력이, 단순히 인기 콘텐츠의 소비를 넘어선 라이프스타일의 변화를 가져왔다.

트와이스를 만든 JYP의 수장 박진영은 트와이스의 일본 성공이 가시화되기 전에, 제2의 트와이스를 일본판으로 만들 결심을 했다. 한국의 경쟁 오디션 시스템을 일본에 도입해, 일본 내에서 일본판 K-POP 스타를 만들 생각이었다. 박진영은 소니뮤직 재팬과 손을 잡았다. 멋지게 성공했다. 경쟁 오디션 프로그램을 통해 멤버 후보들의 인지도를 올리고 사전 팬덤을 확보하는 전략. 트와이스의 한국 데뷔 전략과 완벽히 일치한다. 트와이스는 CJ의 〈식스틴〉이란 프로그램을 통해, 매회 미션 대결로 탈락과 합류를 반복하는 경쟁으로 선발됐다.

NiziU는 〈Nizi 프로젝트〉라는 방송을 통해 화려하게 데뷔했다. NiziU가 트와이스와 다른 점은 목표하는 음악 시장이다. 트와이스는 태생부터 글로벌 진출을 염두에 두었다. 멤버도 한국, 대만, 일본인 멤버로 다양하다. NiziU 멤버 아홉 명은, 미국 일본 복수 국적을 가진 니나를 제외한 여덟 명이 일본인이다. 일부 팬들은 NiziU가 철저하게 일본 시장만을 목표한 '일본 내수용 K-POP'이라 평가절하한다. NiziU 멤버 모두가 일본인이지만, 이들의 트레이닝과 앨범 콘셉트, 무대 콘셉트는 100% K-POP 시스템을 따랐다.

다수의 일본인 멤버가 포함된 트와이스와 아이즈원을 우리는 K-POP 아티스트로 생각한다. 일본인으로만 이루어졌지만, 육성과 음반, 그리고 무대 콘셉트는 K-POP으로 이루어진 팀 NiziU는 K-POP인가? J-POP인가? NiziU가 한국인에게 던지는 질문이다.

아라시와 트레저

BTS의 퍼포먼스를 보고 있으면 세상 모든 게 시시해진다. 에너지, 메시지, 완성도, 멤버 개개인의 매력, 무엇하나 지금까지 어떤 아티스트의 퍼포먼스와 비교해도 다르다. BTS 공연을 보다 일본의 국민 그룹 아라시를 보면 뭔가 짠해지는 감정이 생긴다. 서로 장르가 다르니 아티스트를 직접 비교하는 건 의미가 없을 수 있지만 BTS의 노래와 퍼포먼스를 보며 얻는 감동은 아라시의 그것과는 분명 다른 성질과 차원의 무엇이다. 적어도 국적을 떠나, 음악 덕후의 눈에는 그렇게 보이고 들린다. 아라시의 퍼포먼스를 보다가, BTS를 보면 확실히 이런 생각이 든다.

'아…. 전혀 다른 세상의 아티스트가 출연했구나.'

BTS가 일본 음악 시장을 흔들 때 즈음, 얼마 지나지 않아 블랙핑크라는 월드클래스 아티스트가 일본 청소년을 매료시킨다. 일본 음악팬이 자신들의 아이돌 문화와 J-POP 자체를 되돌아보게 된 또 하나의 강력한 펀치다. 지금의 일본 청년, 특히 10대는 BTS, 트와이스, 블랙핑크의 강렬하면서도 아름다운 퍼포먼스를 보며 성장하고 있다. 한국의 기성세대가 미국 중심의 팝스타를 보며 청소년기를 보낸 것처럼, 일본의 청소년은 K-POP 스타를 보고 있다

BTS, 블랙핑크, 트와이스, 아이즈원을 상대하기도 버거운 일본 음악계에 2020년 여름 또 하나의 한국산 보석이 쏟아졌다. 트레저는 일본 데뷔와 동시 오리콘 차트 1위를 기록했다. 트레저도 NiziU처럼 일본 음반 시장 특화 아티스트로 멤버 열두 명 중, 일본 국적자도 네 명이다. 그중 한 명은 재일교포 4세다. 가네모토 요시노리(金本芳典) 본명을 줄여 요시라는 활동명을 쓴다. 이름만 보면 일본인처럼 보일 수도 있지만 일본을 잘 알거나 일본어에 능숙한 사람이라면 요시의 본명인 가네모토(金本)를 보고 단박에 재일한국인계란 걸 짐작할 수 있다. 일제강점기, 생업을 위해 혹은 징용으로 일본으로 이주해 정착한 재일한국인의 후손들은 일본식으로 이름을 바꿨다. 그들은 바꾼 일본식 이름에 김(金)을 넣었다. 끝까지 한국식 성씨를 포기하지 않았다.

NiziU가 JYP의 보물이듯, 트레저는 YG의 보석이다. 트레저 멤버들은 YG의 혹독한 트레이닝을 거쳤다. YG는 보컬과 퍼포먼스뿐만 아니라, 작곡, 작사, 프로듀싱까지 혹독한 트레이닝으로 유명하다. 결과는 1위였다. 트레저 멤버들이 작사한 '사랑해'의 오리콘 주간차트 1위.

K-POP은 더는 한국인이 만든 음악을, 한국인이 연주하는 장르에 국한되지 않는다. 힙합이나 스윙처럼 메이저 음악 장르의 하나로 자리 잡은 것처럼 보인다. 시간이 지나면, K-POP을 한국인보다 더 잘하는 외국인 아티스트가 나올 것이다. 심지어 한국 활동 없이 미국이나 일본에서만 활동하는 외국인 K-POP 아티스트도 나올지 모른다.

우리 문화의 포용력과 성숙도를 알 수 있게 될지 모른다. 어떤 사람은 음악적 완성도에 박수를 보내며 또는 절박함이 만들어낸 성공신화에 환호하며, 그들의 팬이 되기를 주저하지 않을 것이다. 어떤 사람은 "한국인이 아닌 K-POP은 K-POP이 아니야!"라며 화를 낼지 모른다. 부디 그런 사람이 적기를 바란다.

절박해야 성공

대중적 성공의 조건이 무엇일까? 성공을 단번에 경험하기는 어렵다. 큰 성공을 이룬 사람일수록 작고 큰 실패를 함께 경험한다. 제아무리 운이 좋건 그렇지 않건, 누구에게나 크고 작은 실패와 성공이 반복된다. 끝까지 버텼는데 그 길에 성공이 있다면 성공한 것이고, 실패가 있다면 그렇지 못한 것일 수도. 대중문화의 성공도 마찬가지 아닐까. 저마다 자신하는 노하우가 있겠지만, 누군가에게는 '절박함'일지 모른다. 이 말에 선뜻 고개를 끄덕이는 사람이 없을 수도, 의외로 많을 수 있을지 모른다. 특히 대중문화 산업계에 있는 사람이라면 더더욱.

절박함은 스스로 무한경쟁의 무간지옥에 빠뜨리기도, 놀라운 혁신을 만드는 원동력이 되기도 한다. 한국에서 콘텐츠 제작은 절박해야 겨우 살아남을 수 있다. 단순 경쟁이 아니라 생존 자체가 목적처럼 돼버린 한국의 콘텐츠 시장은, 무한경쟁이란 말이 무한 일상이 됐다. 하기야, 한국은 이미 모든 게 무한경쟁의 사회가 돼버렸으니까.

일본은 그리고 일본의 문화 콘텐츠는 절박함을 잃었는지 모른다. 절실하고 절박하지 않은 콘텐츠는 감동을 주기 어렵다. 콘텐츠가 주는 감동은 요샛말로 '세계관' 또는 '서사성'으로 해석할 수 있다. 감동이 넘치는 서사와 풍부한 세계관을 지닌 일본 콘텐츠를 찾기 어려운 시대다. 일본 청년의 시선은 자연스레 K-콘텐츠로 향했다. 최근 일본 내 한류의 특징은 장르별로 새로운 고객층을 창출했다는 것이고 10~20대 청년이 코어 팬이다. 그중에서 여성과 청소년 팬덤이 놀랍다.

일본의 대표 아이돌은 AKB48 그룹이다. 종종 한국 아이돌과 비교된다. AKB48은 현재의 일본인들에게도 '열심히 노력하는 모습이 귀여운' 아이돌이다. 한국 아이돌은 일본인이 보기에는 아이돌을 넘어선 프로페셔널 아티스트다. 우리는 자주 아이돌과 K-POP 아티스트를 같은 범주로 생각하지만. 일본인, 정확히 청년들에게 AKB48은 더는 동경의 대상이 아니다. AKB48은 진짜 오타쿠 그것도 중년 이상의 오타쿠의 전유물처럼 됐다.

AKB 그룹을 만든 사람은 아키모토 야스시(秋元康)라는 프로듀서다. 아키모토는 일본에서 사라진 '절박함'과 '절실함'을 K-POP에서 봤다. 아키모토는 한국과 연합해 〈프로듀스 48〉을 만들었다. 우리 콘텐츠의 절박함. AKB48 그룹의 절실함을 자극했다.

아이돌 전국총선

표절을 피하는 방법

2021년 봄 해체한 아이즈원은 〈프로듀스 48〉을 통해 탄생한 한일 합작 아티스트다. 활동 기간 한국은 물론 전 세계의 팬들에게 큰 사랑을 받았다. 동시에 순위 조작 등 여러 스캔들에 시달렸다. 잘못을 저지른 범죄자는 처벌받고 비난받아야 마땅하다. 아이즈원 멤버 중에는 순위 조작으로 선발된 사람이 분명 있었을 것이다. 부정하게 선발된 멤버를 제외한 다른 멤버까지 비난받는 건 온당하지 않았다. CJ의 순위 조작은 끝까지 철저하게 처벌해야 한다. 이들의 무능함과 뻔뻔함이 초래한 우리 대중문화 콘텐츠의 도덕성 상실은 끝까지 책임을 물어야 한다. 법적 처벌 후에도, 팬들은 기억해야 한다. 두 번 다시 무능함과 뻔뻔함으로 돈 버는 일을 용서하지 말아야 한다.

〈프로듀스 48〉의 기원은 〈슈퍼스타K〉다. 한국형 오디션 프로그램이다. 〈슈퍼스타K〉가 발전과 개량을 거듭한 결과 탄생한, 한일 여성 아티스트 선발 버전이 〈프로듀스 48〉이라 할 수 있다. 〈프로듀스 48〉의 프로토타입인 〈프로듀스 101〉은 시즌 두 편 모두 대성공을 거뒀다. 그런데 성공과 더불어 욕을 먹기 시작했다. 한국과 일본에서 동시에. 대중의 실시간 투표로 데뷔 팀 멤버 선발. 이건 딱히 욕먹을 일이 아니었다. 문제는 레퍼런스였다.

문화가 고도화되기 시작할 때, 문화기획자가 제일 피해야 하는 일이 바로 '표절'이다. 부족한 '성인지 감수성'이 젠더 문제를 일으키듯, 콘텐츠 제작에서 부족한 '표절인지 감수성'은 분명히 더 큰 문제를 만든다. 표절은 반드시 피해야 하는 '악'의 영역인 동시, 뜻 없는 기획자가 빠지기 쉬운 유혹이다. 표절은 양심의 문제이자 기술의 문제라는 양면성이 있다. 게으르고 무능한 사람이 뻔뻔한 데다 과시욕까지 있다면 표절에 빠지기 쉽다. 적당히 베끼고 적당히 바꿔놓은 주제에 개미 눈물보다 적은 자신의 창작성을 과시한다.

〈프로듀스〉 시리즈의 레퍼런스는 무엇일까? 특히 무대 설계와 비주얼 레퍼런스는 어디서 많이 보던 콘셉트였다. 기술적으로 법적으로, 표절 판정은 어려워도 '표절인지 감수성' 측면에서는 분명한 표절이라 해도 무리가 없다. 〈프로듀스〉 시리즈는 일본 AKB48의 총선 시스템을 상당 부분 차용했다.

아이돌 전국총선

AKB48은 일본의 아이돌을 대표하는 시스템이자 집단이자 문화 기업이었다. 이름에 48이 들어가니, 멤버가 48명으로 종종 오해받는다. AKB48은 일본 전국에 브랜치를 둔 거대한 문화 기업 또는 집단으로 보는 게 정확하다. 도쿄를 중심으로 활동하는 팀은 AKB48, 오사카에는 NMB48, 나고야에는 SKE48, 후쿠오카에는 HKT48 등의 팀이 있다. 각 팀은 또 팀A, 팀K, 연구생 팀 등으로 몇 개의 리그로 구성된다. 전국의 모든 팀을 두루뭉술하게 말할 때, AKB48(또는 도쿄팀을 부를 때도)이라 부른다.

우리 연습생에 해당하는 연구생과 2군을 거쳐 1군에 해당하는 선발 멤버까지 승강제 육성시스템을 가지고 있다. 일본 각 지역의 크고 작은 동네 극장에서 실력을 갈고닦아 정식 멤버가 되고, 그중에서도 1군 리그에 해당하는 지역별 주요 팀으로 승격되는 시스템. 그런가 하면 팀 탈퇴 또는 방출을 '졸업'이란 아름다운 말로 교묘히 포장하기도 한다.

AKB48 그룹의 가장 큰 특징은 '선발'이다. 지역 공연장 무대에 오르는 것도, 지역별 그룹의 앨범 제작에 참여하는 것도, 전국 단위의 뮤직비디오, 프로모션 비디오, 앨범 제작 참여도 모두 선발전으로 꾸려진다. AKB48 그룹은 전국총선거 외에도 싱글 제작 선발 멤버 총선, NHK의 홍백가합전 출연 선발 선거 등 틈나는 대로 멤버는 물론 팬들의 등골을 휘게 만드는 것으로 유명했다.

전국 선발 중 최대의 규모를 자랑하는 게 총선이다. 총선은 선발총선거(選抜総選挙)의 준말이다. 전국에 있는 AKB48 계열 멤버 중에 총선이라는 시스템을 거쳐, 최고 인기 멤버를 선발한다. 거기에 뽑혀야 분기별로 있는 전국구 이벤트(싱글, MV 등)에 선발 멤버로 참여할 수 있다. AKB48 시스템의 꽃은 결국 '선발 총선'이었다. 일본의 선거는 간선제다. 일본인은 최고 권력자인 총리는 직접 뽑지 못해도, AKB48 선발 멤버는 직접 뽑을 수 있다. 내 손으로 내가 좋아하는 멤버를 전국 선발전 멤버로 직접 뽑을 수 있다. 아이돌 오타쿠에게는 지자체장 직선보다 더 흥미진진한 이벤트였다.

2017년 49번째 싱글 선발 멤버를 가리는 총선거가 열렸다. 공식 사이트에서는 최상위권에 있는 멤버를 중심으로 대단한 결전의 느낌을 연출했다. 〈프로듀스48〉에도 참여했던 멤버도 세 명이나 있었다. 미야와키 사쿠라, 시로마 미루, 마츠이 쥬리나.

미야와키 사쿠라는 후쿠오카를 중심으로 활동하는 HKT48의 간판 멤버고 시로마 미루는 오사카의 NMB48의 핵심 멤버고 마츠이 쥬리나는 나고야의 SKE48의 최강자였다. 이 중 미야와키 사쿠라는 〈프로듀스48〉을 통해 아이즈원으로 데뷔했다. 세 명 모두 전국총선거에서 10위권에 몇 번이나 랭크된 최강자들이었다.

2017년 총선은 AKB48 전성기의 인기에는 살짝 미치지 못했지만, 여전히 일본판 육성형 아이돌 시스템의 파괴력을 자랑했다. 당시 총선에는 사시하라 리노와 와타나베 마유라는 역대 AKB48 내 최상위 인기 멤버도 있었다. 하나같이 10대 후반에서 20대 초반인 여성들로 이루어진 포스터의 메인 카피는 살벌했다.

"먼저 싸우자! 대화는 그 다음이야(まずは戦おう! 話はそれからだ)!"

실제 소녀들이 치고받고 싸운다는 이야기는 아니다. 이들을 지지하는 팬들에게 싸움을 대신 부추긴 것이다.

돈이 되니까

총선 입후보는 AKB48 멤버라면 누구나 할 수 있다. 우리 식의 연습생 신분인 연구생도, 2군 멤버도 가능하다. 다만 컷오프에 해당하는 온라인 예비 투표를 거쳐야 한다. 일정 기간 온라인 중심으로 예비 투표를 한다. 여기서 전국총선에 진출할 상위 백여 명을 뽑는다. 그다음 실제 투표처럼 투표용지를 판매하고 오프라인 투표를 진행한다.

AKB48 그룹의 놀라운 상술이 노골적으로 펼쳐진다. 총선에 표를 던지려면 투표용지가 있어야 한다. 전국 총선 투표용지는 AKB48 전국 선발총선거를 앞두고 발매되는 CD에 포함돼 있다. 응원하는 멤버를 전국 선발에 진출시키기 위해, 개인이 한꺼번에 수십 수백 장의 CD 사재기를 하는 경우도 흔하게 벌어졌다. 팬끼리 연합해 선거대책본부를 만드는 모습도 일상적이었다. 이렇게 꾸려진 선대본은 내 아이돌을 위해, 이미 경쟁에서 떨어진 후보의 선대본이 구입했던 투표용지까지 사들였다. 정치적 거래도 있다. 현실 정치의 선거전과 크게 다르지 않았다.

"이번에 우리 후보를 지지해 주면 다음 해에 해당 후보를 지지해 주겠다."

기가 막힌다. 실제 선거와 똑같다.

AKB48의 전국 총선은 주요 민방으로 전국에 동시 생방송됐다. 심지어 선거 당일, 열몇 시간 동안 릴레이 방송을 하기도 했다. 가장 인기가 높았을 때는 시청률이 20%에 가까울 만큼 열기가 뜨거웠다.

AKB48 전국 총선은 돈이 되는 구조였다. 전국 상위에 뽑힌 AKB48 멤버들도 이익을 공유했을까? 인지도는 올라갔지만, 상품 판매와 광고 수익의 공유는 없었다. 돈은 회사가 벌고, 멤버는 유명해질 기회를 얻을 뿐이었다. 소녀들을 전면에 내세운 도를 넘은 상술이었다.

일본 전국의 아이돌 팬들은 AKB48 전국 총선 초기 몇 년간은 미친 듯이 열광했다. 내가 응원하는 아이돌이 전국 순위에 올라간다는 건 생각보다 짜릿한 경험일 수 있으니까. 응원팀이 우승하는 것이나 지지하는 정치인이 당선되는 것과 같은 느낌이었다.

팬들은 선거운동에서 중요한 역할을 했고, 특별발매 CD 대량 구입 또는 타 아이돌 팬과 협상을 통해 구입 등의 노력을 했다. 응원하는 아이돌 소녀가 목표치에 근접한, 때로 생각지도 못한 상위권에 랭크된다면 정말 기쁜 일이었다.

문제는 매해 반복된다는 것이었다. 개미지옥의 무간지옥화. AKB48 총선은 직접 레이스를 뛰는 멤버에게도, 팬에게도 정말 피곤한 일이었다. 이런 경험은 즐거운 추억이 될 수는 있어도, 반드시 언젠가 깨달음이 찾아온다. AKB 전국 총선 인기는 해를 거듭할수록 하락했다.

스캔들

2019년 AKB48 전국 총선은 일시 중지를 선언했다. 2020년은 코로나19로 도무지 개최할 상황이 아니었다. 2021년 개최도 사실상 중지. 이후로도 개최 전망은 어둡다. 몇 가지 이유가 있다. 일본 팬과 언론은

'스캔들'과 '역대 1위의 불성실'을 꼽았다.

2018년 총선 1위는 〈프로듀스48〉에 참가했다가 중도 사퇴한 마츠이 쥬리나였다. 나고야를 거점으로 활동하는 SKE48의 대표 멤버로 전국적 인지도가 높은 멤버다. 그는 한국의 〈프로듀스48〉에서 그리 좋은 평가를 받지는 못했다. 참가 당시는 자신만만했지만, 〈프로듀스48〉에서 최종 데뷔가 불투명한 상태였다. 일본에서 얻은 높은 인지도만으로 하드 트레이닝을 받은 한국 연습생의 퍼포먼스를 누르기 어려웠다. 그는 프로그램 중도 사퇴를 선언하고, 대신 상위권 입상이 확실한 AKB48 총선에 나갔다. 결과는 1위. 그는 눈물을 흘리며 수상 소감을 밝혔다.

"이제 (AKB48의 주 무대인 도쿄 대신) 나고야의 시대가 왔다"

감격에 겨운 수상 소감 후, 건강상의 이유를 핑계로 모든 공식 활동 불참을 선언했다. 마치 대통령 당선자가 당선 직후에 대통령직 인수위원회, 지지자 모임 등 모든 공식 활동에 불참하는 것과 비슷한 느낌이었다. 이것도 스캔들이지만, 진짜 추악한 스캔들은 따로 있었다. 니가타를 거점을 활동하는 NGT48의 인기 멤버 야마구치 마호 스캔들이었다.

2018년 12월, 야마구치 마호는 AKB48 멤버의 인터넷 생방송 쇼룸에 등장했다. 자신의 집에 남성 팬들이 들이닥쳐 폭력을 당했다고 눈물을 흘리며 호소했다. 팬들은 경악했다. 소속사의 대처가 소홀한 것 아니냐 등 비난이 쏟아졌다. 진실은 추악했다. 야마구치 마호의 인기를 시기한 NGT48 멤버가 야마구치 마호의 집 주소를 팬에게 알려주며 폭행을 사주했던 것.

소속사의 처리 과정은 더 추악했다. 소속사는 피해자인 야마구치를 보호하는 대신, 멤버 합의 형식으로 야마구치의 방출을 결정했다. 야마구치를 옹호하던 다른 멤버 두 명도 방출됐다. 사건이 일어났는데, 가해자에게 책임을 묻지 않고 대신 피해자가 문제여서 사건이 일어났다는 일본 특유의 이지메다. NHK 등 공영방송과 〈주간문춘(週刊文春, 슈칸분슌)〉 등 황색언론까지 달려들어 이 추악한 진실이 밝혀졌다. 가해자로 밝혀진 멤버들도 차례차례 퇴출당했다. NGT48은 이 위기를 일시 팀 해체라는 꼼수로 맞섰다. 지금은 어느새 슬그머니 복귀했다.

AKB48 총선은 금권민주주의 시스템 폐해를 그대로 보여준다. 순위를 팬심과 돈으로 조작할 수 있는 시스템, 그 시스템이 부추긴 멤버와 팬클럽 간의 무한경쟁. 놀라운 사실은 AKB 그룹의 최대 수익이 총선이 아니었단 것. AKB48 총선 폐지 전까지, 일본 아이돌 산업의 진짜 수익 구조는 무엇이었을까?

본점을 인수한 지점

악수회? 공개 성추행?

아이돌 수익 구조 다변화의 천재적 모델이었던 AKB48 그룹의 주 수입 구조는 무엇이었을까? 크고 작은 각종 공연? CD 등 음원 판매? 핵심 멤버 중심의 광고 수익? 굿즈 판매? 총선 투표용지를 담은 특별발매 CD? 모두 아니다. 악수회다. 응? 악수회? 팬사인회도 아닌 악수회? 그렇다. 사인회가 아니라 악수회다. 말 그대로 악수를 하는 모임이다. 내가 응원하는 아이돌과 악수를 할 기회를 주는 매우 특별한 팬미팅이다.

AKB48 그룹은 총선 외에도 특별발매 CD를 자주 발매한다. 이른바, 악수회권 티켓이 들어간 특별발매 CD다. 악수회권 1매당 대략 10초 정도 시간의 가치가 있다. 20매를 사면 3분 이상 아이돌 친구와 얼굴을 맞댈 수 있다.

악수가 그냥 악수가 아닌 게 더 문제였다. 두 손을 맞잡고 얘기하는 형식이고 참여하는 팬 대부분은 중장년의 오타쿠였다. 중년의 오타쿠 팬을 깎아내리려는 건 아니다. 중장년이라고 아이돌 팬이 되면 안 된다는 이유는 없으니까. 기회가 된다면 순수한 팬심으로 응원하는 팀의 공연을 즐기고 싶다. 하지만 좀처럼 공연장에 직접 가지는 않는다. 응원하는 팀이 팬사인회 같은 이벤트를 한다고 만사 제쳐두고 달려가지는 않는다. 어엿한 아재 덕후라면 좋아하는 아티스트를 랜선으로 응원할 줄 아는 자제력도 필요하다 생각한다.

일본의 팬덤은 우리와 아주 다르다. 특히 아이돌 팬덤은 정말 다르다. 우리의 아이돌 팬덤 문화는 이미 성숙할 정도로 성숙했다. 응원하는 팀이나 멤버가 사회적 물의를 일으킨다면, 팀을 응원하는 마음과 별도로, 그건 그것대로 비난할 줄 안다. 아티스트가 어떤 일을 하더라도, 비판 없이 맹목적 지지를 보내는 일은 좀처럼 벌어지지 않는다. 일본의 아이돌 팬덤 문화도 그럴까?

맹목적 팬덤

일본의 팬덤, 정확히 중장년 남성의 아이돌 팬덤은 맹목적 경향이 지나치다. 응원하는 아이돌에 대한 열망을, 날것 그대로 드러내는 경향이 강하다. 그중 하나가 단연 악수회다. 일본의 악수회는 우리가 생각하는 팬 사인회의 악수를 생각하면 곤란하다. 반갑다는 뜻으로 악수를 교환하고 사인을 받고 간혹 운이 좋으면 같이 사진을 찍을 수 있는 정도가 아니다. 두 손을 꼭 잡고 서로 눈을 쳐다보며 말을 하는 시간이다. 때때로 성추행에 가까운 말이나 행동을 서슴없이 한다. 성추행이 분명해 보이는 포즈를 미성년인 아이돌에게 요구하기도 한다. 이건 일본 내에서도 상당히 비판받는다.

게다가 악수회 티켓이 비싸다. 보통 CD 10매 이상을 구매해야 겨우 수십 초 남짓한 시간을 얻을 수 있다. 그러니 상당한 경제적 지출을 해버린 중장년 팬들은 자신이 원하는 과도한 요구를 서슴없이 하는 경향이 나타난다. 악수회에 참가한 팬이 흉기를 휘두르는 등 테러를 저지르기도 했다. 심리적 충격을 이기지 못한 미성년 아이돌이 팀을 탈퇴하는 일도 빈번하게 일어났다. 악수회에 참여하는 열성 팬의 숫자도 조금씩 줄고, 악수회 개최 자체도 점점 줄어들고 있다. 기획자들도 악수회의 한계를 체감하기 시작한 걸까? 아니다. 악수회가 더는 돈을 벌어다 주지 못한다는 걸 깨달았을 뿐이다.

팬을 동반한 모든 콘텐츠의 확장은 새로운 팬의 유입을 전제로 한다. 제아무리 열렬한 코어 팬이 있어도, 새로운 팬을 만들어내지 못한다면 확장력은 물론 지속성이 떨어진다. 기존 열성팬이 새로운 팬의 유입을 막는 장벽으로 작동하기도 한다.

AKB48이 대표적 예다. 십수 년 전 시작한 AKB48 그룹의 코어 팬들은 AKB 탄생 시점에 이미 30~50대였다. 십수 년이 지난 지금, 이들 팬의 주축은 40~60대가 돼버렸다. 어느새 AKB48은 중장년 팬층에게만 어필하는 문화 콘텐츠로 남게 됐다. AKB48 그룹의 미래가 어둡다는 건 AKB48을 만든 사람들이 가장 잘 알고 있었다. 뭔가 돌파구가 필요했다.

하이브 VS 소니뮤직

음악 산업계 전체의 규모를 생각하면, 한국은 아직 일본의 상대가 되지 못한다. 국가 전체 GDP도 여전히 일본이 한국의 세 배가량 크다. 이것도 불과 이십여 년 만에 한국이 일본의 10분의 1에서 3분의 1까지 따라잡았다. 한국과 일본의 인구수로 보정해 보면 거의 차이 나지 않는 수준이다. 실제 구매력지수인 PPP로는 우리가 2017년 또는 2019년에 일본을 뛰어넘었다.

음악 산업의 전체 규모 면에서는 아직이다. 여전히 일본은 미국에 이어 전 세계 2위의 음악 콘텐츠 시장을 가지고 있다. 약점은 일본 음악 시장이 내수용에 멈춰 있다는 것. J-POP은 좀처럼 일본 열도를 벗어나기 어렵다. J-POP은 크게 두 가지 약점이 있다.

성장동력이 사라지고 있다는 점과 일본이라는 우물에 갇혀 있다는 점이다. 이 사실을 일본의 음악 콘텐츠 기획자들이 가장 잘 알고 있었다. 일본 음악 시장, 특히 아이돌 음악은 전체 규모는 한국보다 훨씬 크지만, 일본을 벗어나는 순간 거짓말처럼 경쟁력이 사라진다. 일본의 아이돌 콘텐츠는 불과 얼마 전까지 중국과 동남아시아 등 아시아 시장에서 경쟁자를 찾을 수 없었는데도 말이다.

2016년 전후를 계기로, 일본 기획자들은 진지하게 깨달았다. 앞으로 일본의 아이돌 음악은 K-POP 아티스트를 넘을 수 없다는 것을. 일본 최대 기획사의 자본 동원력도 한국의 대형기획사의 월드 와이드급 프로모션에 미치지 못한다는 것을. 2016년을 전후로 각성한 일본 문화기획자들. 그들은 물론 우리도 불과 5년 후 음악 산업계의 미래를 상상하지 못했다.

2021년 전 세계 음악 산업계에 놀라운 일이 일어났다. BTS를 만든 하이브(예전 빅히트 엔터테인먼트)의 미국법인 하이브 아메리카가 아리아나 그란데와 저스틴 비버의 소속사인 미국 이타카 홀딩스를 인수·합병했다. 월드클래스 팝스타인 아리아나 그란데와 저스틴 비버가 한국 콘텐츠 기업인 하이브의 주주가 됐다. BTS와 이들이 한 식구가 된 셈. 우리 언론에선 신기할 정도로 별 반응이 없었다. 이것도 신기하다.

20세기 말 일본도 이와 닮은 듯 다른 일을 했었다. 1987년 소니가, 버블 시절의 막대한 자금력을 앞세워 미국의 CBS 레코드 그룹을 무려 20억 달러에 인수했다. 소니뮤직의 탄생이다. 소니는 여세를 몰아 2년 뒤인 1989년, 콜럼비아와 트라이스타 영화사까지 인수했다. 당시 미국 언론은 "자금력을 앞세운 일본의 미국 문화 침탈"이라며 비분강개했다. 일본 언론은 "세계 문화의 심장에 일본 진출"이라며 감격했다. 20세기 말 일본 소니와 21세기 초 한국 하이브의 차이는 분명하다. 일본의 머니 파워와 한국의 문화 파워의 차이다.

과거 일본은 우월한 경제력을 자랑했지만, 미국 주류 콘텐츠 시장에 침투할 콘텐츠 개발은 실패했다. 콜럼비아와 트라이스타라는 할리우드 메이저 스튜디오의 지배주주는 일본 자본이 됐지만, 콜럼비아와 트라이스타의 영화를 기획하고 만든 힘은 오롯이 미국의 것이었다. 한국의 자본력은 일본에 비하면 여전히 떨어지지만, BTS로 대표되는 자체 콘텐츠로 세계 음악 시장의 심장을 직격했다. 이것이 콘텐츠의 힘이다. 일본의 뜻있는 문화기획자들도 이 사실을 깨달았다. 2016년

즈음은 소수였다. 확실한 것은 일본 아이돌 산업의 미래가 없다는 점. 그렇다고 일본이 K-시스템을 그대로 도입할 순 없는 노릇이었다. 무엇보다 자존심이 허락하지 않는다.

본점을 인수한 지점

〈프로듀스101〉은 AKB48의 총선 시스템을 가져왔다. 대놓고 베꼈다고는 말하기 어려워도, 레퍼런스의 상당 부분을 차용한 건 숨길 수 없다. 무엇보다 〈프로듀스〉 시리즈의 무대가 AKB48 전국총선 무대와 비슷하다. 이걸 잘 아는 한국 팬들에게는 욕을 먹고, 일본에서는 비웃음을 샀다.

CJ는 〈프로듀스〉 시리즈를 시즌 1 하나로 끝낼 생각은 없었다. 〈프로듀스〉 시리즈가 인기를 얻으면 얻을수록 오리지널 레퍼런스 표절 논란은 가속화될 것이 틀림없었다. 어느 날, CJ의 누군가 생각하지 않았을까? '차라리 AKB48을 이 경쟁에 참여시켜 버리자.' 실제 그 일이 벌어졌다. 엠넷은 모방과 표절 논쟁에서 벗어났고, AKB48은 AKB48대로 한국이라는 새로운 시장을 개척함과 동시에 K-POP 아티스트의 글로벌 진출에 한발 묻어갈 수 있었다. 서로의 이해가 잘 맞았다.

AKB48 멤버들을 〈프로듀스48〉에 보낸다는 이야기를 들었을 때, '연구생 정도나 몇 명 보내겠지' 생각했다. 그런데 웬걸! 총선 전국 순위 20위권에 들어가는 멤버가 다수. 그것도 최상위권인 10위 안에 들어있는 멤버도 세 명이나 있었다. AKB48 그룹 차원에서 전략적으로 보낸 멤버도 있지만, 대부분 자발적으로 참여했다. 이게 더 놀랍다. AKB48 멤버도 스스로 미래가 밝지 않다는 것을 잘 알고 있었단 이야기였다. K-POP은 전 세계 팬이 골고루 즐기고 있다. J-POP, 특히 일본 아이돌은 사정이 다르다. 일본 내수를 벗어나지 못하고 있다. K-POP은 제작 과정에 참여하는 인원만으로 글로벌하다. AKB48 그룹으로서는, 소속 아이돌이 J-POP 아이돌 꼬리표를 달기보다 K-POP 그룹에 합류하는 게 세계 진출에 유리하다는 걸 깨달았다.

이것이 표절 또는 모방 논란이 있는 엠넷의 〈프로듀스〉 시리즈에 AKB48 멤버를 대거 보낸 이유다. 엠넷이 〈프로듀스101〉이라는 지점을 만들고 〈프로듀스48〉로 진화하더니, AKB48이라는 본점을 흡수해 버린 셈이다. 한마디로 지점이 본점을 인수한 모양. 〈프로듀스48〉로 탄생한 아이즈원은 한일 간 문화 역전 완성의 아이콘이 됐다.

덧붙이는 이야기

미야와키 사쿠라

아이즈원의 일본인 멤버 중 최고의 인기 멤버는 미야와키 사쿠라입니다. 아이즈원 계약이 만료된 2021년 일본으로 돌아갔고, 얼마 지나지 않아 원소속 팀인 HKT48을 졸업(탈퇴)합니다. 그리고 한국에 다시 돌아와 쏘스뮤직과 계약을 했죠. 쏘스뮤직은 파워 청순 콘셉트로 걸그룹의 새 장르를 개척했던 여자친구의 소속사입니다. 쏘스뮤직은 BTS의 소속사인 하이브와 합병했습니다. 그동안 미야와키 사쿠라는 월드클래스 아티스트를 향해 머나먼 길을 돌아왔습니다. 일본의 서브컬처를 상징하던 AKB48 전성기의 마지막 상징이었던 미야와키 사쿠라. 자신의 꿈을 K-POP 신에서 이룰 수 있을까요?

J-POP의 마지막 희망과 절망

J-POP의 몰락과 희망

단일 음악 시장 규모로 세계 최대인 미국에 이어, 2위 자리를 굳혔던 J-POP. 생각해 보면 새삼 놀랍다. 20세기는 물론 현재까지도 세계 팝 시장을 양분하고 있는 나라는 미국과 영국이다. 시장 규모 자체로 영국을 미국에 비할 바는 아니지만, 미국 주류 팝 시장 최상위 포식자는 영국 출신이 많다. 레전드급 밴드는 거의 영국 출신인 느낌이랄까.

20세기 일본은 음반 산업 규모로는 영국에 비해 압도적 우위였다. 영국, 프랑스, 독일, 이탈리아 등 유럽의 음악 소비 대국이자 생산 대국을 모두 합친 규모보다 컸다. 더 신기한 건, 그렇게 대단했던 J-POP이 정작 유럽 시장이나 미국 시장에 직접 영향은 미치지 못했다는 사실이다. 애니메이션 음악을 제외하면 정말 그렇다.

일본 음악은 아시아에 영향을 미쳤다. 우리는 물론 대만, 싱가포르

등의 20세기 아시아 신흥국은 물론, 필리핀, 태국, 말레이시아, 인도네시아 등등 아시아 전역이 일본 음악으로 넘쳐났다. 1980~1990년대 인싸 취급을 받으려면 당대 실시간으로 유행하는 일본 노래 몇 개는 불러줘야 했다. 청소년이나 기성세대나 크게 다르지 않았다. 당대 일본을 흉내 낸 고급 접객업소에서는 기성세대가 라이브 가라오케 밴드를 불러 일본 엔카 몇 곡은 불러야 풍류라 인정받았다. 청소년은 청소년대로 X(후일 X-Japan)나 튜브, 아무로 나미에의 노래 몇 곡은 쉽게 불렀다.

정작 우리가 일본 대중문화를 전면 개방한 건 국민의 정부, 1999년이었다. 일본 애니메이션이나 음악을 유통하는 것 자체가 불법이었던 시기였다. 한마디로 일본 대중문화를 유통하거나 소비하는 행위 자체가 불법이던 시절이었다. 그런데도 당대의 한국인은 일류(日流)에 열광했다. 그렇게 강성하던 J-POP, 영원히 이어질 것만 같았던 영광의 J-POP이었다. 2022년 현재, 지금의 한국 청년에게 '현재 가장 핫한 J-POP 아티스트'를 꼽으라면 몇 명이나 꼽을 수 있을까? 그들에게 아리아나 그란데나 켈리 클락슨 같은 J-POP 아티스트는 누가 있을까?

과거 J-POP에 열광하던 아시아 각국은 이제 K-POP을 듣고 열광한다. J-POP이 그토록 꿈꾸었던 빌보드 1위를 몇 번이고 올라선 건 K-POP의 몫이었다. 일본은 우리보다 먼저 융성했고 강대했는데, 왜 K-POP이 도달한 지점까지 먼저 가지 못했던 걸까? 당시 일본의 대중문화 특히 J-POP의 저변이 우리보다 약했을까? 그건 아니다. 한민족이 역시 음주 가무에 능해서? 이것도 지엽적 판단이다. 쉬운 답이 나올 수 없는 문제다. 복합적 요인이 여러 가지 얽혀 있는 난제다.

하지만 일종의 경향성은 찾을 수 있다. 현재 J-POP의 몰락과 희망을 상징하는 두 명의 아티스트(과연 두 명이라고 표현하는 게 옳을지 모르지만)가 있다. 현재 일본에서 가장 인기가 있는 동시에, 가장 대척점에 서 있는 두 명의 아티스트와 음악 이야기로, J-POP의 몰락과 희망을 동시에 볼 수 있다.

보컬로이드

보컬로이드는 2000년대 초중반 일본 음악계의 명가 야마하가 출시한 음성 합성 소프트웨어의 이름이다. 보컬로이드는 보컬과 안드로이드의 합성어다. 유튜버들이 흔히 쓰는 소프트웨어로도 유명하다. 더빙이 어렵고 비싸니까, 쉽고 저렴한 더빙 대체 소프트웨어 정도로만 알고 있다. 보컬로이드는 음악업계에서 꿈에 그리던 기술이다. 보컬로이드 이전에는 오토튠이 유행했다. 아무리 노래를 엉망으로 불러도, 자동으로 피치와 음정을 잡는 프로그램이다, 유튜브에서 '오토튠'을 검색해 보면, 형편없는 노래를 그럴듯하게 만들어주는 영상을 볼 수 있다.

보컬로이드는 여기서 한두 발 정도가 아닌, 잭과 콩나무에 등장하는 거인의 한두 발을 더 나간 셈이다. 보컬로이드가 작곡만 하면 절로 노래를 만들어주는 프로그램으로 오해할 수 있다. 반은 맞고 반은 틀린 이야기다. 보컬로이드가 제공하는 샘플 목소리로도 노래를 부르게 할 수 있지만, 악기 중에 가장 섬세하고 특색이 다른 악기가 인간의 목소리다. 모창을 잘하는 사람이 있다 해도 완벽한 복제는 어렵다.

보컬로이드에 실제 인간의 목소리를 제공해야 한다. 노래라면 더 좋다. 이것을 일정량 이상 학습시키면 머신러닝과 딥러닝을 통해, 정말 그 사람 목소리의 특색을 잘 살린 전혀 다른 가수의 목소리를 만들 수 있다. 보컬로이드는 음반 제작자, 특히 작곡자와 음반 프로듀서에게 유용했다. 자신이 만들고 싶은 곡에 딱 어울리는 가이드 보컬을 만드는 작업에도, 노래 실력은 형편없지만 작곡 능력은 출중한 창작자에게도 좋은 프로그램이었다. 셈에 능숙한 기획자는 보컬로이드로 새로운 아이돌을 만들 수도 있었다. 영원히 나이 들지 않고, 소속사와 계약 문제로 말썽 피울 일도, 사건 사고를 일으키지 않을 완벽한 아이돌.

덕후와 오타쿠 차이

일본 아이돌 산업의 핵심이 뭘까? 질문을 좁혀보자. 일본 아이돌 업계가 유지되는 힘이 뭘까? 쉼 없는 오타쿠의 양성이다. 아이돌에 인생을 걸고 응원해 줄 찐 오타쿠 양성. 덕후, 또는 코어 팬이 이에 해당하는데, 적어도 일본 아이돌 업계에선 '찐 오타쿠'라 불러야 정확하다. 우리가 흔히 쓰는 말, '덕후'의 어원이 '오타쿠'에서 시작했다는 건 잘 알려진 사실이다. 그런데 우리의 '덕후'와 '오타쿠'는 쓰임새가 다르게 변화했다. 우리식의 '덕후'는 일종의 민간 전문가라는 뜻이 내포돼 있다. 무엇에 천착하는 정도가 매우 깊은 사람을 뜻한다, 그렇다고 그 분야에 완전히 통달한 사람을 의미하는 것만은 아니다. 누구나 권위를 인정하는, 사회적 합의가 끝난 '전문가'와 '일반인'의 중간 형태, 일종의 라이프 팬덤을 포함한 단어가 우리의 '덕후'다.

일본의 오타쿠의 계층도를 생각해 보면 이해가 쉽다. 일본에서 무엇을 그냥 좋아하는 사람이 있다고 치자. 우리는 그 사람을 '덕후' '마니아' '팬' 정도의 혼재된 개념으로 생각하고 지칭할 것이다. 일본인은 무엇무엇의 '팬' 정도가 우리의 '덕후' 느낌이다. 그것보다 더 좋아하고 더 깊이 아는, 우리식으로는 민간 전문가 영역에 들어선 레벨은 '마니아'로 분류한다. 일종의 민간 전문가 영역인 마니아 단계를 넘어, 자신이 좋아하는 것이 삶 자체가 된 단계가 '오타쿠'다.

일본에서 '오타쿠'는 일종의 중독자 느낌의 어감이다. 혹시라도 일본인에게, 그 사람이 어떤 걸 좋아하는 걸 알았다 해서, "오오, OO오타쿠시네요!" 말하면 바로 절교를 당할 수도 있다. 대신 "아, OO의 팬이시네요" 이 정도가 딱 적당하다. 이것도 신기하다. 같은 의미에서 시작했는데, 일본에서 '오타쿠'는 갈수록 혐오의 대상이 된다. 한국에서 '덕후'는 갈수록 대중화되는 현상. 이유는 간단하다. 일본식 오타쿠는, 자신이 좋아하는 대상 외에 아무 관심이 없는 일종의 자발적 사회적 폐쇄자인 셈이다. 인간을 '정상범위'라는 라벨로 구분하는 건 싫지만, 오타쿠는 일상을 '정상범위' 안에서 수행한다고 보기 어렵다. 최소한 덕후는 그 정도는 아니다(아닌가?).

아이돌과 오타쿠

일본 아이돌 업계는 오타쿠를 자양분으로 성장했다. 일본의 아이돌과 우리의 아이돌은 같은 개념이 아니다. 한국의 아이돌은 K-POP 아티스트와 혼용해서 쓰인다. 데뷔부터 완성형의 아티스트다. 수년간의 혹독한 전문적 트레이닝에서 살아남아야 한국의 아이돌이 될 수 있다. 한국의 아이돌 시스템은 끊임없이 진화했다. 예를 들어보자. 몇 년 전만 해도 한국 아이돌팀의 멤버는 포지션이 비교적 명확했다. 가창력 담당인 메인 보컬, 퍼포먼스가 주특기인 메인 댄서, 랩을 담당하는 메인 래퍼, 누구에게나 거리감 없이 호감형인 입문 캐릭터, 화려한 외모가 돋보이는 소위 비주얼 캐릭터 등등. 최근에 이런 공식이 깨지고 있다. 2022년 데뷔한 JYP의 NMIXX가 가장 대표적이다. JYP는 NMIXX 멤버 전원이 메인 보컬이며 메인 댄서라고 말할 정도다. 변화가 언제나 옳은 것은 아니지만, 변화 없이 새로운 장르를 만들거나 감동을 주기도 쉽지 않다. K-POP은 아이돌 장르를 완성형 K-POP 아티스트와 동의어로 만들었다. 그 완성형조차 쉼 없이 변화시키고 있다.

일본의 아이돌은 완성형이 아니다. 오히려 '육성형'이나 '양육형'으로 보는 게 정확하다. 일본의 육성형 아이돌의 시초라 할 수 있는 팀은 많다. 1990년대 말의 모닝무스메가 대표적이다. 이 팀의 인기는 상상을 초월했다. 모닝무스메 가운데 춤도 노래도 모자라는 멤버도 많았다. 일본인은 그것에 더 열광했다. 미숙한 여성 청소년이 무대에서 열심히 노력하는 모습에 박수를 보냈다. 오해하지 말자. 이건 가치관과 세계관의 차이다.

일본 아이돌 업계를 완성하는 동시, 아이돌을 음악 장르 중 하나에서 완전히 독립된 서브컬처로 발전시킨 팀은 단연코 AKB48이다. AKB48 그룹의 슬로건은 '만나러 갈 수 있는 아이돌'이다. 실제 AKB48 팀은 거의 매일 아키하바라의 전용 소극장에서 하루 두 번 이상 공연을 했다. 처음에는 승승장구했다. 오타쿠 양성 최적화 시스템이었다. 팬으로 출발해 오타쿠가 되기 쉽다. 모든 공연에 거의 빠짐없이 출석하는 건 물론. 응원팀이 전국 투어를 가면 그것도 따라다녔다. 발매하는 CD는 무조건 구입했다. 그것도 악수권이 들어 있다면 수십 장, 수백 장씩 사는 것도 마다하지 않았다.

전국 총선이 다가오면 투표권이 걸려 있으니, 그것도 무지막지하게 사들였다. 내가 응원하는 멤버가 상위권에 랭크되도록 같은 오타쿠들과 선거대책본부를 만들어 홍보 활동도 했다. 다른 멤버를 응원하는 선대본과 협상을 통해, 단일화를 이루거나 공작도 서슴지 않았다. 전국에 지점을 가진 AKB48 카페를 성지순례라 부르며 찾아다니는 건 덤이었다. 이쯤이면 취미를 넘어서 삶 자체가 된 셈이다. 자신의 소득 대부분과 인생 전체를 아이돌 업에 쏟아부었다. AKB48 회사는 이들을 더 가혹하게 쥐어짜기 시작했다. 악수회권을 남발하고, 가격도 비싸게 책정했다. 전국 총선이 절정이었다. 투표권이 있는 CD 가격을 턱없이 올리고, 몇 장을 사야 투표권 하나를 허락하기도 했다.

일본의 아이돌 사업은 2000년대 초반에 시작해 2010년대 중반까지 절정기였다. 모든 사업이, 회사가, 국가가, 문명이 그렇듯 절정기에서 쇠락의 조짐이 보이기 시작했다. 먼저, 오타쿠의 노쇠화다. AKB48 초창기인 2000년대 초반 코어 팬층의 연령은 3~40대였다. 50대도 꽤 있었다. AKB48 멤버는 계속 바뀌지만 오타쿠는 바뀌지 않고 나이를 먹었다. 좋아하는 아티스트와 함께 팬이 같이 나이를 먹어가는 건 흐뭇한 일이다. AKB48도 그랬을까? 팬이 나이 들어가는 게 정말 좋기만

했을까? 문화 콘텐츠의 성장은 다른 나이와 지역으로 팬층의 확산이 필요하다. 코어 팬은 정말 중요한 존재지만, 코어 팬만으로는 사업의 확장과 지속을 기대할 수 없다. 코어 팬은, 때때로 아니 자주 신규 팬의 진입을 가로막는 장벽이 된다.

AKB48 탄생 십여 년 동안 AKB48은 트렌디의 상징이었다. '최신의' '영한 느낌의' '매우 트렌디함' 그 자체였다. 2010년대 중반이 되면, 묘하게 오타쿠로 둘러싸인 고립지의 느낌이 된다. AKB48의 성공과 정체를 목격했던 약삭빠른 기획자라면 다른 대안을 찾기 마련이다.

아이돌 사업 자체의 유효성은 여전할 것이다. 여전히 일본인은 아이돌에 열광하니까. 하지만 4060만 가득해진 레드오션을 탈출하자. 새로운 코어 팬을 영입할 수 있는 기획 상품이 필요하다. 기존 아이돌과 확실한 차별성이 필요하다. 우선 가창력과 퍼포먼스의 품질이 균일해야 한다. 이왕이면 늙지 않았으면 좋겠다. 사건 사고의 위험에서 자유로웠으면 좋겠다. 머리카락 길이와 색깔도 회사 마음대로 조정 가능했으면 좋겠다. 인간 아이돌로서는 불가능한 영역이었다. 가상의 인물이 필요했다. 그래서 등장한 캐릭터가 바로 하츠네 미쿠다.

하츠네 미쿠

하츠네 미쿠(初音ミク)는 실제 인물이 아니다. 가상의 캐릭터이자 가상의 아이돌이다. 일본인이 가장 좋아하는 애니메이션 캐릭터 수십 종을 참고해 캐릭터를 만들었다. 목소리는 보컬로이드 프로그램을 사용해, 실제 성우의 목소리를 학습시켜 만들었다. 가상 캐릭터이지만, 키와

몸무게가 존재한다(고 주장한다). 기존의 일본 아이돌처럼 오타쿠가 몰입하기 좋은 요소다. 하츠네 미쿠의 데뷔는 무려 2007년이다. 2022년 기준으로 16년째 왕성하게 현역 활동 중인 가상 캐릭터 아티스트다.

하츠네 미쿠는 니코니코동화(ニコニコ動画, 니코니코도가)를 통해 폭발적으로 성장했다. 니코니코동화는 아프리카TV와 판도라TV를 합친 정도의 위상을 지닌 일본의 동영상 사이트이다. 영어 '페어리 테일(Fairy Tale)'의 동화(童話)를 생각할 수도 있는데, 동영상이라는 뜻의 동화(動画)다. 니코니코동화는 2015년 정도까지 일본 유튜브와 버금가는 혹은 그 이상의 수준이었다. 당시까지만 해도 넷플릭스보다 이용자 수가 월등한 플랫폼이었다. 지금은 하드코어 레벨의 오타쿠 위주로 활동이 왕성하다. 주요 콘텐츠는 역시 애니메이션.

하츠네 미쿠가 애니메이션이나 만화에 등장하는 캐릭터도 아닌데, 니코니코동화에서 16년을 롱런한 것도 신기하다. 하츠네 미쿠는 데뷔 이후, 일본만이 아니라 전 세계 애니메이션 팬층에게 적극적으로 어필하고 있다. 2014년 〈타임〉은 세계에서 가장 영향력 있는 가상 캐릭터 8위로 하츠네 미쿠를 꼽았다. 당시 순위를 보면, 15위가 헬로키티, 13위가 에이미 던(데이빗 핀처의 영화 〈나를 찾아줘〉의 주인공), 12위가 똥 아저씨(인도의 야외 화장실 문제를 해결하기 위해 유니세프가 만든 캐릭터), 10위는 만화 속 토르, 7위 캣니스 에버딘(영화 〈헝거 게임〉의 주인공으로 제니퍼 로렌스가 연기한 캐릭터), 5위 조프리(〈왕좌의 게임〉 캐릭터)다. 모두가 하나같이 전 세계적 신드롬을 일으킨 캐릭터다. 1위는 말할 것도 없다. 바로 〈겨울왕국〉의 엘사.

하츠네 미쿠는 데뷔부터 16년 동안 크고 작은 부침을 겪었지만, 여전히 건재하다. 하츠네 미쿠의 성공은 한때, 아시아를 비롯해 전 세계 엔터테인먼트 기획자들에게 큰 영감을 줬다. 아티스트의 타고난 재능과 갈고닦은 노력 덕분에 탄생한 콘텐츠가 아니라, 최초 기획부터 마지막 유통까지 철저하게 자본의 논리로 설계된 작품이기 때문이다. 기획자들 특히 제작자들에게는 꿈과 같은 이야기였다. 역설적으로 하츠네 미쿠는 한때 아시아를 호령했던 J-POP이 왜 몰락하고 있는지를 잘 나타내는 상징이다. 하츠네 미쿠의 성공 과정에는 현대 대중음악에 반드시 필요한 것, 서사와 세계관의 공유를 통한 공감이 부족하다. 가상 캐릭터라 부족한 게 아니다. 하츠네 미쿠의 코어 팬들에게 그것이 필요하지 않기 때문이다.

하츠네 미쿠는 철저하게 기획된 산업형 아이돌 장르의 대표선수다. 또한 가장 인기 있는 아이돌이기도 하다. 현재 가장 인기 있는 J-POP 아티스트 중 하츠네 미쿠와 대척점에 있는 아티스트는 누구일까?

요네즈 겐시

음악의 힘은, 소외당하고 상처받은 사람들을 위로하고, 예술적 영감이나 사회적 깨달음을 준다. 이런 게 예술의 힘이다. 예술가도 상처받은 영혼들이 많다. 그걸 예술의 힘으로 극복하기 위해 만든 작품이 더 많은 사람에게 위로가 된다. 결핍과 상실은 예술혼 또는 일상을 예술의 영역으로 확장시키는 동력이 되기도 한다. 하츠네 미쿠가 J-POP 서브 장르의 개척과 부흥, 그리고 몰락을 동시에 상징한다면, 정확히

덧붙이는 이야기

하츠네 미쿠의 목소리

하츠네 미쿠의 목소리가 보컬로이드를 사용해 재창조됐어도 캐릭터의 성우는 있어요. 바로 후지타 사키, 본명 후지타 사키코(藤田咲子). 처음 들어본 이름인가요? 아주 유명한 성우는 아니지만, 우리에게도 유명한 애니메이션에 출연했습니다. 〈진격의 거인〉에서 시조의 거인인 유미르 역을 맡았습니다. 세계적 캐릭터인 하츠네 미쿠의 목소리 원작자이니, 엄청난 부를 누릴 것 같지만 사실은 아닙니다. 하츠네 미쿠 계약을 했을 때, 조건이 두 종류 있었는데, 인세에 해당하는 러닝 개런티와 현금 지급 중 그는 당당하게 현금 지급을 선택했습니다. 우리 돈 몇십만 원 정도를 받았다고 하네요.

그 반대 지점에 위치한 아티스트도 있을 것이다. 한때 강성했던 문화는 너무 급속히 몰락하는 것을 허락하지 않는 자정력이 작동하기도 하니까.

아직 J-POP에 남아 있는 회복력 또는 잠재적 가능성을 상징하는 아티트스가 있다. 요네즈 겐시(米津玄師)다. 그는 꽤 오랫동안 '얼굴 없는 가수'로 유명했다. 곡은 메가 히트를 했는데, 곡을 만들고 부른 아티스트는 정작 대중에게 널리 알려지지 않았던 경우다. '레몬' '쏘아올린 불꽃(打上花火)' '잿빛과 푸름(灰色と青)'이 그의 대표곡이다.

'레몬'이라는 곡이 가장 널리 알려져 있다. 절망적이면서도 묘하게 희망적인 청년의 목소리가 시작되자마자, 코드를 심플하게 짚는 피아노 반주가 같이 시작한다. 단순하고 정갈하면서도 깊이가 있는 J-POP

의 진화형이다. 그동안 지겹게 들어왔던, 트렌디한 J-드라마나 애니메이션의 오프닝 테마와는 거리가 먼 곡이다. 이 곡은 이시하라 사토미 주연의 드라마 〈언내추럴〉에 삽입되면서, 일본의 국민 가요로 자리매김했다. '레몬'의 유튜브 조회수는 무려 7억 뷰다. 일본 내 요네즈 겐시의 코어 팬으로만 절대 도달할 수 없는 조회수다. 글로벌 배급망을 지닌 소속사의 전폭적 마케팅 따위는 전혀 없었다. 순수하게 음악의 힘으로만 도달한 결과다.

또 다른 메가 히트작 '쏘아올린 불꽃'도 멋지다. J-POP에 익숙했던 팬이라면, 그동안 친숙했던 주류 일본 음악과 다른 결을 곡 전체에서 찾을 수 있다. 날것 같지만 꽤 정교한 음률과 코드 진행, 아티스트의 쓰라린 개인적 경험이 녹아든 것 같은 가사까지. 요네즈 겐시에 일본인이 그리고 동시대 세계인이 열광하는 이유는 무엇일까? 역설적으로 J-POP을 대표하면서도 기존의 J-POP가 가장 대척점에 서 있기 때문이다. 하츠네 미쿠로 대표되는 자본주의 기획형 콘텐츠에 신물이 나서 그럴지도 모른다.

요네즈 겐시는 1991년생, 딱 MZ세대다. 고향은 도쿠시마(德島). 이렇게 처절할 정도로 아름다운 음악을 만드는 아티스트의 고향답게, 아름답기로 이름난 고장이다. 요네즈 겐시의 배경 학력은 음악과 전혀 관계가 없다. 상업고를 졸업하고 미술계열 전문대에 진학했지만, 중도에 자퇴했다. 요네즈 겐시는 머리부터 발끝까지 세포 하나하나가 예술을 위해 태어난 사람 같다. 송 라이터의 능력도 출중한데, 자신이 직접 그림을 그려 뮤직비디오와 공연의 프로덕션 아트를 만든다. 랩

펴에 댄서까지 척척 해낸다. 요네즈 겐시는 예술가가 되지 않았다면 어쩌면 은둔형 외톨이로 혼자만의 세계에서 살아갔을지도 모른다.

갓 스물을 넘기기도 전인, 2009년에 데뷔곡을, 아니 스스로 데뷔를 목적으로 만든 것은 아닌 것 같은 발표곡을 니코니코동화 사이트에 업로드했다. 이때 사용한 프로그램이 보컬로이드다. 그래서 한동안 많은 사람이 요네즈 겐시를 싱어송라이터가 아니라 보컬로이드 프로듀서로 착각했다. 당시, 이름도 하치라는 가명을 썼다. 니코니코동화에, 거칠게 보이지만 예술성이 풍부한 자작 애니메이션으로 만든 PV(우리식의 MV)가 단숨에 사람들의 마음을 사로잡으며, 인기를 얻었다.

2012년 정규 1집 〈Diorama〉를 발표하고, 싱글 1집 〈산타마리아(サンタマリア)〉로 메이저 데뷔를 했다. 마침내 2018년 일본 국민가요 반열에 오른 '레몬'으로 엄청난 인기를 얻었다. 이때까지도 요네즈 겐시의 얼굴을 아는 일본인은 거의 없을 정도로, 잘 알려지지 않은 인물이었다.

J-POP 마지막 희망

그는 협업을 두려워하고, 대중 앞에 노출되는 것을 싫어했다. 중고교 시절 시험 기간을 제일 좋아했다는데, 이유는 단지 "학교에서 일찍 돌아올 수 있어서"라고 말했다. 무대에 오르는 것이 직업인 사람이 대중을 무서워한다? 이미 십수 차례 넘는 대형 공연을 주관하고 무대에 올랐는데도? 실제 요네즈 겐시는 2012년 오리콘 싱글 차트 6위를 기록한 메이저 데뷔 이후로도 몇 년 동안 공연을 하지 않았다. 다른 이유는 없다. 대중 앞에 나서는 것을 정말로 두려워했기 때문. 2016년 대중적 성공이 완전히 궤도에 안착한 이후, 요네즈 겐시를 TV에 초청해 달라는 요구가 터져 나왔다.

요네즈 겐시가 TV 등의 대중 매체를 싫어한 것도 사실이다. 그리고 요네즈 겐시가 TV에 나오는 걸 싫어하는 J-POP 메이저 회사가 있었다. 일본의 최고 음악프로그램으로 손꼽히는 〈뮤직스테이션〉을 주름잡고 있는 메이저 회사, 쟈니즈는 자사 소속 아티스트의 출연을 이유로 요네즈 동시 출연을 어떻게든 막았다는 것이 업계의 정설이다. 참고로 하츠네 미쿠는 요네즈 겐시보다 한참 전에 〈뮤직스테이션〉에 출연했다.

'레몬'의 히트로 요네즈 겐시라는 인물 자체에 관심이 폭발적으로 집중되던 2018년 겨울, 그는 드디어 〈홍백가합전〉에 출연했다. NHK 스튜디오가 아닌, 도쿠시마에서 이원 생방송으로 참여했다. 이때 〈홍백가합전〉 MC의 코멘트가 인상적이었다.

"요네즈상이 말을 하고 있어! 처음으로 보는 거죠!"

20세기 후반, 일본의 문화와 경제가 전 세계에 꿈틀대던 시기에 일본 음악은 일본의 다른 문화상품보다 전 세계 널리 퍼지지 못했다. 하지만 적어도 한국을 비롯한 아시아 문화권에서 영미 메인스트림 팝 음악에 버금갈 정도로 영향력은 막강했다. 당대 일본 음악의 힘은 강고한 시스템에 있었다. 좋은 아티스트를 발굴하고 과감하게 투자하고, 성향에 어울리는 음반 프로듀서와 연계하고 세심한 마케팅으로 시장에 출시하기까지 모든 과정에 작동하는 정교한 시스템이었다.

일본의 음반 시장 규모와 음악 시스템을 가장 부러워하던 아시아의 나라는 단연코 한국이었다. 한국도 1990년대 후반부터 일본의 시스템을 차용해 독자적 매니지먼트를 시작했다. 경쟁이 일상이 된 나라답게 일본은 꿈도 꾸지 못할 정도로 혹독하면서도 과감한 방식으로 아티스트를 양성했다. 현재 그 정점에 선 월드클래스 K-POP 아티스트가 있다. 한국 음악의 역동성은 정말 그게 다였을까? 아시아는 물론 영미의 음반 시스템을 잘 아는 제작자와 음반사가 원석이 좋은 아티스트를 유청소년 시기부터 발굴하고 아낌없는 투자와 마케팅을 통한 글로벌 데뷔? 이게 다였을까?

그렇지 않다. 한국 대중음악의 힘은 다양성이다. 홍대를 기점으로 하는 인디 신 또는 라이브 신의 발전과 중장년을 새로운 음악 팬덤으로 안내한 트로트의 발전 등 K-POP의 스펙트럼은 생각보다 넓고 다양하다. 음악의 힘은, 메이저가 발굴해 주지 않아도 스스로 예술성을 대중에게 증명하는 아티스트가 지속해서 나타나는가에 있다. 한국은 여기에 성공했고 성공을 지속하고 있는 듯 보인다.

과거 J-POP 전성기도 마찬가지였다. 다만 차이가 있다. J-POP 메이저는 그들이 그동안 일궈온 성공의 틀에 아티스트를 끼워 맞췄다. 규격에 벗어난 아티스트, 요네즈 겐시 같은 섬세한 천재라도 눈여겨보지 않았다. 한일간의 문화 역전, 특히 대중음악에서의 문화 역전은 너무나 분명하다. 동시에 우리가 여전히 이웃 나라 대중음악의 부침을 눈여겨봐야 하는 이유도 분명하다.

두 개의 아카데미상

로컬 영화제 주제에

2010년대 이후 한국 문화 콘텐츠에 기적 같은 일이 연이어 벌어졌다. 싸이의 '강남스타일'이 한국 콘텐츠 최초로 유튜브 1억 뷰를 기록했다. 이제는 K-POP 아티스트의 1억 뷰는 뉴스조차 되지 않는다. 뉴스 가치가 있으려면 얼마나 빠른 시간 내에 1억 뷰 기록을 경신했느냐 정도. BTS는 빌보드 앨범 차트 1위를 두 번씩이나 차지했다. 퀸이 섰던 바로 그 무대, 웸블리 스타디움에서 공연까지 성공리에 끝냈다.

영화로 눈길을 돌려보자. 칸과 베를린, 베네치아 영화제에서 한국 영화인의 수상 소식은 곧잘 들었다. 하지만 아카데미는 머나먼 영역이었다. 이것도 2020년 〈기생충〉이 작품상과 감독상을 동시에 거머쥐며 한국인이 도달한 영역에 들어왔다. 오스카 수상보다 더 멋진 일도 있었다. 봉준호 감독이 미국 언론과 인터뷰에서 했던 말.

"오스카는 LA 지역을 대표하는 로컬 영화제."

이 말처럼 현재 한국 콘텐츠의 힘을 나타내는 말은 적어도 몇 년간은 나오지 않을 것 같았다. 이보다 쿨하고 멋진 한국 영화인은 더 없을 것 같았다. 발언의 속뜻은 이렇다. '아카데미 시상식은 그동안 비영어권 영화의 평가가 너무 박했다. 그런 걸 보면, 아카데미는 확실히 국제영화제의 자격이 없다. 그저 할리우드의 로컬 영화제일 뿐.' 봉준호는 오스카의 보수성과 폐쇄성을 통렬히 비판하면서도 가장 우아하고 섬세한 방식으로 꼬집었다. 유럽의 칸과 베니스 영화제와 달리, 오스카의 비영어권 영화와 영화인의 예술적 성취를 애써 보지 않는 보수성과 폐쇄성을 꼬집었다. 뭐라 반박하기 어려운 고도의 정치적 발언이기도 했다.

봉준호의 'LA 로컬영화제'는 할리우드의 비주류 출신 유명인에게도 큰 울림을 줬다. 〈그레이 아나토미〉의 히로인 산드라 오가 그중 한 명. 그는 〈기생충〉의 오스카 수상 직후, 봉준호 감독의 영혼까지 통역했던 샤론 최와 인터뷰를 했다. 먼저 〈기생충〉의 수상 축하 인사와 함께, 가장 인상 깊었던 봉준호 감독의 말에 대해 이렇게 평했다.

"한 번도 소수인종의 문제로 주눅 든 적 없던 남자의 당당함이 인상적이었다."

산드라 오의 이 말에 천둥 같은 깨달음을 얻었다. 그는 할리우드 탑티어급의 셀럽이다. 미 전역의 인지도는 물론 세계적 인지도가 있다. 그런 배우조차 할리우드라는 보수적 사회에서 소수인종으로 여성으로 보이지 않는, 때로는 너무도 명확히 눈에 보이는 차별을 받으며 예술가로 살아왔다는 것. 봉준호는 달랐을 것이다. 한국에서 영화를 만들며 한국인이라고 남성이라고 차별받거나 기회를 박탈당한 경험은 없었을 테니까.

두 개의 아카데미상

'한국에서 나의 정체성 때문에 누군가에게 차별받지 않을까….' 한국에서 중년 남성으로 살아가며, 하지 않아도 될 걱정이다. 산드라 오의 말을 듣기 전까지 단 한 번도 이런 생각을 해본 적 없다. 한국인 부모를 둔 한국 출생의 한국인이 한국에 살며 한국인으로부터 인종차별을 당할 리 없다. 남성이라는 이유로 불이익을 당하거나 기회를 박탈당할 일도 거의 없다.

우리 공동체에 정말 차별이 없을까? 인종과 성별의 정체성으로 인한 차별이 없을까? 정체성으로 인한 차별, 수능 성적, 직업과 직군, 거주 지역에 의한 차별, 이런 것이 분명히 존재한다. 너무 뚜렷이 존재한다. 이건 억울함을 넘어 화내고 분노하고 결연히 저항해야 하는 영역의 것이다. 사람의 가치가 출신 학교와 직장, 부동산으로 결정되는 사회에 화내고 분노하고 저항해야 한다. 누구는 여기에 '노력' '경쟁' '공정'의 잣대를 들이댈 수도 있겠지만 우리 사회에 정말 '노력'과 '공정한 경쟁'이 작동할까?

하물며 '노력'과 '공정한 경쟁'으로 바꿀 수 없는 정체성인 성별과 인종으로 차별받는 건 더 아프다. 누구는 이것을 풍자와 해학으로 포장한다. 풍자와 해학은 약자가 강자를 상대하는 방식이다. 강자가 약자에게 행하는 풍자와 해학은 '풍자'와 '해학'이 아닌 '조롱'과 '멸시'다. 그게 차별의 본질이며, 차별이 사악한 이유다. 봉준호의 "오스카 로컬 영화제" 발언은 투표권을 가진 아카데미상 회원들에게 깊은 울림과 깨달음을 줬을 것이다. 누군가에게는 부끄러움을, 누군가에게는 자신들의 자랑이자 부끄러움인 오스카를 변혁할 기회로 다가왔을지 모른다.

산드라 오는 그런 기회를 준, 봉준호와 〈기생충〉이라는 걸출한 콘텐츠를 만들어낼 수 있는 문화적 양분과 배경이 된 한국 사회에 감사와 부러움을 동시에 표현한 것 같다. 감사한 마음과 함께, 자신과 인종적 뿌리가 같은 세상에서 '차별과 소외 없이 예술작품을 만들 수 있음'에 부러움과 약간의 경외감을. 어쩌면 산드라 오는 이걸 기대했을지 모른다. 〈기생충〉 다음 차례는, 그러니까 한국 대중예술의 넥스트 레벨은 한국에서도 차별과 소외 경험이 있는 예술가의 오스카 수상이었으면 좋겠다는.

2020년 오스카의 기적 이후, 당분간 아니 꽤 오랫동안 오스카 무대에서 한국인을 볼 거란 기대는 하지 못했다. 바라는 게 욕심이었다. 오스카 회원의 보수성이 2년 연속 비영어권 영화에 상을 줄 리도 만무했다. 하지만 2021년, 봉준호보다 쿨한 인물이 등장했다. 윤여정.

두 배우

2021년 윤여정은 영화 〈미나리〉로 아카데미 여우조연상을 받았다. 윤여정의 수상 소식을 전하는 일본 언론의 논조는 2020년 〈기생충〉이 작품상, 감독상 등 메이저 부문을 휩쓸었을 때와 상대적으로 조용했다. 윤여정의 여우조연상 수상은 아시아 최초가 아니었다. 일본 출신 배우 우메키 미요시(梅木美代志)가 60여 년 전, 영화 〈사요나라〉로 아시아 최초의 여우조연상을 받았다. 아시아 최초 여우조연상의 영예는 일본 출신 배우의 몫이었다. 그는 1929년 홋카이도 오타루에서 태어나, 타고난 노래 실력으로 도쿄 미군 클럽의 스타가 됐다. 1955년에 본격적인 음악 공부를 위해 미국으로 갔다. 2차세계대전이 끝난 지 겨우 10여 년이었지만 미국 관객들은 과거의 적국, 일본의 전통 의상인 기모노를 아름답게 차려입고 노래하는 우메키 미요시에게 열광했다. 도미 1년 만에 우메키 미요시는 미국 메이저 레코드 레이블에서 영어 앨범을 낼 정도로 인지도를 얻었다.

여세를 몰아 1957년 그에게 평생의 자랑이자 족쇄가 된 영화 〈사요나라〉에 출연했다. 당대의 청춘스타 말론 브란도가 주연한 작품으로 우메키 미요시는 이 작품을 시작으로 미국의 금기를 몇 개나 깨뜨렸다. 우메키 미요시의 수상 전까지 여주조연상은 미국과 영국 배우의 몫이었다. 이 금기도 멋지게 깨뜨렸다. 우메키 미요시는 브로드웨이까지 진출했다. 당대 미국의 정서상, 뮤지컬의 주연은 힘들었지만, 오스카 여우조연상 수상에 빛나는 여배우에게 주연을 맡기지 않는 것도 우스운 일이었다. 우메키 미요시는 몇 편의 브로드웨이 뮤지컬에서 주연과 조연을 번갈아 호연을 펼쳤다. 정말 멋있었다.

윤여정의 수상 소식에, 일본 언론은 "이미 일본이 1950년대에 이룬 업적을 반세기가 지나, 이웃 한국이 승계했다"라며 애써 쿨한 척하기도 했다. 60여 년의 시간차를 두고 이웃 나라 배우가 수상한 오스카 여우조연상에는 어떤 차이가 있을까? 배우의 차이보다 작품과 배역의 차이가 분명하다. 〈사요나라〉의 우메키 미요시와 〈미나리〉의 윤여정, 두 영화의 차이는 분명하다.

일본을 배경으로 하지만 영어가 주 대사인 영화 속에서, 일본인 여성을 연기한 우메키 미요시와 미국을 배경으로 하지만 한국어가 주 대사인 영화 속에서 한국인 할머니를 연기한 윤여정. 공통점도 있다. 〈사요나라〉와 〈미나리〉 두 영화 모두 미국인 감독이 만든 영화라는 점이다. 그 점을 제외하면 두 영화의 차이점은 생각보다 크다.

〈사요나라〉는 한국전쟁 참전 영웅이 일본으로 발령받고, 일본인 여성과 사랑에 빠지는 내용이다. 영화의 배경으로 일본을 소비했지만, 주제는 미국인의 정체성이다. 감독도 선 굵은 미국 감성의 영화를 주로 만든 조슈아 로건이다. 조연을 맡은 우메키 미요시는 영어 실력이 출중했지만, 영화에서는 영어를 거의 못 하는 일본 여성 역을 맡았다. 오히려 미국인에게 영어를 배우는 모습이 연기의 상당 부분이었다.

덧붙이는 이야기

우메키 미요시

〈사요나라〉의 히로인 우메키 미요시는 후일 미국으로 귀화했습니다. 하와이에서 노년을 보내다, 2007년 미주리에서 아들 부부와 여생을 보냈고 암으로 생을 마쳤습니다.

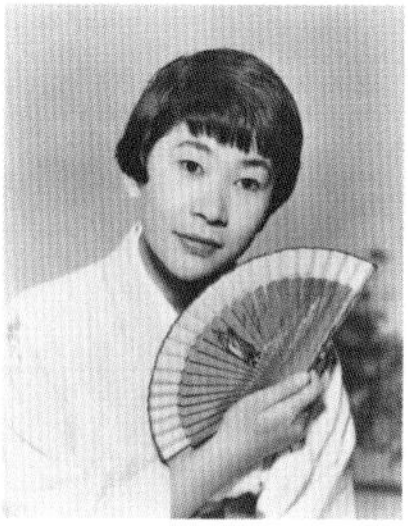

가창력도 연기력도 영어 실력도 뛰어난 배우였던 우메키 미요시는 어눌한 영어 연기로 받은 오스카 조연상을 두고두고 한스러워했다.

〈미나리〉는 한국계 미국인 감독, 리 아이작 정의 연출작이다. 배경은 미국의 벽지로 취급받는 아칸소. 좀처럼 동양인 이민자를 볼 수 없는 지역이다. 아칸소를 배경으로 한국인 이주민들의 일상을, 한국어 위주의 대사로 다룬 영화다. 오스카 수상 전에 열리는, 주요 시상식인 골든글로브는 미국인 감독 작품인 〈미나리〉가 '한국어 위주'의 영화라는 이유로 외국어영화상을 주는 해프닝을 보였다. 〈미나리〉의 윤여정 대사의 대부분은 우리말이다. 그렇다고 미국인 감독이 미국인 이민 사회에서 벌어지는 사건을 다룬 영화에서, 조연의 대사가 외국어라는 이유만으로 외국어 영화로 분류하다니….

〈미나리〉와 윤여정의 성취는 대단하다. 분명한 건, 바로 한 해 전 〈기생충〉과 봉준호의 성취가 이어지고 있다는 점이겠지. 반가운 일이다. 오스카는, 아시아인 최초의 연기상 수상 후 반세기가 지나고서야 외국어 연기에도 상을 줄 정도의 열린 마음을 보이게 만들었으니. 작은 꿈이 있다. 봉준호와 윤여정의 성취가 한국을 넘어 다른 아시아, 아프리카, 중남미의 젊거나 나이 든 예술가의 또 다른 꿈이 되는 꿈이다. 산드라 오의 꿈이 이뤄지는 꿈이다.

윤여정의 경쟁

2021년, 윤여정의 아카데미 여우조연상 수상은 놀랍고 기쁜 일이다. 그보다 더 놀랍고 멋진 건 윤여정의 수상 소감이었다.

"저는 경쟁을 믿지 않아요. 각자 다른 영화에서 다른 역할을 연기했으니 경쟁이 될 수 없죠."

오스카가 2년 연속, 할리우드 메인스트림에 속하지 않은 (할리우드 로컬 관점의) '비주류' 영화에 작품상, 감독상과 여우조연상을 안겼다. 윤여정의 〈미나리〉와 경쟁을 벌인 작품은 작품상, 감독상을 수상한 〈노매드랜드(Nomadland)〉였다. 〈노매드랜드〉는 직장 폐업으로 인한 실직과 가족 사별이란 인생 위기를 만나, 어쩔 수 없이 노매드의 삶을 살게 된 사람의 이야기를 그린 영화다. 클로이 자오 감독은 중국에서 태어나 영국과 미국의 교육을 받으며 성장한 중국인이다. 2015년 이후 필모그래피는 주로 미국 독립영화 위주였다. 영화의 소재와 주제도, 초창기의 이안 감독처럼 중국인의 정체성 대신 미국의 이야기였다. 미국으로 국적을 변경하지 않았을까 싶었지만, 국적은 중국이다.

오스카 수상 전까지 "드디어 중국 예술가가 세계적으로 기지개를 폈다"며 중국 미디어의 기대가 대단했다. 그런데 과거 그가 중국 정부를 에둘러 비난한 사실이 밝혀졌다. 글로벌스탠더드 관점으로 고개를 끄덕거릴 수밖에 없는, 예술가라면 당연히 할 수밖에 없는 정도의 말이었다. 클로이 자오 감독은 어떤 인터뷰에서 이렇게 말했다.

"중국은 거짓말이 널린 곳."

중국 공산당에게는 기가 찬 발언이었다. 중국 메인 스트림은 클로이 자오 감독 수상 소식을 묻어버리기로 했다. 중국은 여전히 구글 서비스와 페이스북이 불가능한 지역이다. 당연히 유튜브도 사용하지 못한다. 중국 중앙정부가 외부의 정보를 차단하겠다 결심하면 손쉽게 가능한, 전 세계에서 몇 안 되는 선택형 폐쇄 국가다.

오스카는 2년 연속, 자신들 기준에서 비주류 문화권 출신 감독과 작품에 작품상과 감독상이라는 최고의 선물을 줬다. 생각해 보면 〈기생충〉도 〈노매드랜드〉도 고도자본주의사회에서 계급 고착을 뚫지 못한 사람들의 처절한 생존기다. 〈미나리〉의 작품상, 감독상 경쟁자가 〈노매드랜드〉였다면, 여우조연상의 경쟁자는 〈힐빌리의 노래〉의 글렌 클로즈(Glenn Close)였다. 글렌 클로즈는 우리 영화 〈스캔들-조선남녀상열지사〉의 원작인 〈위험한 관계(Dangerous Liaisons)〉에서 존 말코비치와 불꽃 튀는 명연기를 주고받은 관록 있는 대배우다.

글렌 클로즈는 1982년부터 2021년까지 오스카 후보에 8번 지명됐다. 40여 년의 세월 동안 주연상 네 차례, 조연상 네 차례 지명만 됐다. 안타깝게도 단 한 개의 오스카 트로피도 받지 못했다.

아카데미 회원과 많은 미국인이 이번에야말로 글렌 클로즈의 수상을 예상했다. 미국 영화인은 일곱 번이나 오스카 수상에 실패한 대배우에게 마음의 빚이 있었으니까. 투표권을 가진 오스카 회원들이 윤여정 대신 클렌 클로즈를 선택할 이유는 충분했다.

결과는 〈미나리〉 윤여정의 승리였다. 윤여정의 수상 소감은 "저는 경쟁을 믿지 않아요"로 시작하며 글렌 클로즈 이야기로 이어졌다. 봉준호의 "로컬 영화제"보다 더 기억에 남을 수상 소감이었다.

"저는 경쟁을 믿지 않아요. 제가 어떻게 글렌 클로즈를 이길 수 있겠어요. 우리 모든 후보는 서로 각기 다른 영화의 위너입니다. 각자 다른 영화에서 다른 역할을 연기했으니 경쟁이 될 수 없죠."

솔직하고 겸손한 모습, 경쟁 상대에게 보내는 존경, 완벽한 수상 소감을 넘어선 단계를 보여준 윤여정은 한마디를 덧붙였다.

"오늘 밤엔 단지 제가 조금 더 운이 좋아 이 자리에 있는 거예요."

윤여정 만세. 윤여정의 경쟁 만세.

자랑스럽지도, 부끄럽지도 않은 삶

일본은 늘 자신과 서구를 비교하며 저울질했다. 공산품이건 문화 콘텐츠건 서구 선진국에서의 성공과 인정이 가장 큰 척도였다. 일본의 모든 부문에서 흔히 하는 이야기는 "세계를 목표로 OO하고 있습니다(世界を目指しOOしています)"다. 기업의 신제품 발표 현장도, 메이저리그에 도전하는 야구 선수도, 윔블던을 준비하는 테니스 선수도, 김연아 평생의 라이벌이었던 아사다 마오도, 빌보드에 도전하던 아라시도, 심지어 일본 최초의 우주인도 이 말을 했다.

일본이 생각하는 세계는 대체 어디일까? 미국과 영국, 프랑스, 이탈리아 등 서구 선진국이겠지. 일본이 목표하던 세계에는 한국, 중국, 베트남, 인도네시아, 카자흐스탄, 페루의 몫은 크지 않았을 테지. 일본은 끝없이 서구와 비교하고 그들과 차이가 없음을 강조했다. 일본은 끝없이 아시아와 비교하고 일본이 그들과 같은 선상에 있지 않음을 강조했다. 그들이 목표한 세계에 도달하지 못한 진짜 이유가 아닐까?

봉준호와 윤여정은 서구 선진국에 좋은 평가를 받는 게 평생의 목표였을까? 적어도 봉준호와 윤여정의 말에선 찾아볼 수 없다. 산드라 오가 부러워했던 봉준호. 한국인이 주류인 한국 사회에서 남성 감독으로 차별과 소외 없이 자신의 예술 세계를 만들었던 중년 남성 감독. 글렌 클로즈를 이길 수 없다는 윤여정. 이혼이 사회적 실패로 인식되던 과거 한국 사회에서 연기력 하나로 버텨낸 장년 여성 배우. 윤여정과 봉준호는 자신의 방식대로 예술가로 살았다. 행복한 순간도 불행한 순간도 있었지만, 윤여정의 삶을 관통하는 단어는 당당함이라 생각한다. K-콘텐츠 성공의 비결도 당당함이 아니었나 생각한다.

부끄럽지 않은 과거가 쌓인 세월, 그것이 만들어 낸 당당함. 이것이 현대 일본 문화 콘텐츠에 부족하지 않을까 생각한다.

덧붙이는 이야기

행복과 불행

행복하지 않을지언정 불행하지도 않습니다. 어떤 기준으로도 부자는 아니지만, 부자가 되려 기를 쓰고 노력하지도 않습니다. 불가능하니까요. 누구나 노력한다고 봉준호나 윤여정이 되는 것도 아닙니다. 우리가 봉준호가 아니라고, 윤여정이 아니라고 슬퍼할 필요도 없어요. 행복한 인생이란 별거 아닐지 모릅니다. 어쩌면, 예술도 별것 아닐지 모릅니다. 일과 취미에서 어느 쪽이든 극한을 추구하다 보면 예술이 될지도 모르니까요. 지금은 아니지만 죽기 전에 그런 경지를 맛볼 수 있다면 좋겠어요. 지금 당장 행복하지 않아도, 마지막 숨을 거두는 순간 '아, 그래도 좋은 인생이었다' 생각할 수 있는 삶을 살고 싶습니다. 하루하루 충실하게. 때때로 남에게 비루하고 하찮아 보여도. 사소한 당당함을 지닌 채 겸손하게 살고 싶어요. 나쁜 사람이 있으면, 그 사람이 힘이 센 사람이라도 "죄송한데요. 넌 정말 나쁜 놈이세요"라고 말할 수 있을 만큼의 당당함도. 꼭 그렇게 살고 싶습니다.

사토리 또는 체념

6장

자이니치

나이키 재팬

2020년 겨울, 나이키 재팬이 새로운 광고를 런칭했다. 나이키 광고는 감각적이면서도 뭉클한 정서로 사람의 혼을 쏙 빼놓는 것으로 유명하다. 2020년은 조금 달랐다. 광고에는 이지메로 고통받는 세 명의 청소년이 등장했다. 아프리카계 미국인 청소년, 일본인 저소득층 청소년, 그리고 재일동포 청소년이다. 하나같이 일본 사회의 약자들이다. 이지메의 희생양이 되기 쉬운 소수자들이다.

광고에 등장한 세 명의 소녀는 나지막이 속마음을 말한다.

"가끔 생각해…. 난 대체 뭘까?"

"내가 할 수 있는 게 있기는 한 걸까?"

동급생에게 이지메를 당하면서도 '내가 평범하지 않으니까…'라며 자신을 탓한다. 집에 돌아와도 이지메는 멈추지 않았다. 온라인으로 장소를 옮겨 계속됐다. 재일동포 소녀는 일본 우익이 주장하는 '재일 코리안의 문제'라는 기사를 검색하며 우울해한다. 저소득층 소녀는 단지 자신이 남들보다 풍요롭지 못하다는 이유만으로, 자신을 SNS에서 깔보고 비웃는 스레드를 보고 슬퍼한다. 아프리카계 미국인 혼혈 소녀는 SNS에서 자신을 보며 "재는 미국인이야? 일본인이야?"라며 빈정거리는 스레드에 마음 아프다.

그들 모두 '내가 차별과 혐오에 익숙해져야 해…. 참을 수밖에 없어…'라고 생각한다. 재일동포 소녀는 좀 더 극적이었다. 소녀는 일본인 학교로 전학 오기 전까지, 치마저고리를 입는 조선민족학교에 다녔다. 치마저고리는 민족학교의 교복이다. 동시에 모든 일본인에게 스스로 소수자임을 가장 강렬하게 밝히는 수단이기도 하다. 타인의 옷차림에 시선을 두지 않는 일본이지만, 치마저고리 같은 재일동포의 상징에는 또 민감하게 반응하는 것이 사실이다. 일상화된 차별을 견디다 못한 소녀는 치마저고리를 벗고 일본인 학교로 전학 갔지만, 그곳에서도 차별은 일상이 됐다.

소녀들의 꿈은 너무 평범해 오히려 눈물이 난다. 그들의 꿈은 겨우 이뿐이었다.

"언젠가 있는 그대로 살 수 있는 세상이 되기를…."

나이키 광고는 그들이 축구라는 스포츠를 통해 용기를 내고 다시 도전한다는 훈훈한 내용으로 끝이 났다. 현실은 그럴 수 없기에 더욱 울림을 주는 광고였다.

한국인도 일본인도 조선인도 아닌

한국인은 가끔 우리가 사는 이 나라가 분단돼 있다는 사실을 망각한다. 세계 속의 자랑이 된 대한민국과 세계의 불량국가 북한이 처음부터 다른 나라였다고 생각한다. 한반도가 분단된 건, 채 80년이 지나지 않았다. 한민족 역사 전체를 생각해 보면 찰나에 불과한 시간이다. 한반도 남쪽의 우리는 분단이 주는 고통을 일상에서 크게 겪지 않는다. 시선을 조금만 옆으로 돌려보자. 일본에 한국인이 많이 살고 있다. 유학, 취업, 결혼 등의 이유로 이민 후 정착한 한국인만 있는 건 아니다. 분명 우리 민족이고 우리 동포인데, 국적은 한국이 아닌 사람들이 있다. 그렇다고 일본 국적은 더더욱 아니다.

일본은 그들을 '자이니치(在日)'라 부른다. 한자어만 보면, 단지 일본에 거주하고 있다는 뜻으로 해석된다. 이 말은 과거 조선에 살던 사람을 뜻하는 '조센징(朝鮮人)'과 같은 극심한 멸칭이다. 자이니치라 불리는 상당수 재일동포의 국적은 일본도 대한민국도 아닌 조선적, 바로 북한을 국적으로 선택했다. 조선적 재일동포에게는 민주국가에서 응당 주어지는 천부인권인 시민권이 없다. 특별 거주 영주권만이 있을 뿐이다. 이들은 선거에 참여할 수도, 공직에 나설 수도 없다. 심지어 일본에서 태어나고 자라난 2세, 3세, 심지어 4세까지도. 일본 국적자가 누리는 다양한 복지 혜택도 누릴 수 없다.

그런데도 조선적의 재일동포들은 지금도 여전히 우리말과 문화를 가르치는 조선학교를 운영하고 있다. 조선학교는 교복이 있다. 여학생은 치마저고리를 입는다. 이는 주변 일본인에게 지독한 차별의 상징으로 작동한다. 조선학교 학생은 끔찍한 차별을 견디다 못해, 일본인 학교로 전학 가기도 한다. 일본식으로 이름을 바꾸면 이지메를 피하기 한결 쉬워진다. 아예 일본 국적으로 귀화하면 더 안전해진다. 하지만 언젠가 '자이니치' 출신 귀화인이라는 걸 들킬 수 있다. 그러면 또다시 이지메가 시작된다. 직장과 동네에서. 한일 관계가 악화될수록 이들의 고통은 더 커진다. 그런데도 여전히 조선학교 학생들은 등굣길에 치마저고리를 입는다.

나이키 재팬의 광고는 희망차게 끝난다. 재일동포 소녀는 '김'이라는 이름을 붙이고 등교한다. 하지만 진짜 세상에서 차별받고 있는 소수자는 광고 속 주인공처럼 멋지게 극복하기 어렵다. 우리는 스스로 다수에 속한다 여겨도, 삶의 어느 부분에서는 반드시 소수일 수밖에 없다. 그것이 경제적 계급이든 출신이든 개인 취향의 영역이든. 세상의 모든 소수자를 응원한다.

사토리 또는 체념

시민사회의 연대

재일동포는 언제쯤 일본의 평범한 시민과 같은 권리를 얻을 수 있을까? 피선거권은 제외하더라도 일본이 삶의 터전인 그들에게, 투표권마저 허락하지 않은 것은 이해하기 어렵다. 우리 한국인은 재일동포를 같은 민족으로 살갑게 대했을까? 슬프게도 그렇지 않다. 그들의 권리를 위해 시민사회가 목소리를 내기도 했지만, 소수였다. 한국에 입국한 재일동포의 한국어가 어눌하다며 질책했다.

"한국인이라면서 왜 우리말을 제대로 못 해?"

"넌 한국인이야? 일본인이야?"

차별의 서러움은 한국에서도 작지 않았다. 한국과 일본은 언젠가 다시 친해져야 한다. 정확히 한국과 일본의 시민사회가 친해져야 한다. 한국과 일본은 가장 가까운 이웃이다. 서로에게 호감을 느끼든 환멸감을 느끼든, 서로는 서로에게 영향을 미친다. 중국의 영향력이 점점 거세지는 아시아에서, 경제 선진국이자 민주주의 국가는 한국과 일본, 그리고 대만이 전부다. 한국 시민사회의 경험은 일본에도 영향을 미치고 있다. 도쿄 지방의원인 사토 아즈사는 이미 몇 년 전, 신주쿠 번화가 앞에서 시민을 향해 외쳤다.

"한국은 부정한 권력을, 심지어 대통령도 시민의 힘으로 몰아냈습니다. 우리도 할 수 있습니다."

도쿄올림픽 개최가 위험천만해 보이는 2021년 여름에도, 몇몇 일본 시민은 한국의 경험을 예로 들며 외쳤다.

"일본 시민이 거리에 모여 망국의 올림픽을 중지하자."

한국은 독립 후, 몇십 년간 일본의 그림자만 보고 달려왔다. 일본은 우리가 아무리 달려도 좀처럼 거리가 좁혀지지 않던 거인이었다. 우리가 눈치채지 못한 사이 몇몇 분야는 이미 그들을 뛰어넘었고, 어떤 분야는 우리가 독보적으로 앞서 있다. 일본에서 배울 것이 모두 사라진 건 아니다. 여전히 일본은 우리가 가지 못한 미래를 보여주는 나라다. 고령화와 인구절벽, 그리고 전통 제조업에서 4차산업으로의 전환. 일본은 우리 앞에 놓인 암울한 미래와 우리가 극복해야 할 어려운 과제를 우리와 같은 시간을 공유하며 싸워가는 이웃이다.

몇 년 전부터 많은 사람이 일본의 부정적 측면에 집중한다. 크기에 상관없이 국뽕은 취하기 좋은 소재가 틀림없다. 내가 속한 최대의 공동체인 조국, 국가에 자부심을 느끼는 건 나쁘지 않다. 문제는 국뽕이 내 팍팍한 삶을 고쳐주지 않는다는 것이다.

한국과 일본의 가장 큰 차이 중 하나는, 국가와 개인을 동일시하는 정체성일지 모른다. 공동체에 대한 자부심은 분명 좋은 것이다. 그렇다고 개인의 행복과 신념을 파괴하면서까지 공동체를 위해 희생할 필요는 없다. 개인이 행복하지 못한 선진국이 대체 무슨 소용일까. 이런 세상에서는 자신보다, 자신이 속한 공동체보다 못하다고 여겨지거나, 차별하고 혐오하기 쉬운 대상을 찾아내 공격을 부추기기 쉽다. 수천 년 역사에서 지겹게 반복됐다.

일본의 극우 세력은 중장년 비율이 높다. 1960~1980년대 일본 고도 성장기를 거치며 '일본 국뽕'에 취했던 사람들이다. 자신들이 아시아의 원탑일 때는 여유를 부리며 다른 이웃을 생각하는 너그러움도 있었다. 버블붕괴 이후 그들의 삶은 더 퍽퍽해졌다. 그들은 일본이라는 공동체를 무너뜨린 엘리트에게 분노하는 대신, 쉽게 차별하고 혐오할 수 있는 적당한 적을 외부에서 찾아내는 것을 선택했다.

많은 한국인이 일본의 우익과 일본 전체를 구분하려 하지 않는다. 이건 위험하다. 비극의 시작이 될 수 있다. 한국과 일본의 언론에는 서로서로 혐오하고 차별하는 이야기들로 넘쳐난다. 여기에 반대하는 시민은 한국과 일본 양국에 분명 있다.

사토리 또는 체념

한국에도 일본에서도 하루하루 살아가는 것만으로도 벅찬 사람들이 넘쳐난다. 일본의 청년세대, '사토리 세대'를 주의 깊게 보길 권한다. 우리말로 체념 혹은 달관을 의미하는 '사토리(悟り)' 세대로 우리의 MZ

세대에 해당하는 연령층이다. 일본 청년세대의 체념은 시사하는 바가 크다. 뭘 해도 과거 그들의 부모, 조부모 세대처럼 중산층으로 계층 이동이 어렵다. 일본은 우리보다 비정규직 비율이 높고, 임금은 20년 전과 비교해 거의 오르지 않았다.

얼핏 우리의 N포 세대와 같은 맥락으로 생각하기 쉽다. 삶이 퍽퍽하기로는 N포 세대나 사토리 세대나 마찬가지. 무한경쟁을 통해 승자가 모든 것을 독식하는 세상에 살고 있고, 1% 승자를 제외한 99%가 루저로 취급된다는 것도 같다. 미래에 대한 낙관 없이 작은 것에 만족하며 살아가는 청년은 일본만의 문제는 아니다. 한국을 포함해 경제성장률이 둔화한 고도자본주의 선진국에서 볼 수 있는 일반적 현상이다.

한국은 일본처럼 경제 선진국 역사가 길지 않다. 한국의 N포 세대는 여전히 바늘귀처럼 작은 신분 상승 등의, 적어도 자본소득을 통한 인생 전환을 꿈꾼다. 지난 몇 년간 청년세대에게 불었던 '코인 열풍' '영끌' '주식 광풍' 등이 이를 증명한다.

한국의 N포 세대와 비슷한 일본의 세대는, 사토리 세대의 바로 윗세대 '빙하기 세대'가 아닐까 싶다. 빙하기 세대(氷河期世代)는 1990년대 버블붕괴로 사회에 진출하자마자 경제빙하기를 맞이한 세대를 말한다. 잃어버린 10년, 잃어버린 20년을 상징하는 세대이기 때문에, 로스트 제너레이션(Lost Generation)으로 부르기도 한다. 일본어 약자로는 로스제네(ロスジェネ)라 한다. 이들은 부모 세대보다 고학력 고스펙을 갖췄지만, 평생 고용이 보장되는 양질의 직업을 찾기 어려웠다. 있다 해도 이전 세대가 경험하지 못했던 수준의 경쟁을 겪어야 했다.

이에 비해 사토리 세대는 진심으로 모든 욕망을 내려놓은 듯한 모습을 보인다. 실제 일본 청년들이 삶에 대한 깊은 통찰로 달관했다는 뜻이 아니다. 무엇을 해도 과거 부모 세대가 누렸던 수준의 경제력에 도달할 수 없고, 사회적 성취도 이루기 어렵다는 걸 몸으로 체득한 후에 느끼는 '현실 체념'이다.

욕심을 부려도 채워지지 못한다. 연애도 소비도 여행도 취업도 흥미가 생기지 않는다. 하루하루 욕심내지 않는다. 에너지를 쓰지 않고 얻을 수 있는 소소한 행복이 중요하다. 사토리 세대뿐 아니라, 모든 세대의 체념은 위험할 수 있다. 그들의 체념은 다음 생각으로 이어질 수 있기 때문이다. 나의 힘으로 또는 우리의 힘으로 세상은 바뀌지도 않고 바꿀 수도 없다. 세상을 바꿀 수 있다고 생각하며 열심히 살아가는 모습을 보면 '저 사람(들)은 왜 그리 필사적이지?' 하는 생각이 든다.

사토리 세대는 일본은 물론 고도자본주의 사회에서 매우 독특한 위상을 가진다. 자칫하면, 이들이야말로 독재 권력이 가장 원하는 유권자 유형이 될 수 있다는 것. 독재자가 무슨 짓을 해도, 독재자를 심판할 수 없는 파편화된 개개인의 집단이 될 수 있다는 것. 과연, 일본만의 문제일까.

친일파와 일덕의 차이

한국에서 일본에 관한 이야기, 특히 길고 자세한 이야기는 크게 두 개의 층위를 가진다. 간단하다. '국뽕' 또는 '일뽕'. 내가 아닌 타인을 이해하는 방식이 '적 또는 우리 편'이라는 이분법은 한국 현대사의 비극이다. 남북이 전쟁을 겪고 무수한 비극이 교차한 세월이 켜켜이 쌓여, 한국인에게 타자는 '적' 또는 '우리 편'의 이분법적 사고를 강화했다.

과거의 일본은 한반도 분단과 전쟁에 큰 책임이 있다. 명백한 사실이다. 현대의 일본은 100% 적이 될 수 없다. 이것도 사실이다. 한국과 일본은 스포츠처럼 경제와 외교에서 선의의 경쟁 상대이며, 민주주의 가치를 공유하는 좋은 이웃이 돼야 한다. 그것이 우리에게도 그들에게도, 가장 좋은 미래다. 일본의 문제는 우리가 앞으로 마주할 문제이기도 하며 이미 깊이 뿌리내린 우리의 문제이기도 하다. 일본의 실패에 쉽게 웃을 수 없는 이유다.

온라인에서 벌어지는 한일 양국 청년세대 간의 문화교류만 보면 양국의 미래는 걱정 없어 보인다. 그런데 일본은 왜 한국 때리기에 이리도 몰두하는 것일까? 한국은 누가 뭐래도 아시아 최대의 민주주의 대국이다. 일본처럼 패전 후, 이식된 민주주의가 아니다. 이미 100년 전 3.1운동은 국체를, 왕조의 복권 대신 백성이 나라의 주인이 되는 민주공화국으로 주창했다. 21세기의 대한민국은 시민이 만든 나라라고 해도 과언이 아니다.

서양은 말할 것도 없고, 아시아에서 나라의 위기마다 대규모 시민운동이 새로운 시대의 패러다임을 만든 나라는 한국이 유일하다. 이런 경험이 없는 나라는 한국이 매우 이질적이고 불편해 보일 수밖에 없지 않을까? 한국 민주주의에 대한 불편한 감정은 중국도 일본과 마찬가지 아닐까? 최근 싸늘할 대로 싸늘해진 한일 관계에는 이런 불편한 마음이 녹아 있지 않을까?

2020년대의 일본은 이래저래 불편하다. G2 반열에 오른 중국만으로도 충분히 불편한데 거기에 한국까지. 절대 어깨를 나란히 할 일 없던, 한 수 아래로 봤던 중국과 한국의 급부상. 그렇다고 일본이 중국을 때리기는 어렵다. 그들의 선택은 한국이다. 언제나 한국이었다. 초강대국이 될 것이 분명해 보이는 중국 대신, 그래도 아직은 만만한 한국 때리기. 시대는 변했는데 생각은 변하기 싫다는 투정이지만, 무시할 수 없는 커다란 이웃의 투정이다.

이 사실은 진짜 친일파를 규정하는 중요한 기준이다. 친일파는 일본 극우의 생각과 궤를 같이한다. 그들의 판단으로, 우리는 여전히 강대국 일본의 눈치를 살펴야 하는 주변국에 지나지 않는다. 그렇게 생각하는 이들이 21세기 친일파이며 광의의 일뽕 또는 일빠다. 변화를 이해할 능력도 의지도 없는 자들이다. 우리 언론은 일본 극우를 자주 보여준다. 일본에는 극우가 득세하고 있는 것처럼 보인다. 사실은 그렇지 않았다. 한국의 변화를 순순히 받아들이고, 오히려 그 새로운 변화에 박수를 보내고 재미있게 즐기는 평범한 일본인이 더 많았다.

일덕은 평범한 일본인과 우익을 구분할 수 있는 사람이다. 편협한 일본 극우와 트와이스와 BTS를 사랑하는 일본인을 구분하는 사람이다. 일본과 일본인에 대한 이해를 통해 우리의 모습을 돌아보는 사람이다. 변화를 인정하는 일본 시민과 함께 평화로운 동아시아를 꿈꾸는 사람이다. 한국의 민주주의를 지키기 위해서도, 그것이 아시아 이웃들에게 미칠 선한 영향력을 위해서도. 이런 사람이 많아져야 한다. 우리는 우리의 민주주의를 지키고, 일본의 민주주의도 응원해야 한다.

글을 맺으며

한일 관계는 계속 나빠질 것

일본은 한국에 경제보복을 했습니다. 한국의 피해보다 일본의 피해가 막심했습니다. 문제는 일본 주류사회가 좀처럼 이를 인정하기 싫어한다는 거죠. 소수의 상식적 일본인은 인정합니다. 아베 정부의 한국 때리기는, 사실은 일본을 때리고 있었다는 것을요. 매년 첨단소재와 부품, 장치 시설 등으로 한국에서 얻는 20조의 흑자가 줄었으니까요. 일본 경제를 위해서도, 일본과 교역 규모 3위이자, 막대한 흑자를 내게 해줬던 한국의 중요성, 이건 인정할 수밖에 없죠.

동시에 일본인이 걱정하는 게 있습니다. 일본인이 정말 이해하지 못하는, 이해할 수 없는 한국의 모습입니다. 일본인은 상상도 못 한 방법으로 위기를 극복하고 선진국이 된 한국의 모습입니다.

코로나 시대 개인정보를 철저히 관리하고 통제한 한국. 일본인에게 한국의 철저한 정보 관리는, 한국을 서구 선진국보다 중국에 가까운 모습이라고 생각할 수 있습니다. 일본인에게는 두려움과 걱정 그리고 부러움이 교차했습니다. 일본 전체의 디지털 이해도가 떨어져 생기는 해프닝입니다. 일본은 지금까지 서구 선진국만 좇았습니다. 한국은 서구와 일본을 따라 하면서도, 독자적 발전 모델을 보여줬죠. 한국은 서구 선진국의 발전 방식을 어느 순간 벗어버린 거죠. 가장 대표적 예가 2020년 코로나19 대처였습니다.

일본인에게는 부러우면서도 낯설고 무서운 모습이었죠. 일본은 계속 한국을 걱정하고 있어요. 그리고 궁금해합니다. 한국이 과거의 일본처럼 서구 선진국 모델을 계속 따라갈지, 코로나 대처처럼 한국만의 독창적 모델을 보여줄지. 그건 우리도 모릅니다. 한국인은 위기에 강하고, 그만큼 국가 위기에도 넓은 결집력과 여태껏 시도하지 않았던 임기응변을 펼치는 데 주저하지 않았었거든요.

한국이 독자 모델을 연달아 선택한다면, 일본과의 관계는 더 멀어질 겁니다. 중국과도 멀어질 거예요. 어쩌면 권위주의 정치에 익숙한 모든 나라와 멀어질지 모릅니다. 반대로 한국이 20세기의 냉전 질서로 복귀할 뜻을 내비친다면, 그건 한국에 권위주의 정권이 들어섰다는 얘깁니다. 일시적으로 일본과의 관계는 좋아지는 것처럼 보일 겁니다. 이건 우리에게도 일본에게도 불행입니다. 미국이 만들고 싶은 대중국, 대러시아 포위망에 우리가 일본의 아래로 들어가는 것이니까요. 이건 한국의 민주주의가 후퇴했다는 이야기고, 일본의 민주주의도 사라질 수 있다는 얘기입니다.

한국인과 일본인의 가장 큰 차이는 '시민의식'입니다. 우리의 시민의식은 '시민 한 사람 한 사람의 뜻과 노력으로 세상을 바꿀 수 있다'

라는 겁니다. 일본의 시민의식은 '타인에게 폐를 끼치지 않는다'에 머물러 있습니다. 태평성대라면 괜찮습니다. 문제는 양국에 태평성대가 저물었단 거죠. 한국인은 1919년 3.1운동부터, 민족과 공동체의 운명을 시민 한 사람 한 사람이 뭉쳐서 만들었습니다. 때로 더딘 것처럼 보여도, 결과는 바로 지금의 한일 간의 차이입니다. 우리가 때로 후퇴하는 것처럼 보여도, 언젠가 기를 쓰고 다시 앞으로 나아갈 겁니다. 지금까지 대한민국의 역사가 증명하고 있죠.

우리는 1997년 외환 위기 이후, 일본은 물론 서구 선진국 어느 곳의 모습도 따라가고 있지 않습니다. 최근 20여 년간 우리 정부나 기업의 정책과 사업을 보면 잘 알 수 있죠. 우리 경제가 어떻게 최첨단산업으로 체질 개선을 했는지, 우리 정부의 투명성이 어떤 과정을 통해 바뀌어 갔는지요. 때로는 더디게 보입니다만, 우리는 착실하게 하루하루 나아가고 있었습니다.

우리는 더는 일본을 따라가고 있지 않습니다. 이건 일본 지식인들도 잘 알고 있습니다. 적어도 1997년 외환 위기와 2008년 금융 위기. 두 차례 위기에서 한국은 이미 일본 모델을 포기했다는 것 말입니다. 그런 와중에 2019년 일본의 경제보복으로 한국은 완전히 일본 모델에서 탈피를 넘어, 일본의 부품 소재에서 독립하는 전혀 새로운 모델을 찾고, 지금 안정화하고 있죠.

생각해 보세요. 이런 한국을 보며 보통의 일본인이 어떤 생각을 할까요? 어떤 서구 선진국 모델도 아닌, 완전 독자적 모델로 경제와 민주화를 동시에 발전시킨 유일한 나라. 일본과 한국이 같은 문제, 공통의 문제에 마주쳐도 선택한 해결책은 다를 겁니다. 해결책을 찾는 과정도 다를 겁니다. 일본의 엘리트는 한국에 호불호를 떠난 이질감을 느끼지 않을까요? 그들에게는 한국이 어느 순간, 알레르기처럼 성가신 존재일 겁니다. 알레르기 대처에 가장 효율적인 방법은 회피입니다. 아예 그쪽으로 고개를 돌리지 않는 거죠. 그리고 비난입니다.

2017년 이후, 일본의 태도는 그것과 별 차이가 없어 보입니다. 일본은 더 행복해진 한국을 헐뜯을 겁니다. 한국은 파시스트 국가라고요. 한국인은 역시 북한처럼 전체주의에 익숙한 사람들이었다고요. 우리에게는 이게 무슨 헛소리인가 싶습니다. 우리 시민들이 권위주의 정권을 선택한다면 반대의 반응이 나올 수도 있겠죠. 이건 이것대로 양국에 더 큰 비극이 될 수 있습니다.

그날이 오면

한국과 일본이 나름 사이좋게 지낼 수 있는 우호의 시기가 끝난 것처럼 보입니다. 양국은 역사적으로 서로 문화적, 경제적 교류가 길었죠. 서로 싸우기도 무시하기도 했습니다. 일본이 압도적인 경제력과 문화력으로 두세 수 아래의 한국에 양보하는 듯한 모습도 있었습니다. 한국과 일본은 글로벌 분업 체계 속에 경제적 이해가 첨예하게 대립하지도 않았죠. 그 시기가 끝났습니다. 이유는 복합적입니다.

일본의 한국 경제 때리기의 진짜 이유는 이렇습니다. 과거 일본이 세계 1위였던 주력 산업 부문을 한국이 차례차례 빼앗아온 반작용이죠. 경제와 기술 분야만이 아닙니다. 절대 우위에 있던 일본의 군사력에 비해, 한국도 절대 뒤지지 않는 첨단무기의 군사력을 자랑하고 있죠. 세계의 몬스터존이라는 동북아시아의 군사력 몬스터인 중국, 러시아, 일본도 한국의 군사력을 만만히 볼 수 없습니다.

일본이 가장 뼈아픈 점은 소프트 파워, 문화적 영향력의 중심 이동이죠. 일본이 자랑하던, 아시아를 대표하던 소프트파워의 왕관도 한국에 넘어오고 있으니까요. 세상에, 빌보드 1위에 아카데미 작품상이라뇨. 막상 눈앞에서 일어나기 전까지, 한국인도 일본인도 상상치 못했던 일이잖아요.

한국과 일본은 인종적으로 문화적으로 가장 가깝습니다. 그렇다고 이웃이라는 이유만으로 친해지긴 어렵죠. 한중 관계처럼, 오히려 이웃이기 때문에 서로 적절한 거리를 유지해야 할 겁니다. 그게 서로에게 도움이 될 거라 생각합니다. 오해하지 마세요. 여행을 서로 제한하거나, 그런 이야기가 아닙니다. 앞으로의 한국과 일본은 정치는 물론 경제도 서로 다른 길을 걷게 될 거란 이야기입니다.

우리는 통일 여부를 떠나, 앞으로 십수 년 길게 몇십 년은 더 발전해야 합니다. 한국은 문화적으로도 경제적으로도 국제 정치에서도 영향력이 더 커져야 합니다. 일본은 그렇지 못할 거예요. 앞으로 일본은 한국을 더 미워할 겁니다. 한국을 더 질투할 겁니다. 어쩌면 끔찍한 일도 일어날 수 있어요. 독도 인근에서 군사적 충돌 같은 파국의 시작. 그걸 바라는 일본인이 많아질 수 있습니다. 반대로 한국에서, 일본과의 갈등을 유도해 지지도를 끌어올리려는 바보들이 나타날 수도 있습니다.

그래서 오히려 일본과 적절한 거리를 유지해야 합니다. 전쟁은 너무 가까이 붙어 있어 나는 경우가 많으니까요. 걱정입니다. 일본에서 아베류 또는 유사 아베 정권이 계속되면 언젠가 일본과 전쟁을 하는 날이 오게 될지 몰라요. 우리도 극우 정권이 들어서면 일시적으로 일본과 가까워지는 것처럼 보이다가도, 떨어진 지지율을 만회하기 위해 일본과의 갈등을 본격화할지 모릅니다.

어떻게 일본과 거리를 유지하면서, 우리 시민의 민주주의 경험과 시민이 세상을 바꿀 수 있다는 소중한 경험을 일본 시민과 공유할 수 있을까요? 일본 우익 정치인, 우익 세력과 평범한 일본 시민을 분리해 생각해야 합니다. 일본의 정치 구조상, 일당독재와 유사한 우익 집권은 계속될 겁니다. 우리는 그들과 적절한 거리감을 지닌 채, 우리의 국익을 위해 일본과 협력할 수 있는 분야를 찾아야 합니다.

시간이 얼마 남지 않은 것 같아요. 한국과 일본이 적절히 거리를 유지한 채, 서로에게 이익이 되는 시대가 오면, 그걸로 진짜 우리의 독립이 완성된다 생각해요. 우리가 드디어 서구 열강이 만들어놓은 식민의 시대를 벗어나, 우리만의 방식으로 세계의 일원이 되는 거죠.

그날은 옵니다. 꼭 와야 합니다.

요즘, 일본

초판 1쇄 발행 2022년 6월 30일
초판 3쇄 발행 2023년 5월 15일

지은이 공태희

펴낸이 김진규
경영지원 정동윤
책임편집 김민영

펴낸곳 (주)시프 | 출판등록 2021년 2월 15일(제2021-000035호)
주소 경기도 고양시 덕양구 권율대로668 티오피클래식 209-2호
전화 070-7576-1412
팩스 0303-3448-3388
이메일 seepbooks@naver.com

ISBN 979-11-92421-03-2 03300